ALBERTO GARCIA CANTON

D1726130

MEMORIAS DE UN EX-HACENDADO HENEQUENERO

TOMO II

Y ARTICULOS PARA LA PRENSA

MERIDA

MEXICO 1973

Este libro fue publicado por Gerardo Cantarell

Otras Ediciones

1965

1973

SHARED PEN Edition

www.SharedPen.com

12.OPINIONES SOBRE "MEMORIAS DE UN EX- HACENDADO HENEQUENERO "

"Los que deseen escribir la historia del Estado de Yucatán, acudirán a este tipo de libros". *Bernardo Ponce en "El Sol de México".--- 1.2.66.*

"García Cantón, puesto en la encrucijada que lo impelía a optar entre dos fidelidades: la fidelidad a su gremio y la fidelidad de la verdad histórica, se decidió por ésta y al servicio de ella puso estas "memorias"..." *Leopoldo Peniche Vallado en el "Diario del Sureste".---28.11.65.*

"La mayor parte del libro destaca por su sinceridad y respeto de las formas impuestas por la Revolución es bastante justiciero. Sustenta verdades relativas a este movimiento en las que estamos enteramente de acuerdo y las hemos sostenido en EL NACIONAL, que para esto fue fundado". *Gabriel Ferrer Mendiolea en "El Nacional" de México, D.F.--- 6.3.66*

"...acabo de terminar su lectura. Esta experiencia personal me ha dejado honda impresión y tal vez utilice algunos párrafos en el II Tomo de mi "Reestructuración Histórica de Yucatán".--- Su calidad de ex hacendado no choca, con mis convicciones políticas y revolucionarias...". *Bernardino Mena Brito, carta desde México, D.F.--- 14.12.65.*

"Lo felicito muy especialmente por éste trabajo y aprovecho la ocasión para presentarle mis saludos..." *Arqto.*

*Guillermo Rossell de la Lama, carta desde México, D.F.---
21.12.65.*

"El objetivo del tratamiento literario de tu libro no resta nada al terrible dramatismo en que ustedes han vivido…"
Dr. Mario González Ulloa, carta desde México, D.F.--- 14.12.65

"A veces sorprende sus juicios acerca de la Revolución, Alvarado y Carrillo Puerto, acostumbrados como estamos a escuchar solo sus aspectos negativos por personas de la condición social de García Cantón…". *Novedades de Yucatán.--- 14.11.65*

"Además, tu libro por mil motivos siempre será consultado por los amantes de nuestra historia local y especialmente por los temas henequeneros que tratas". **José Vales García, en carta de 17.11.65.**

INDICE

Como algunos de los que lean este volumen, no hubiesen tenido en las manos el NÚMERO UNO, DEDICADO A VIAJES, nos permitimos repetir lo que en un principio quedó dicho, es decir…….

Y AHORA……..

Comienzo por confesar, que como estudiante, nunca fui muy afecto a la gramática, dándole siempre preferencia a las matemáticas, la geografía y la historia. Aunque nací a fines de 1898, nunca antes de 1940 pensé que algo escrito por mi sería visto en letras de molde. Eso sí, he sido un gran lector, y de ahí mi aceptable redacción.

Pero por casi un año, a partir de Julio de 1939, una comisión que me confiara la Junta Directiva de Rotary Internacional, me hizo realizar un viaje que abarcó desde suelo del Canadá, en la frontera con EE.UU., hasta el Estrecho de Magallanes frente a la Tierra del Fuego. Fue entonces, cuando por invitación de mi viejo amigo D. Ramiro Bojorquez Castillo, le fui enviando mis impresiones para darles lectura en las sesiones del Club Rotario de Mérida, del que ambos éramos socios. A mi regreso mi buen amigo me dijo: "Aquí tienes tus cartas seleccionadas y considero que deben pasar a una imprenta para la publicación de un libro". Y así, en 1941, salió de la imprenta el libro "A TRAVES DE LAS AMERICAS", sobre más de 50,000 kilómetros de viaje. Luego… fui tomando confianza.

En mi primer viaje a Europa envié unos cortos artículos al Diario de Yucatán y en 1957 salió mi segundo libro. El tercero fue resultado de nuevos artículos, al darle la vuelta al mundo en 1964 con motivo de las Olimpiadas en el Japón. Luego al vender el equipo industrial de la hacienda de la familia, publiqué en 1965, "MEMORIAS DE UN EX HACENDADO HENEQUENERO", pero también he publicado algunos artículos sobre diversos temas en la prensa local.

Agotados dos de mis libros, el primero y el último, y por insistencia de amigos, me he propuesto publicar dos volúmenes. El primero que lleva por título VIAJES y el segundo: MEMORIAS Y ARTICULOS PARA LA PRENSA. A mis lectores, muchas gracias.

Mayo de 1973

MEMORIAS DE UN EX- HACENDADO HENEQUENERO – 1962

DOS PALABRAS

Dedico esta narración a la memoria de mi abuelo el Lic. Don José García Morales, como un homenaje a quien fuese uno de los primeros yucatecos que tuvieron fe en el cultivo del henequén, y a la de mi padre, don Alberto García Fajardo, con gran cariño y respeto, por haber sido de los que con mayor empeño trabajaron en su vida para lograr la siembra de grandes extensiones de nuestro agave.

Mi memoria auditiva ha sido siempre mala, y en compensación, la visual me ha sido muy favorable. Sin embargo, todos oímos desde pequeños frases que precisamente por no comprenderlas se nos graban, hasta poder analizarlas y entenderlas. Teniendo esto en cuenta, he creído, que aun cuando mi vida carece de importancia, los contactos me han llevado a escuchar, saber y pensar aspectos del cultivo del henequén que considero de interés general conocerlos. No he querido leer ni consultar para escribir estas memorias, limitándome a transcribir cosas y casos en la forma en que los recuerdo. Sirva esto de explicación por la falta de precisión en algunas fechas y nombres, ya que no es mi propósito escribir historia, sino únicamente relatar ininterrumpidamente más de cien años de lo que podríamos llamar la vida de la industria henequenera, única riqueza positiva del Estado de Yucatán.

Mérida, Yucatán, México, Abril de 1962

CAPITULO I NUESTRA NIÑEZ - VACACIONES EN LAS HACIENDAS

Abrí los ojos en el siglo pasado. Con mayor exactitud, a fines del año de 1898. Más de 60 años transcurridos en un ambiente de familia principalmente dedicada a trabajos en haciendas henequeneras, y a partir de 1935 actuando con toda preferencia en el sector bancario y otros negocios, creo que me permiten realizar un examen sereno de los últimos 50 años con sus cambios y transformaciones naturales, y los habidos como consecuencia del principal periodo de la Revolución Mexicana. Informaciones y datos de épocas anteriores a mi trabajo directo en el campo, y que en alguna forma iré dando a conocer en estas memorias, llegaron a mí a través de mi señor padre Q.E.P.D., y otras personas conocedoras del ramo. Felizmente pude estar cerca de mi querido padre hasta el año de 1956 en que falleciera después de cumplir noventa años de edad. Estos datos como una justificación a mi decisión de escribir estas memorias, sin pretensión alguna de trabajo literario. Información general y algo de historia. Eso es todo.

La intervención de mi familia en el campo de Yucatán comenzó en el año de 1857, cuando mi abuelo en abogado don José García Morales adquirió las haciendas Acú y Sihó, fincas principalmente ganaderas, ya que en aquel entonces solamente había en la hacienda Sihó un tablaje de 600 mecates, sembrado con henequén, en lo que hasta hoy constituye el plantel núm. 1 de dicha hacienda. Estas propiedades fueron adquiridas por compra a un señor Peón, propietario entonces de la hacienda Tankuché, de la que dependían Acú y Sihó como anexas. El Lic. García Morales falleció en 1885. Algunos años después, en 1894, mi padre vendió su establecimiento comercial para desde aquel entonces administrar las haciendas de su señora madre. Fue en 1899 cuando en sociedad, un hermano de mi padre y él, adquirieron la hacienda Santa Rosa de la familia Urcelay, precisamente por la oportunidad que se presentó al encontrarse esta propiedad a relativa corta distancia de Acú y Sihó. Es de este rumbo, en el antiguo partido de Maxcanúu, de donde guardo los primeros recuerdos de mi niñez.

Ya comenzaba a ir a la escuela y nuestras vacaciones de verano las pasábamos invariablemente en la hacienda Santa Rosa, durante algo más de dos meses. La misma mañana de nuestra llegada, siempre acompañado de dos o tres primos o amigos aproximadamente de mi misma edad, corríamos a que Juan May nos hiciese unas alpargatas de cuero tosco y cordeles de henequén, para así olvidar los calcetines y los zapatos. De mal humor y al aproximarse el regreso a la ciudad, comenzábamos a ensayar el uso de zapatos porque nuestros pies se sentían adoloridos, acostumbrados a la libertad de dos meses. Era la señal de que las vacaciones se terminaban y la escuela comenzaría de nuevo.

Sin darnos cuenta fuimos aprendiendo Maya, pues a más de escuchar en todo tiempo a la servidumbre de la casa en sus conversaciones en este idioma, durante las vacaciones en la hacienda nuestro grupo se ampliaba.

Con nosotros jugaban todo el tiempo los hijos de los artesanos y de los principales trabajadores de las máquinas por ser quienes vivían más cerca de la "Casa Principal". Como quiera que nuestros compañeros de juegos radicados en la hacienda no entendían ni hablaban castellano, el lenguaje usual del grupo era el Maya. Por las mañanas generalmente paseábamos a caballo o hacíamos excursiones a las fincas más cercanas y a las anexas con corrales de ganado y huertos con árboles frutales. Pero tan pronto terminaba el almuerzo, nos dedicábamos todo el grupo a jugar canicas, trompo, cojaraya, pescar pájaros y otros juegos, con recomendación de estar a la sombra, para después de un buen baño de tanque a las cuatro de la tarde, dedicarnos a empinar papagayo y jugar "Chuca Maché". Después de cenar, se formaba la tertulia con toda la muchachada hasta la hora de dormir, escuchando cuentos y leyendas, muchas veces tétricas y macabras que nos hacían los padres de los chiquillos de la hacienda.

Podría decirse que fuimos los de mi generación los últimos que tuvimos muchísimas oportunidades para aprender Maya, cosa que se interrumpió a partir de 1915, por suspenderse las temporadas a las haciendas e irse introduciendo más y más el castellano entre el servicio domestico. Ya mis hijos no entienden ni hablan Maya, y aun mas, no pueden con facilidad pronunciar los sonidos de este idioma que en nuestra forma de escritura se representan con la combinación Dz, así como los representados por la Ch con la H herida y otras más. Por otra parte, los yucatecos tenemos la mala herencia del uso de la X para el sonido que el maya tiene similar al inglés y que en este idioma generalmente está representado por la Sh, de manera que por lo general los nombres de Xochimilco, Texcoco, Tuxtla, etc., los yucatecos los convierten en Shochimilco, Teshcoco, Tushtla, etc.

Las fincas del poniente, como consecuencia del bajo rendimiento de su fibra, han sido siempre más grandes que las de las otras regiones, y cambiando poco de propietarios, las casas principales resultan amplias, contando con todo género de comodidades y servicios. La playa era recurso para algunas familias que no tenían haciendas para pasar el verano, de manera que las doce o catorce propiedades que mediante líneas férreas se comunicaban con la estación de Granada, se encontraban durante el verano ocupadas por familiares de sus propietarios. Una o dos veces por semana visitábamos a otros grupos, invitados para almorzar, y otros días recibíamos visitas que a su vez nos acompañaban en la comida del mediodía. En estas excursiones en las que todo un grupo iba a otra hacienda, por lo general, la gente mayor hacia el viaje en tranvía y la gente menuda a caballo. Las noches de luna, no faltando alguien que tocase la guitarra, se colocaba un colchón sobre una plataforma y se salía de paseo para disfrutar de las noches claras y serenas escuchando canciones al tañido de la guitarra. En estas ocasiones nos permitían el permanecer despiertos más allá de lo normal. Así escuchábamos las viejas canciones yucatecas de Filiberto Romero, Alfredo Tamayo, "Chan-Cil", "Uay Kuk", y otros compositores que aun suelen ser recordados con cariño. Deslizándose las vacaciones de esta forma, nos parecieron siempre cortas. Esto duró hasta el verano de 1914, pues a partir de 1915, se notaron grandes cambios causados por la Revolución que en forma marcada llegaba a Yucatán. La situación en las haciendas para las familias dejó de ser placentera, y un notable cambio se realizó incrementándose la importancia de los veranos en la playa.

Las excursiones a las haciendas del rumbo eran de dos tipos. A las más cercanas íbamos con mayor frecuencia, y limitando al grupo a los de a caballo, invariablemente hacíamos nuestros paseos matinales acompañados de mi padre, retornando para almorzar. Estas haciendas eran: Granada, en la que visitábamos a la familia Ramos Domínguez; San Fernando, que nos quedaba cerca por un corte que hacíamos, hacienda pequeña que varias veces cambio de propietario en aquella época; Santo Domingo, la más cercana generalmente sin temporadistas por ser propiedad de una Institución de Crédito y Dzidzibachi de la familia Escobedo. A las fincas más distantes el grupo se formaba con la familia e invitados que con frecuencia estaban con nosotros en Santa Rosa y que se dividía, encabezando mi padre el grupo de los de a caballo y el de personas más reposadas mi madre, haciendo los viajes en tranvías. En esta forma recibíamos invitaciones de don "Chono" Castillo, para Paraíso; de las familias Lara Zorrilla o Lara Bolio para Kochol; en Chan Chocholá encontrábamos siempre a Hernán Bolio con su familia, y en Chunchucmil éramos siempre agasajados por el inolvidable don Rafael Peón Losa, esposa e hijos. En Acú se instalaba mi abuela con un número grande de descendientes y en Sihó pasaba las vacaciones la familia García Rendón. A la hacienda Acú íbamos con más frecuencia, por tratarse de reunirnos a un grupo grande de la familia. La excursión a Sihó se limitaba a una sola cada verano. Resultaba la finca más lejana y era necesario cambiar de mulas en Acú, así como de mas tranvías para que el grupo de a caballo dejase en esta hacienda las cabalgaduras para descansar.

La propiedad más grande y más bella del rumbo a principios del siglo lo era Chunchucmil, de la familia Peón de Arana, y por su belleza así como seguramente por la esplendidez de Don Rafael Peón, fue la seleccionada para que el general Díaz visitase en 1906, una hacienda henequenera, a pesar de su lejanía de Mérida. Un gran incendio redujo, posteriormente a la visita del Presidente, la capacidad productiva de Chunchucmil, y por otra parte las haciendas de mi abuela, Acú y Sihó, aumentaron considerablemente su extensión cultivada, al grado de llegar a ser en 1916 las dos unidades más grandes del poniente del Estado, y de las mayores entre todas las haciendas henequeneras.

CAPITULO II AÑOS DE BONANZA --- COMPRAVENTA DE HACIENDAS --- DON OLEGARIO MOLINA

A más de la atención que mi padre le prestó a las haciendas Acú, Sihó y Santa Rosa, valiéndose de todos los medios posibles para ir aumentando la extensión cultivada con henequén, no dejaba pasar las oportunidades para realizar operaciones comprando fincas henequeneras, ya sea para la familia únicamente, o formando parte de grupos cuando se trataba de operaciones fuera de su alcance. En estas propiedades se procuraba arreglar la maquinaria, ampliar la zona cultivada si la época era apropiada y presentarlas mejor para luego venderlas generalmente con utilidad. Siempre en estas operaciones mi padre representaba a dos partes. Una a nombre de la Sociedad García Fajardo Hermanos, que luego figuraba a su solo nombre al comprar a su hermano la parte que éste tenía en la hacienda Santa Rosa. La otra parte la adquiría para su señora madre, única propietaria de Acú y Sihó.

Las épocas de bonanza en Yucatán han sido siempre consecuencia de guerras que por la necesidad de fibra hacían subir considerablemente los precios de esta materia prima en los mercados internacionales. Época brillante fue cuando con pocos años de diferencia tuvieron lugar las guerras de Estados Unidos con España, a fines del siglo pasado, y la guerra ruso-japonesa en 1904, resultando un periodo de unos siete u ocho años consecutivos de bonanza. Fueron precisamente los años en que se realizaron en el Estado grandes operaciones financieras en todas las actividades y de las que se cuentan interesantísimos casos. Mi padre, siempre amante del cultivo del henequén, se limito a las que se relacionaban con esta rama de actividades.

Las operaciones que la familia efectuaba dependían de su importe y de las posibilidades de inversión, siempre actuando en forma conservadora. Cuando se trataba de haciendas grandes en las que no podía mi padre operar a su solo nombre y el de su madre, se ligaba a otros nombres de empresa, y en su caso, muy especialmente a don Avelino Montes. El señor Montes hacia frente momentáneamente al aspecto económico y mi padre valorizaba las propiedades para su compra y su venta, administrándolas mientras eran propietarios. El grupo se ampliaba en algunas ocasiones a siete, ocho o más personas, de acuerdo con las circunstancias, y en diversos casos formaron parte del grupo don Olegario Molina y don Pablo J. Alonzo.

Para dar una idea de cómo se actuaba en aquel entonces, voy a referir algunos casos de diversos aspectos, que mi padre relataba con frecuencia. Una de las operaciones de la que nos hablaba con más gratos recuerdos, fue la compra de un grupo de cinco o seis personas, entre las que estaban él y don Avelino Montes, realizaron. Compraron una flamante hacienda en un millón de pesos, propiedad de un rico agricultor y comerciante fuerte al mismo tiempo. Este distinguido caballero dejo de dormir, de comer y se sentía enfermo por haberse desprendido de una finca a la que se sentía muy ligado. A los dos meses de la operación comenzó el vendedor a enviar ofertas para adquirir nuevamente su heredad y después de un mes de lucha pagó por la propiedad que había vendido en un millón, la suma de dos millones de pesos, resultando que en tres meses duplicaron su inversión.

Pero no todas las operaciones fueron con utilidad. Sabiendo el mismo grupo que don "Pancho" Leal, persona de edad, vendía su hacienda, misma que por muchos años había sido suya, se pensó que se podría hacer un negocio similar al anterior. Le compraron al Sr. Leal, le lavaron la cara a la hacienda como vulgarmente se dice y comenzaron a esperar la reacción del vendedor. El tiempo pasaba y como quiera que don "Pancho" no se hacía presente, procedieron a enviarle corredores para ver si se tragaba el anzuelo. Don "Pancho" se reía y decía: -"Estoy muy satisfecho de la venta que hice. No me intereso nuevamente por comprar". El resultado fue que vendieron después de algún tiempo con quebranto de significación.

Otro caso típico fue el siguiente: Compraron por Tekit una hacienda grande y en el grupo estaban don Olegario Molina, don Pablo J. Alonzo y otras personas. Después de realizarse la operación, se reunieron los interesados en casa de don Olegario Molina para tratar la forma que se le daría al negocio. Aunque no recuerdo el precio exacto que pagaron, era una cantidad de unos $750, 000.00, aproximadamente. Don Olegario propuso hacer una sociedad anónima por millón y medio de pesos, de manera que las acciones pudiesen salir al mercado. Alguien del grupo objetó que era un precio sumamente elevado, a lo que el Sr. Molina contesto que él no había entrado a jugar y que para ellos la cosa no tenía importancia, porque suscribiendo cada uno acciones de a $1, 000.00, sabría que su valor real era de a $500.00 cada una, y que toda compra o venta seria de acuerdo con el criterio y apreciación de los interesados. Se constituyo la sociedad anónima con los lineamientos expuestos por don Olegario, y toda vez que don Pablo J. Alonzo era originario de Tekit, fue el designado para hacerse cargo de la administración de la finca. El mismo señor Alonzo se fue interesando por la propiedad y fue comprando acciones que en un principio pudo adquirir a $600.00 pero las ultimas, para poder ser único propietario, las pagó en $2, 000.00. No sabría decir cuántos años trato don Pablo en lograr sus propósitos.

Referiré un caso más. Por las noches se reunían en la plaza mayor, frente al Palacio Municipal, un grupo de hacendados para cambiar impresiones. Don Avelino Montes y mi padre concurrían con mucha frecuencia a estas reuniones. Una noche se presento muy mortificado un hacendado, manifestando su firme propósito de vender su finca situada en las goteras de Mérida. Para mejor comprensión diré que se trataba de la hacienda Vista alegre. El Sr. Montes se apartó del grupo llamando al propietario para enterarse del precio que pretendía por la venta y luego hablo con mi padre, informándole de lo que poco más o menos producía la hacienda, ya que a él le vendían los productos. Al cambiar impresiones resolvieron comprar por juzgar que el precio era muy razonable, procediendo a tratar nuevamente con el vendedor para cerrar la operación y preguntarle donde se podía ocurrir por el título de propiedad a fin de elevar a escritura pública la operación pactada, misma que se cerró en $125, 000.00.

Tan pronto se entero el grupo de la tertulia, de la operación efectuada, comenzaron a insinuar que posiblemente quien vendía la hacienda hubiese recortado ya los planteles para hacerse de dinero, simulando su mortificación con el propósito de vender a un precio que parecería bajo, entregando la propiedad en condiciones de tener que suspender por algún tiempo su explotación. Temerosos de que algo de esto fuese cierto, resolvieron los interesados ir a la hacienda esa misma noche en la victoria de don Avelino Montes para ver, dentro de lo posible, algunos planteles de henequén. Compraron unos cerillos, ya que ninguno de los dos fumaba, y partieron hacia el norte de la ciudad; pero se equivocaron de camino y al llegar a la planta de una finca, preguntaron en la primera casa y así se informaron de que estaban en la hacienda Cinta. Al preguntar cómo se llegaría a Vista alegre, les informaron que necesitaban regresar a Itzimnà y tomar el camino que partía rumbo al norte a espaldas de la iglesia. Hicieron el recorrido indicado y después de asegurarse de que ya estaban en el punto que buscaban, se acercaron a dos o tres planteles y pudieron darse cuenta de que estaban perfectamente bien de hojas y limpios de hierba. Ya con esto durmieron tranquilos.

A la mañana siguiente ocurrió mi padre a la oficina del cuñado del propietario para recoger el testimonio correspondiente y al entregarlo expresó que su hermana, en realidad la propietaria, estaba con ataques llorando y sumamente disgustada por la operación que la noche anterior había cerrado su esposo y que ofrecía la cantidad de $15, 000.00, como utilidad por esa noche, a fin de no efectuar operación. Mi padre conservo el testimonio de propiedad y manifestó que cambiaria impresiones con su socio el Sr. Montes, para resolver. En este cambio de impresiones resolvieron que el testimonio fuese devuelto, indicando que no deseando causar mortificaciones a la propietaria, la operación quedaba cancelada sin mediar cantidad alguna. Pero acto seguido el intermediario manifestó que a caballeros no lo ganaban. Que su hermana estaba muy conforme con la operación efectuada, peo que él en lo personal, tenia encargo de don Joaquín Baranda de comprarle una hacienda con las características de Vista Alegre y que por lo tanto ofrecía a nombre de don Joaquín Baranda $150, 000.00 por la hacienda. A esto mi padre manifestó que en vista del aspecto que el negocio presentaba, hablaría nuevamente con su socio. Más tarde regreso a la oficina de la persona que hacia la oferta a nombre del Sr. Baranda, indicándole que ya que se trataba de una operación completamente comercial, Vista

Alegre costaba en ese momento $200, 000.00. El intermediario juzgó la diferencia sumamente elevada y las escrituras se hicieron a favor del Sr. Montes y mi padre. Un año después Vista Alegre fue vendida en $225, 000.00.

Ya que en este capítulo menciono a don Olegario Molina, que fuera buen amigo de mi padre y a quien éste siempre admiró, y respetó por ser de bastante más edad, relatare unas cuantas mas anécdotas de quien para muchos fuera gobernante modelo. En primer lugar cabe recordar que don Olegario fue quien desde el primer momento que se hizo cargo del gobierno, inicio la pavimentación del primer cuadro de la ciudad, así como de las calles principales que conducían rumbo a Itzimnà, Chuminòpolis, Cementeio y la Penitenciaria, que quedaban en los cuatro puntos cardinales de la ciudad, obra que llevo a feliz término en cuatro años y que fuera inaugurada por el Presidente General Porfirio Díaz el año de 1906. Mi padre me contaba que hubo cierto malestar porque fue el primer gobernante que gravó la producción henequenera, y lo hizo en la cantidad de $0.25, por arroba, equivalente a $0.02 por kilo aproximadamente. El impuesto se destino a la pavimentación de Mérida, que convirtiera a nuestra ciudad, de un pueblo de lodazales de lluvias, y polvo en las de seca, en la ciudad blanca, modelo en la República.

Para llevar a cabo la pavimentación de Mérida, parece que don Olegario desde que supo que sería Gobernador del Estado, hizo el estudio correspondiente, ya que además de ser licenciado era ingeniero. Trato con tres empresas distintas todo lo conducente y los contratos se formularon para ser firmados al iniciar su gobierno. Según supe, don Olegario tomó posesión del gobierno a las 8 de la mañana; a las 8:30 firmaba los contratos para las obras, y a las 9 de la mañana comenzaron los trabajos en las calles, en distintos puntos de la ciudad.

También me contaba mi padre, que don Olegario llegaba al palacio en su victoria particular tirada por una mula, antes de las siete de la mañana, que era la hora fijada para iniciar las labores en la Tesorería General y demás oficinas del Palacio de Gobierno. Nuestro Gobernador subía los primeros tres escalones de la escalera de palacio, y se situaba para ver entrar al personal. La primera vez que alguien entraba después de las siete, el señor Molina veía su reloj y dirigía la mirada al empleado, de manera que éste lo notara. Si en un plazo relativamente corto el caso se repetía, don Olegario llamaba al empleado para decirle que tenía la impresión de que el puesto no le era indispensable y que de ser así, tal vez fuese más conveniente que presentara su renuncia para dejar el cargo a quien tuviese mayor necesidad. Los resultados eran las disculpas y que el interesado tuviera más cuidado para el futuro.

Un tercer caso más, respecto a los procedimientos del Sr. Molina. Parece que tenía un compadre a quien él hizo concejal del Ayuntamiento, cargo entonces honorario y no con sueldo como actualmente. El compadre era persona de recursos muy modestos y don Olegario supo que tenía sus "chambitas", como consecuencia del cargo concejal. La reelección no estaba prohibida; pero al venir el primer cambio de ayuntamientos, el compadre, no figuro ya entre los candidatos. Le hizo una visita al gobernador haciéndole presente su extrañeza. Don Olegario le explico que comprendiendo que necesitaba de todo su tiempo para nivelar sus ingresos lo había liberado de un cargo improductivo. Entonces el compadre replico que el cargo de concejal le producía ciertos ingresos que le permitían vivir en forma algo desahogada. A esto don Olegario contesto que entonces era por eso, por lo que precisamente no estaría en el nuevo Ayuntamiento.

CAPITULO III - CREACION DE LA RIQUEZA HENEQUENERA

En el primer capítulo de estas memorias doy a conocer la adquisición que mi abuelo el Lic. Don José García Morales en el año de 1857 de las haciendas Acù y Sihò, por compra a un señor Peón, y que en aquel entonces, con siembras de henequén, únicamente había un tablaje de 600 mecates en la hacienda Sihò (24 hectáreas). Considero interesante dar a conocer la forma en que fue incrementándose la industria henequera, teniendo como base los datos de que he tenido conocimiento.

Las haciendas Acù y Sihò las adquirió mi abuelo en la cantidad de $15, 000 para pagar con $500 cada seis meses, o sea, en un plazo de 15 años. Realizada la operación, en la primera oportunidad que tuvieron de charlar el Sr. Peón y mi abuelo, aquel le manifestó al Lic. García Morales que de no haber logrado venderle las haciendas en $15, 000, lo hubiere hecho en $10,000 y si aun así no se resolvía, hubiese bajado a $5,000 y en último caso se las hubiese escriturado por solo el pago de los gastos correspondientes, pues estaba dispuesto a deshacerse de estas dos propiedades. En cierta ocasión en que relatara lo anteriormente expuesto, se me preguntó si no conocía los motivos que hubiesen inducido al Sr. Peón para proceder así. Como esta misma pregunta podrían requerirla hacerla algunas de las personas que conociesen estas líneas, diré que mi respuesta es: La operación y conversación entre el Sr. Peón y mi abuelo, me las contaba mi padre hasta donde queda dicho. Por consiguiente, no podría contestar a la pregunta.

Mi abuelo se inicio como hacendado adquiriendo dos propiedades más o menos de la misma importancia, que contaban con elementos similares y una extensión de dos leguas cuadradas aproximadamente de tierras cada una, que en kilómetros vienen resultando en conjunto un total de unos 64 kilómetros cuadrados aproximadamente, que son los mismos que más o menos tiene la ciudad de Mérida, calculándose 8 kilómetros de norte a sur y otros ocho de oriente a poniente, que si no llegan a ocho si pasan de los siete. Estas fincas tenían muy modestas casas principales, huertas con árboles frutales, núcleos importantes de trabajadores, que de paso diré que ignoro en qué labores se ocupaban entonces. El principal aliciente era la cría de ganado vacuno. Cada una de estas haciendas tenía a su vez cuatro o cinco pequeñas anexas dentro de las tierras mencionadas, que contaban con corrales para ganado y huerta con árboles frutales. Uno o dos campesinos cuidaban de cada una de estas.

Toda vez que la hacienda Acù está situada más cerca de Mérida que Sihò, condición importante si se considera que pasaron muchos años antes de poderse hacer el viaje por ferrocarril, es muy natural que fuese la finca preferida desde un comienzo, quedando Sihò en segundo término. El viaje a Acù se hacía en día y medio, en bolanes o calesas, utilizando el llamado camino real de Mérida a Campeche. El primer día se llegaba hasta Maxcanù, donde se pernoctaba por la mañana siguiente desde hora muy temprana recorrer el trayecto de Maxcanù a Acù. Esta fue siempre la hacienda en la cual mi abuelita con sus hijos y luego con sus nietos, hacia grandes temporadas. A Sihò se iba comúnmente de paseo, saliendo temprano de Acù para estar de regreso por la tarde.

Mi abuelo tenía asuntos que no le permitían dedicarle al campo la totalidad de su tiempo, encargó la administración de las haciendas a don Juan Rivero, oriundo de Maxcanù. Por lo que mi padre me decía, deduzco que el Sr. Rivero fue siempre un caballero honesto, conocedor de las labores del campo en Yucatán y empeñosamente dedicaba su tiempo para ir haciendo de Acù y Sihò dos haciendas henequeneras, negocio que parecía ser la solución para aprovechar los campos yucatecos, pero sin abandonar el negocio ganadero, al mismo tiempo que también se incrementaba la siembra de árboles frutales cuyos productos una y dos veces por semana llegaban para su venta en Mérida, en carretas tiradas por cinco mulas cada una. Entiendo que en esta misma forma se traía a Mérida la fibra del henequén que comenzaba a producirse.

En tres arcos de la casa de maquinas de la hacienda Acù, existen los números correspondientes a tres años que recuerdan acontecimientos de significación. 1862 fue el año en el que llegaron a Yucatán las tres primeras maquinas movidas a vapor para ser instaladas en los campos de Yucatán, siendo una de ellas instalada en la hacienda Acù. Otro año representa la primera máquina de raspar de Patente Prieto que se instalara en esta hacienda, y el tercer año corresponde a la construcción del edificio actual.

El cultivo del henequén se fue intensificando en Yucatán con gran empeño y fe. En forma paralela evoluciono la mecanización para extraer la fibra de las hojas. Esto último que comenzara por los troncos mejoró notablemente con las ruedas Solís, haciéndose ya necesarias las maquinas de vapor para impulsar los arboles de poleas. Más tarde, a estas ruedas les fueron aplicadas la combinación de cadenas para llegar a la desfibradora "Prieto", cuyas características principales son la base de la maquina que hasta ahora se emplea en la desfibradora, maquina que fuera inventada en Yucatán y posteriormente copiada en Alemania y otros lugares para los otros centros productores de henequén.

No podría precisar en detalle cómo fueron incrementándose las siembras de henequén en las haciendas Acù y Sihò en el periodo de 1857 a 1894, año en que mi padre se hizo cargo de la administración de las haciendas de mi abuela; pero en este periodo de 37 años, los 600 mecates de henequén que mi abuelo encontró al comprar las haciendas, se elevaron a unos 19,000 mecates en total en las dos haciendas.

Al mismo tiempo que las siembras de henequén fueron incrementando el área cultivada, la producción de frutas se cuidaba y se multiplicaba la cría de ganado recibiendo también cuidadosa atención. Recuerdo haber oído decir que las piezas de ganado vacuno existentes en Acù, Sihò y sus anexas, sobrepasaba el número de 3,000. Yucatán producía carne suficiente para el abasto y hasta se exportaba algo a Cuba.

Cabe aclara que si los terrenos de Yucatán son pobres para ganado y con particularidad el rumbo en el que están las fincas de la familia, no hay que olvidar que en ninguna otra forma eran aprovechables, fuera de la rudimentaria siembra de maíz que actualmente se hace. La carencia de pastos naturales y dificultades para su siembra, eran compensados con extensiones de tierra en las que el ganado se alimentaba de lo que podía, y en realidad los propietarios se limitaban a proporcionarles agua en los corrales. Ahora se reconoce lo impropio que resulta criar ganado vacuno en lugares sembrados con henequén. Pero entonces se siguió la práctica de incrementar el ramo de ganadería al mismo tiempo que se creaba la riqueza henequenera. (En 1972 vuelve a tenerse ganado en la zona henequera).

Así llegamos al año de 1894, en el que mi padre se dedicara al campo, razón ésta que me permite conocer mayores detalles del asunto que nos ocupa.

Las nuevas siembras de henequén continuaron y tocó suerte a mi padre aprovechar los años de buenos precios de la fibra de que hablara en el segundo capítulo de estas memorias. Por estadísticas que he tenido a la vista, las siembras gigantes comienzan el año de 1899 para continuar hasta el año de mayor siembra en terrenos nuevos que lo fuera el de 1904, en el que las haciendas Acù, Sihò y Santa Rosa se sembró una extensión de 17,000 mecates. Cuando en 1916 las dos haciendas de mi abuela pasaron a sus ocho hijos, formándose dos grupos de a cuatro para cada propiedad, tanto Acù como Sihò contaban cada una con 45,000 mecates de henequén que en conjunto constituían una extensión ininterrumpida de 90,000 mecates, (3,600 hectáreas).

En ese mismo capítulo hago mención de la preferencia que siempre se dio a la hacienda Acù sobre Sihò; pero esto no impidió que comercialmente fuese aumentando su producción en forma paralela. Cuando se trataba de maquinaria, primero se instalaba en Acù para luego completar Sihò. La casa principal de la hacienda preferida fue inaugurada en 1903, de construcción y acabados sencillos, es sumamente cómoda y posiblemente la más grande entre todas las existentes en el Estado. La de Sihò se reparo y amplio dotándola de comodidades; pero no reúne ninguna característica especial. En cambio, al construirse el edificio para oficinas, bodegas anexas y dispensario médico, correspondió a Sihò una mejor época y su edificio construido en 1902, supera a la casa principal y está muy por encima de las edificaciones que para el mismo objeto tiene Acù. Las casas de maquinas corresponden a sus respectivas épocas y necesidades. En Acù logro mi padre lo mismo que en Santa Rosa siendo ya único dueño, dotar a todos los jornaleros de casas de mampostería consistentes en una pieza rectangular amplia, con cocina anexa y techos de teja marsellesa. Entonces y posiblemente todavía vivían en Acù 220 jefes de familia. En la hacienda Sihò se construyeron bastantes casas para jornaleros; pero los años de la revolución y la desconfianza llegaron de manera que esta hacienda que aún conserva a unos 180 jefes de familia, tiene todavía de un treinta a un cuarenta por ciento de casas para jornaleros con techumbres de huano y zacate, y aun algunas con paredes de embarro.

En materia de siembras de henequén guardaron un gran paralelo y considero que hasta en esto hubiese habido preferencia por Acù; pero Sihò tuvo como encargado a un gran hombre, que sin lugar a duda contribuyo grandemente para el incremento del patrimonio de la familia. En una de las haciendas que mi padre administrara temporalmente cono consecuencia de las operaciones que relato en el capitulo segundo, conoció y supo apreciar los grandes conocimientos y meritos de Antonio Muñoz Chè, que posteriormente tradujera al castellano su segundo apellido al de Madera, y en quien corría por las venas poca sangre hispana. Si por una parte apenas sabía leer y escribir, por otra, era de espíritu vivaz y dinámico para el trabajo. Terminando el siglo pasado mi padre lo hizo encargado de Sihò, y fue éste incansable trabajador, quien en realidad hizo de la hacienda a su cuidado lo que ésta llego a ser. Siempre celoso de lo que en Acù se hacía, presionaba a mi padre para que Sihò no se quedara atrás y en forma muy especial en lo relativo a nuevas siembras de henequén. Si de él hubiese dependido únicamente, quizás aquella hacienda a quien la familia no le prestaba gran atención ni le tenía cariño, hubiese llegado a ser una propiedad de mayor valor que Acù por su más alto rendimiento por millar de hojas.

Cuando en 1916 se hiciese la distribución de las haciendas de mi abuela, fueron éstas avaluadas con muy poca diferencia, sobrepasando el inventario de cada una de un millón cien mil pesos, equivalente entonces esta suma a quinientos cincuenta mil dólares. El inventario de Sihò obra en mi poder y sus precios no son nada exagerados. Con estos datos podemos ver que aquellas haciendas que en 1857 fuesen adquiridas en quince mil pesos para pagar en quince años, alcanzasen en sesenta años un valor en conjunto de más de dos millones doscientos mil pesos, con cambio al dos por uno con relación al dólar. Así se creó la riqueza henequenera que de la nada prácticamente alcanzo un valor en el Estado que sobrepasaba la suma de sesenta millones de dólares, pues Sihò ha venido representando como el uno por ciento de la extensión cultivada en el Estado, aunque no está en la zona de mejor rendimiento.

La producción de fibra se refleja directamente a los doce años de sembradas las pequeñas matas. Esto explica el aumento de la producción hasta pasar del millón de pacas anuales en los años de 1916 o 1917. Después de 1904 o 1905 no pudo continuarse el ritmo de siembras porque los precios de las fibras bajaron en los mercados internacionales, y de la baja que hubo gradualmente en la producción del henequén, no hay que culpar a la revolución. Las grandes siembras dieron como resultado una producción mayor a lo que correspondía por la extensión sembrada.

Tenemos el caso de Sihò, cuando en 1922 mi padre paso a ser único propietario por permuta que hizo dándole la hacienda Santa Rosa a sus socios, y me hice cargo de la administración, hice un estudio para normar las futuras siembras, la producción de fibra se reducía año a año y pude darme cuenta que la falta de siembras es funesta; pero grandes siembras desproporcionadas en varios años seguidos, aumentan grandemente el producto para luego reducirse, con las cargas inevitables de maquinaria, equipo, personal, etc., que no corresponden a una producción normal o reducida.

Calculando un ciclo de treinta años debe haber un tercio de la extensión de henequén en cultivo y "mateo" (primeros cortes); un tercio en plena producción y un tercio entre decadencia y descanso. Con esta base pueden hacerse números para un aumento progresivo de extensión cultivada. Sihò con sus 45,000 mecates llego a tener 23,000 en plena producción, desfibrando con dos maquinas parte del año; pero luego llego a tener estos mismos 23,000 mecates entre decadencia y descanso, periodo de mi administración.

Los resultados por la revolución fueron otros, y aunque en detalle tratare estos aspectos en capítulos siguientes, me parece necesario decir aquí algo. El capital es en ciertas circunstancias y en todas partes timorato, y siempre lo es cuando se siente atacado por el gobierno. A partir de 1915, año en el que comenzó a sentirse el impacto revolucionario, puede decirse que ningún hacendado pensó más en agrandar sus propiedades del campo. La mayor parte, entre ellos nosotros, continuaron las siembras normales para conservar en buen pie las tierras ya cultivadas, otros, los menos, redujeron sus siembras y hubo hasta quienes ya no hicieron siembra alguna.

Los buenos precios y márgenes de la Primera Guerra Mundial, no se emplearon para grandes siembras, como cuando las guerras anteriores, y las cuentas en dólares en bancos norteamericanos comenzaron, cosa que antes no era usual. Estos hechos si fueron causados por la revolución en Yucatán, y en toda la República debió pasar lo mismo.

CAPITULO IV - FORMAS DE TRABAJO- PRÁCTICAS IMPROPIAS- ATENCION A JORNALEROS

Mucho se ha dicho y escrito sobre los numerosos cargos que desde los albores de la Revolución Mexicana se han venido haciendo, y aun surgen nuevos, en contra de los hacendados de Yucatán- desde luego cabe decir que todos los procedimientos censurables, con variantes en detalles de acuerdo con las condiciones de la región, fueron generales en todo el país. Existen aun varias zonas en donde los campesinos están aun peor de lo que en Yucatán estuvieron antes de 1910. Malas prácticas establecidas en épocas remotas, subsisten en muchas partes de nuestro continente y del otro lado del océano. No olvidemos que en Grecia, Roma y los EE. UU existió la esclavitud.

Sin ir muy lejos en tiempo y distancia, diré que en un viaje que hice en 1940, visité algunos países de la América del Sur con numerosa población indígena. Viendo y Observando, pensaba que afortunadamente en México hubo una Revolución, que, aunque en forma violenta, había cortado muchas de las prácticas todavía en uso de aquellas regiones. Fue en Bolivia donde vi lo peor. Trabajadores laborando en la tierra de sol a sol, recibiendo únicamente como pago por su trabajo el equivalente de dos centavos de dólar al día. La moneda estaba a cincuenta bolivianos por dólar y se les pagaba un boliviano. Y no se crea que habitaban en las haciendas. Eran nómadas que en grupos acompañados de sus llamas por los altos Andes, cuando deseaban trabajar bajaban algunos cientos de metros para hacerlo voluntariamente en tierras de cultivo. Aquellos pueblos tarde o temprano tendrán que pasar por lo que México ha pasado.

Pero antes de entrar en detalles, cabe un comentario más. Parece que Yucatán, ha sido en nuestro país la oveja negra en materia de trabajo en los campos, y este cargo es completamente injusto. Si pensamos y hacemos un examen, quizás encontremos alguna explicación. Yo pienso que Yucatán, desafortunadamente no le es simpático a gran parte del país y especialmente a gobernantes y políticos, sin ver la paja en el propio ojo, toman el lente de aumento y ahí se van con dichos y hechos contra nuestro Estado. Desafortunadamente gran parte de nuestros políticos locales, con vista a beneficios personales y para ganar posiciones, resultan por lo general más papistas que el Papa. Muchos palos han podido evitarse y muchos nos han venido precisamente de los nuestros. Los intereses del Estado y el cacareado localismo, no significan cosa alguna cuando se piensa en la posibilidad de un provecho directo. Pero entremos en materia.

De las costumbres más antiguas y más atacadas es la de los adeudos de los trabajadores radicados en las haciendas para con los hacendados. Daré a conocer lo que sobre este particular he llegado a saber. Desde antes del año de 1857 existían estas deudas. Yo he tenido a la vista los libros de la época de mi abuelo y posteriores. Las cuentas pequeñas tenían movimiento y pocas veces pasaban de $50.00. Eran siempre prestamos con carácter devolutivo por parcialidades, y en nada se diferenciaban de los que actualmente se tienen en todos los negocios y que solo ocasionan trabajo adicional y molestias. Las cuentas grandes no se cobraban, se formaban con cantidades que los trabajadores solicitaban para su casamiento, compras y distracciones durante las ferias de los pueblos cercanos, fiestas de la propia hacienda y las cercanas, entierros de familiares y reuniones subsiguientes a los ocho días y al año, etc., etc. Estas cuentas aumentaban y nunca bajaban. Ninguna cuenta causo intereses, y por lo general llegaban o se aproximaban a los mil pesos; pero con los trabajadores buenos, especialmente si tenían varios hijos varones que luego serian a su vez trabajadores, las cuentas subían con facilidad a dos y algunas veces hasta los tres mil pesos. Con este sistema se retenía al trabajador obligatoriamente en la finca, porque si se salía sin el pago del adeudo, era obligado a regresar por medio de los jefes políticos más cercanos. Para cambiar de una hacienda a otra, el nuevo patrón cubría el adeudo y el acreedor del trabajador cambiaba. Hay que aceptar que en toda su apariencia, los trabajadores radicados en las haciendas eran comprados por el importe de su adeudo. Les quedaba la libertad de ver si un patrón que a su juicio fuese mejor o menos malo, estaba en disposición de pagar su cuenta, cosa muy frecuente cuando ésta no resultaba muy elevada, y en algunos casos se pagaban las más altas. Es completamente falso, como se ha querido hacer creer, que los hijos heredaban las deudas de los padres, las cuentas se cancelaban por fallecimiento. El renglón de cuentas nunca abarcó a los que vivían en los pueblos, limitándose a los que vivían en las haciendas. Algunos de los pueblos, para contar con trabajo seguro, solicitaban habitar en las fincas y podían entonces caer en el sistema de préstamos. Cuando el procedimiento comenzó a criticarse, los hacendados tenían el temor de que al no existir las deudas, la mayor parte de los trabajadores abandonarían las haciendas para radicar en los pueblos. D. Eleuterio Ávila, siendo Gobernador del Estado en 1914, abolió todas las deudas por medio de un decreto. Los trabajadores quedaron libres para movilizarse sin conveniente alguno, y en su inmensa mayoría permanecieron en las fincas donde Vivian. Los trabajadores pasaron a ser libres y en nada cambio el trabajo en el campo. De ser cierto cuanto se ha dicho, cuando menos hubiesen cambiado de unas fincas a otras para probar.

Las censuras a los calabozos me parecen ridículas por lo que de ellos he sabido y visto. Las haciendas eran centros de trabajo, aislados y con tardías comunicaciones a los pueblos donde radicaban las autoridades. No existían los actuales comisarios con esta calidad y toda represión o detención estaba a cargo del propietario, administrador o mayordomo. Nuestro campesino siempre ha sido aficionado al alcohol y sus efectos le han sido siempre funestos. Los problemas fueron y siguen siendo riñas, malos tratos a la esposa o familiares, impertinencias, etc., etc. Por lo general los alcohólicos eran internados a los calabozos para dejarlos libres al recuperar su estado normal. La mayor parte de los calabozos fueron destruidos; pero aun existen algunos o en su defecto se utiliza una pequeña pieza que pueda cerrarse bien, para que los comisarios procedan como antes lo hacían los propietarios o sus representantes. Fuera de los casos de necesario aislamiento, que repito tenían por origen el alcohol, nunca presencié o supe del empleo de los calabozos. Si algún otro uso tuvieron, como algunas veces se ha dicho, es posible que así hubiese sido; pero con seguridad fueron casos aislados. Actualmente, cuando se comete alguna falta que amerita aislamiento, el comisario de la finca aísla en forma segura al delincuente y avisa a la población más cercana para que las autoridades competentes se hagan cargo del caso. Hoy las comunicaciones son rápidas; pero antes no. En realidad, todo es cuestión de nombre. La palabra calabozo resulta reaccionaria y para evitarla, actualmente existen los separos, pues no hay diferencia alguna entre los calabozos de los hacendados y los actuales separos de las policías.

Toda clase de censuras merecen los azotes y otros castigos corporales de los que mucho se ha hablado, procedimientos indignos en toda época. Pero también en esto se ha empleado un lente de aumento de gran magnitud. Que estos castigos existieron es cierto; pero por una parte, nunca se aplicaron con la frecuencia que se ha dicho, y por otra parte, puede asegurarse que fue un número muy reducido de hacendados los que recurrieron a ellos como correctivos. Nuca supe de castigos corporales por el rumbo de las haciendas de la familia. Algunas veces escuché conversaciones de mi padre con otras personas con relación a estos procedimientos y siempre fueron reprobados. Se censuraba a quienes se sabía que los empleaban, y no recuerdo haber escuchado los nombres de más de cinco o seis hacendados. Debieron ser bastante más; pero seguramente que actuaban en ocasiones muy eventuales, de manera que sus nombres no se extendían para ser del conocimiento general. No olvidemos que los padres y las escuelas empleaban los azotes.

El cargo menos explotado era el de los jornaleros bajos, legando a éste aspecto el de las tiendas de raya, mencionándose más éstas que aquellos. La falta de conocimiento o quizás el establecer comparaciones con los valores adquisitivos en las diversas épocas, que no favorecen mucho a los tiempos posteriores a 1910, expliquen qué aspecto tan interesante hubiese sido tomado tan a la ligera para los ataques. En relación al pago de trabajos y prácticas ligadas en este renglón, dedicaré el siguiente capítulo porque mucho hay que decir.

Nos hemos limitado a los principales cargos y algunos otros serán tratados al hablar del pago de los trabajos, olvidando quizás algunos que carecen de importancia. Pero del aspecto favorable al hacendado nunca se ha dicho algo. Contra cuanto se ha dicho de malo, hay que reconocer que muchos hacendados de corazón bien puesto, trataban a los jornaleros en forma patriarcal. Hay que hacer justicia, y ya que los tratos buenos o malos eran practicas de familias, cabe decir que la familia Peón, descendiente de fundadores de la Ciudad de Mérida, y considerada como del más alto abolengo en Yucatán, fue la que siempre se distinguió por considerar a los jornaleros de sus haciendas como hijos. Comenzaban por pagar "cartas cuentas" para aumentar el número de sus trabajadores, quizá por la vanidad de tener muchos; pero es el caso que siempre tenían bastantes más de los necesarios para los trabajos, de manera que los jornaleros se beneficiaban no saliendo a trabajar si querían hacerlo en su "milpa" o salir de cacería, y si el trabajo señalado se pagaba por unidad de obra, nunca tenia tarea fija. Ya era esto una gran ventaja. Para navidad eran obsequiados con abundante carne, hamacas y cobertores de invierno; se cubrían los gastos de casamiento y bautizos. En materia de alojamientos, si es verdad que carecían como hasta hoy de higiene moderna, las casas de jornaleros eran tan buenas o mejores que las del resto del país. La atención medica no dejaba nada que desear; médicos de los pueblos cercanos visitaban las haciendas una o dos veces por semana y siempre el mayordomo o escribiente tenían conocimientos de primeros auxilios, desinfectaban, suturaban y conservaban formulas para enfermedades comunes, que preparaban en los bien equipados botiquines. Cuando se trataba de algo serio, los enfermos eran traídos a Mérida y por lo general existían en las casas de los hacendados un departamento para enfermos de las fincas. No faltaba la pensión y el maíz para las viudas; entre el benévolo y el patriarcal trato de la familia Peón y aquellos de corazón negro afectos a los azotes, estaba toda la gama de los hacendados, con mayor inclinación hacia la exigencia en el cumplimiento del trabajo; pero con trato sumamente humano. Debemos hacer honor a quienes lo merecen y de entre estos quiero recordar a algunos de los que llegue a tratar. Me refiero a D. Augusto L. Peón (quien más henequén sembrara en el Estado) D. Rafael Peón Losa, D. Ignacio Peón, los hermanos D. Álvaro y D. Pedo Peón, D. José Domínguez Peón, D. Eulalio Casares (D. Boxol). Y debo hacer constar, que no corre sangre de Peón por mis venas, no estoy emparentado con ellos políticamente, ni mi amistad con ellos pasa de ser cordial dentro de los límites sociales.

CAPITULO V - PAGO DE JORNALES – PRACTICAS ANEXAS – SISTEMAS DE TRABAJO

Con relación al pago de los trabajadores en las haciendas de Yucatán, muy poco se ha dicho comparado con lo que puede y debe decirse. Su importancia es capital, porque al sistema se debe el desarrollo de la industria henequenera; pero entremos en materia, tratando de coordinar los diversos aspectos y explicarlos con claridad.

Se comenzaba por llamar a la gente con campana cuando apenas comenzaba a aclarar, se distribuían los trabajos y con el fresco de la mañana, ya para salir el sol, todos los jornaleros dedicaban media hora a la limpieza de la planta y calles de la finca, trabajo denominado "fajina", para luego dirigirse a sus labores. A las tres de la tarde comenzaban a presentarse al despacho a entregar las fichas de trabajo para las anotaciones diarias. Aun ahora, los trabajadores del campo comienzan sus actividades al salir el sol y terminan a las tres de la tarde, salvo que lo limitado del trabajo los haga terminar antes. El suprimir la campana no ha cambiado las horas, y solo ha quedado sin efecto la "fajina". Las plantas ya casi no se limpian y presentan aspecto de abandono y ruina.

Tuve en las manos en la Hacienda Sihò, unos libros antiguos de la época de mi abuelo (1857-1885), en los que en forma interrumpida encontré producción de varios años, rendimientos por millar de hojas, remesas de henequén a Mérida, precios de venta, trabajos de jornaleros, valor de los trabajos, etc., datos estos que me permiten hablar de los jornaleros de entonces. De la época de mi padre hasta 1917, años en el que comenzó mi contacto directo con el campo de Yucatán, existían semanarios correlativos con toda la información necesaria.

Con los antecedentes anteriores, creo poder decir que los jornaleros en el campo sostuvieron un precio fijo por muchos años y prácticamente con pocas variantes, de las que hablaremos más adelante, hasta el establecimiento del jornal mínimo por la ley que se diera durante la presidencia del General Abelardo L. Rodríguez.

En el partido de Maxcanù los precios de trabajo tenían las siguientes bases: Corte de pencas en planteles de corte parejo a $0.25 por millar (se cortaba y aun se corta, cuando no se limita el trabajo de 3,000 a 4,000 pencas). Este precio servía de base para los otros trabajos calculándose para los fuertes unos $0.875 diarios, como en la maquina, y 50 a 60 cts. diarios para los trabajos fáciles destinados a los hombres de edad avanzada, como la huerta, limpieza de planta y otros. Variaba el precio del "chapeo" (limpieza de planteles) de acuerdo con las condiciones del terreno, con promedio de $0.20 por mecate calculándose 3 a 4 mecates diarios. Maxcanù es de las zonas de mas bajo rendimiento, por lo que en las regiones más productivas, los precios seguramente eran más altos; pero con cortes de pencas de 2,000 a 2,500. Téngase siempre en cuenta un tipo de cambio de 2 x 1 en relación al dólar. En los periodos de moneda despreciada se cuidaba la base dólar en lo posible. Recuérdese que la Comisión Reguladora del Mercado de Henequén permitió a Yucatán tener dólares al 2 x 1, mientras en el resto del país los peos tenían muy poco valor.

Repetimos que el pago de jornales no variaba. Entonces, cuando los precios de la fibra subían sobre el precio promedio que servía de base para el pago de los trabajos, todo el beneficio quedaba a favor del hacendado. Fue precisamente esto lo que hizo que como consecuencia de la gran bonanza de la hablamos en el capitulo anterior (1899-1906), las nuevas siembras gigantes y totalmente desproporcionadas sirvieran para darle al cultivo del henequén su importancia actual, fama de rico a Yucatán, de millonarios a los yucatecos causando envidias y malas voluntades. Piénsese en la importancia de lo que en este párrafo se dice, tanto en aspectos favorables de Yucatán como los desfavorables al Estado y sus habitantes.

El hacendado, con gran fe dedicaba al engrandecimiento y mejoras en sus fincas todo el dinero de que no podía disponer y aun se adeudaba para la adquisición de maquinaria. Nunca antes de 1916 pensó en reservas monetarias de ninguna clase. El yucateco seguramente por el aislamiento en el que ha vivido por más de cuatro siglos y posiblemente por lo que tiene de sangre maya, presentaba características particulares que quien visita el estado aun puede encontrar. Sin ser muy inteligente medita, estudia y toma sus resoluciones con gran sentido práctico; es trabajador, honesto, sin ser afecto a la ostentación le agrada mucho vivir bien dándole toda preferencia a las comodidades de la familia. De ahí que sorprendan las muy buenas residencias de Mérida, que pocas veces concuerdan con el capital del propietario, producto de un buen conservador, que ignoro si es de Yucatán o no, son las siguientes líneas: "Los yucatecos son: de sangre godos, ricos sin rentas, todos parientes y enemigos todos".

Considerando posiblemente las altas utilidades de los periodos de buenos precios en la fibra, se ha dicho que los hacendados Vivian haciendo viajes a Europa derrochando el dinero que obtenían con la explotación de los indios, enviando a sus hijos a países extranjeros para estudiar o perder el tiempo. Ya hemos visto que las bonanzas fueron siempre para incrementar la riqueza nacional. Es verdad que los yucatecos fueron y van a Europa, enviaron y envían a sus hijos a colegios del exterior; pero ni lo hicieron en proporción mayor que los de otras partes del país, ni se limitaba a los hacendados; comerciantes también los hicieron, siempre dentro de lo normal. Es verdad que el hacendado contaba con una facilidad: no necesitaba dinero, nunca contaba con efectivo; para viajar obtenía una carta de crédito de la casa a la que le vendía el henequén y al regreso se determinaba la cantidad de la que había dispuesto, esta suma con el cargo de intereses bajos, se reducía mediante abonos que en un largo plazo se descontaban de las facturas de henequén. Mi padre, que siempre vivió en situación desahogada, pero con orden, hizo dos viajes a Europa; el primero siendo soltero acompañado de familiares, el segundo para la Exposición Internacional de Paris en 1900, lo realizo con un grupo de amigos. Mi madre estuvo varias veces en los EE. UU., pero no tuvo oportunidad de ir a Europa.

La enseñanza en Yucatán cubría hasta la preparatoria, para luego contar únicamente con las escuelas de medicina y leyes. Nada de particular tiene que los padres hubiesen hecho sacrificios o sin éstos, hubiesen procurado lo mejor para sus hijos. Leyes en Yucatán. Medicina, la gran mayoría en Mérida con cursos posteriores en Europa cuando se podía y algunas veces la carrera en Francia o Alemania; Ingeniería por lo general en Inglaterra, comercio en Suiza. No creo que esta conducta de los padres merezca censuras.

Para terminar con los cargos, diremos lo que hay sobre el más falso de todos ellos. El de las "tiendas de ralla". En todas las haciendas existían y aun existen modestas tiendas con todo lo necesario para las limitadas necesidades (aún actuales) de nuestra gente de campo. El hacendado no perseguía lucro de ninguna clase, limitando su interés a evitar dentro de lo posible, el que los trabajadores tuviesen que hacer viajes al pueblo cercano. Unas veces las tiendas eran del propietario y otras daban en arriendo el local por una modesta suma. Cuando el hacendado era el dueño de la tienda, se tenía un encargado de buenos antecedentes y con un sueldo muy bajo considerando que se ayudaría con mercancías de la tienda. Los precios siempre fueron los mismos que en el pueblo y en algunos artículos, como azúcar y frijol, el precio algo más bajo. Así se evitaban las quejas de la gente.

Ahora veremos la otra cara de la medalla, comenzando por lo que se hacía cuando los precios de la fibra bajaban. Hay que partir del principio de que los jornales no bajaban. Debe decirse que la gente de los pueblos trabajaba en las haciendas, aumentando o bajando el número de acuerdo con el ciclo de trabajo. Aumentaban los meses de abril, mayo y junio, para las siembras, y los meses de septiembre a diciembre por ser los más apropiados para los "chapeos" y "tumba". Si en las épocas de bonanzas se invertía en las haciendas todo lo posible, en las crisis se procedía a reducir aquellos gastos que no eran indispensables. Se suspendían aquellos cambios de maquinaria, compra de rieles y material rodante y otros gastos similares. Si aun era necesario hacer más economías, se reducían o suspendían las siembras, se aplazaban los "chapeos", y en general se limitaba el trabajo al corte y raspa para producir la fibra que se vendía. Los trabajadores de los pueblos se veían sin trabajo. Las economías podían llegar al maíz de las mulas; pero la gente de las fincas contaba con trabajo y percibía los jornales establecidos, sin reducción. Hubo crisis tan grandes (una o dos veces) en las que los hacendados, para no dejar de cubrir los jornales de su gente, se pusieron de acuerdo por rumbos, y suspendiendo los trabajos en las haciendas se fueron acorte de palo de tinte y chicle con sus trabajadores, mulas, rieles y otros elementos de trabajo. Se recurría hasta préstamos hipotecarios antes de sacrificar al trabajador radicado en las haciendas.

El factor básico para conservar estable el costo de la vida al trabajador, era el precio del maíz, base hasta ahora de su alimentación. El precio normal era de ·3.00 la carga (unos 46 a 48 kilos aproximadamente). Si el precio era normal o más bajo, el propietario no intervenía; pero cuando el precio era mayor, el hacendado se abastecía de maíz a cualquier precio y lo vendía a los de la hacienda a $3.00. Para evitar la reventa al pueblo, se hacían unas listas de control calculando debidamente las necesidades, incluyendo una moderada cantidad para alimento de animales domésticos. No se olvidaba lo que a las viudas se les obsequiaba semanalmente. Personalmente llegué en una ocasión a comprar maíz a $18.00 la carga (importado de EE.UU) para entregarse a la gente a $3.00.

Además de esta costumbre con relación al maíz, mientras hubo ganado en las haciendas henequeneras, que se agotó por el abigeato durante el periodo álgido de la revolución, semanalmente se mataba una o dos veces para vender la carne a los radicados en las fincas a razón de $0.25 el kilo.

Creo que este capítulo explica el rápido aumento de las siembras del henequén, las producciones máximas de 1916 y 1917, el beneficio que reportó a la riqueza nacional el sistema de jornales fijos y la compensación que en los momentos de crisis recibían los trabajadores "acasillados" a cambio de no hacerlos participes de las bonanzas.

Compárense los precios antiguos de trabajo y del maíz con los de las épocas posteriores a partir de la revolución, sin dejar de considerar la base del dólar, y se verá que no hay una diferencia notable. Y aún más, si se estudia el costo de la vida, posiblemente la balanza se incline a favor de los jornaleros de 1,880. Pero en forma alguna debemos culpar a los gobiernos de los últimos cincuenta años. No ha sido factible pagar más de lo que se ha pagado. Los precios de la fibra se rigen por el mercado mundial y nunca ha podido influir en forma favorable la política mexicana. Por muchos años la base del precio promedio fue el de 6 ctvs. De dólar la libra en puertos de EE.UU actualmente puede considerarse que esta base ha subido a 8.1/2 ctvs. La libra, es decir, poco más de dos centavos. Cuando la gran crisis de 1922 o 1923, siendo gobernador del Estado D. Felipe Carrillo Puerto y director financiero D. Tomás Castellanos Acevedo, nosotros pagábamos corte de pencas a $0.20 por millar; pero el precio del henequén era de menos de 2 ctvs. de dólar la libra.

CAPITULO VI - CAMBIO DEL PORFIRISMO A LA REVOLUCION (1909 a 1915)

Para tener un cuadro completo del campo henequenero de Yucatán, con anterioridad a la revolución, es necesario decir algo de los años de 1909 y hasta 1915, que fue cuando en realidad la revolución mexicana comenzó a sentirse en esta parte del país. Con este capítulo cerramos lo que podría llamarse la primera parte de estas memorias.

Un lugar de honor corresponde a la "Liga de Acción Social", con el Lic. Gonzalo Cámara Zavala como Presidente. Esta asociación fue fundada en 1908 o comienzos de 1909 por un grupo de profesionales y personas de otras actividades, todos elementos de elevada cultura, con el propósito de perseguir, sin interés alguno, el mejoramiento social del Estado de Yucatán. Un hermano de mi padre, abogado, figuró entre los fundadores de esta organización. El primer trabajo fue encaminado a estudiar las condiciones del campesino yucateco, resolviendo valerse de todos los medios a su alcance para el establecimiento de escuelas rurales en las haciendas henequeneras. La idea no parecía contar con las simpatías de los hacendados. Recuerdo que a mi padre, en quien siempre vi a uno de los hacendados que con más facilidad aceptaba la evolución de las costumbres, al hablar de las escuelas rurales, le escuché las siguientes frases: "Muy nobles son los trabajos de la Liga y muy signos de cuidar de su instrucción son los trabajadores del campo; pero me temo, que el día que sepan leer y escribir se resistan a contar pencas". Cuando la primera o una de las primeras escuelas se fundó antes del inicio de la revolución en una hacienda cercana a Mérida, propiedad de un abogado y un médico, ambos socios de la Liga de Acción Social, entonces dijo mi padre:"Hacen muy bien Pepe y Manuel porque uno es médico y el otro abogado. Si la hacienda se desorganiza y la pierden, pueden vivir de su profesión". Hay que tener en cuenta que esto pasaba hace mas de 50 años cuando los gobiernos Federal y Estatal no pensaban en escuelas rurales. Nadie antes que la Liga de Acción Social había hablado en Yucatán de este serio problema nacional. Estas pocas líneas pueden dar una idea del pensamiento de entonces; pero en cualquier forma, cupo a Yucatán el alto honor de ser la primera entidad del país, en la que se establecieran en forma permanente escuelas rurales, en pleno gobierno del Gral. Porfirio Díaz.

Y ya que hablamos de la "Liga de Acción Social", es conveniente recordar otro trabajo que realizó al mismo tiempo que se ocupaba del anterior. El 16 de septiembre de 1910 inauguró la Escuela Modelo, que aún existe, mediante la colocación de acciones de una sociedad anónima, entre padres de familia y simpatizadores de la idea. La Escuela Modelo era algo novedoso en aquel entonces. Situada con extensos campos en las afueras de la ciudad; alumnado medio interno; enseñanza laica con respeto para todos los credos; profesorado totalmente ajeno a organizaciones religiosas; un profesor norteamericano contratado expresamente para dar clases de inglés e impulsar deportes (base ball, foot ball, tennis, natación); lotes de terrenos para que los alumnos cultivasen legumbres, y su director fundador fue traído de Jalapa, graduado de la famosa normal y discípulo de Rébsamen. Tuve la suerte de ser alumno fundador, estudiante en dicho plantel los últimos años de primaria, el 5º y el 6º. Aun recuerdo nuestras cosechas de rábanos y patatas. Y todavía se quiere hacer creer que

Yucatán es el estado más retrogrado del país. Es no conocerlo el solo pensarlo.

Llegamos a 1910. D. Francisco I Madero llega a Mérida, y recorre en manifestación, acompañado de sus partidarios, la calle 59, principal arteria de la ciudad. Algunas personas de la familia presenciamos el paso de la manifestación desde los balcones de la casa de mi abuela materna, situada en una esquina del actual parque Cepeda Peraza. Recuerdo perfectamente a D. Panchito con su barba recortada y negra, así como un comentario de mi padre que por mucho tiempo no pude comprender. Al pasar D. Pancho le dijo a mi abuela: "Si D. Rodolfo viviera, estaría con Madero desfilando o aquí con nosotros presenciando su paso con gran satisfacción". Mi abuelo materno, Lic. Rodolfo G. Cantón, falleció el año de 1909. Fueron propietarios él y un hermano suyo de una de las cuatro líneas férreas que parten de Mérida. Construyeron el F.C. del Sur, que va de Mérida a Peto. Posteriormente pasó a ser único dueño y construyó el ramal de Huhi y Sotuta, que parte de Acanceh. Nunca fue hacendado, y de espíritu liberal, mi padre pensaba que de vivir, hubiese sido uno d los primeros maderistas, aunque siempre tuvo muy buenas relaciones con ministros y otros destacados elementos del gobierno del General Díaz. Mi padre sentía ciertas simpatías por Madero; pero abrigaba sus temores respecto a lo que luego pudiese pasar. No se equivocó. Ante todo era hacendado y tenía desconfianza a los cambios.

Viene el triunfo de la Revolución. D. Porfirio abandona el país. Salen maderistas hasta debajo de las piedras, y precisamente en estos momentos, se inicia en Yucatán la campaña para la elección de Gobernador del Estado. Surgen las candidaturas del Lic. Delio Moreno Cantón y Lic. José Ma. Pino Suarez. Ambos muy cultos, escritores y poetas, de conducta   intachable, buenos sentimientos, aceptados en todos los medios sociales de Yucatán. Pero el Lic. Pino Suarez, aunque desde muy joven vino a Yucatán para estudiar y formó familia, nació en Tabasco. Por otra parte, el meridiano, aunque formando el núcleo principal de la población en la Península siempre ha demostrado cierta indiferencia o incredulidad política dando preferencia   al trabajo cotidiano. Desde la independencia hasta la creación del Estado de Campeche la política peninsular estuvo dirigida por campechanos. Posteriormente, los más destacados políticos han sido oriundos del Oriente del Estado, principalmente de Valladolid. Con anterioridad a D. Olegario Molina, fue gobernador del Estado el Gral. Francisco Cantón, vallisoletano. Digno y valiente militar durante la llamada "guerra de castas", fue un gobernante estimado y respetado, y siempre gozó del respaldo de numerosos partidarios. D. Delio Moreno Cantón era sobrino del Gral. Y contando como base al partido cantonistas, fue verdaderamente el candidato más popular en los últimos sesenta años. Pero el Lic. Pino Suárez estaba muy cerca de Madero. Yucatán fue el primer estado que constató lo falso del lema:" Sufragio efectivo…". Pino Suarez fue declarado candidato triunfante. Más tarde, el mismo Lic. Pino Suárez fue impuesto como Vicepresidente de la República, como se recuerda en todo el país. El prestigio del maderismo sufrió mucho y Yucatán se volvió más incrédulo respecto a la libre elección de autoridades.

Pero al referirme a aquellos tiempos, recuerdo a los yaquis que formaban el núcleo principal en las manifestaciones de los "Pinistas". En 1909, al comenzar el aumento considerable en la producción de fibra de henequén como consecuencia de las grandes siembras de 1899 y 1900, comenzaron a faltar trabajadores en el campo. Se hicieron gestiones y el gobierno federal fue enviando familias de yaquis

para alejarlos de su lugar de origen. Estos yaquis que llegaron a contar algunos miles, se adaptaron bien al "chapeo", rendían maravillosamente en el corte de leña para las calderas de vapor; pero no todos resultaron buenos cortadores de pencas. Este elemento fue instalando en las haciendas y pronto convivieron bien con los trabajadores locales; también llegaron al Estado numerosos grupos de coreanos. Ignoro los medios para lograr esta inmigración de hombres solos; siempre se les contrataba por grupos mediante la jefatura de uno de ellos que arreglaba el trabajo y recibía una pequeña comisión. Se les instalaba en galerones construidos expresamente para alojarlos. Resultaron magníficos cortadores de pencas, completando a los yaquis, pero resultaban algo picaros, ya que siempre tenían la tendencia de poner 46 a 48 pencas en los rollos reglamentarios de 50. Idearon unas botas de lona para cubrirse las piernas y así protegerse de los espinos del campo.

No es del caso referir los cambios de gobernadores en cuatro años; pero recuerdo que uno de ellos fue el Gral. Curiel, por algo que entonces llamo la atención. Fue el primero que compro con fondos del gobierno un vehículo para el uso del gobernador; se trataba de un automóvil europeo de una marca de prestigio, pero de segunda mano. La compra la realizo en la ciudad de México.

Madero llega a la Presidencia y poco después Huerta se adueña del poder y manda asesinar a Madero y Pino Suarez. Surgen D. Venustiano Carranza, Villa, Zapata y los generales se multiplican. Mientras las siembras de caña de azúcar se quemaban y las maquinarias de los ingenios se destruían, los campos del país dejaban de cultivarse, pueblos y ciudades eran saqueados y quemados; Yucatán se enteraba de estas noticias y veía el cambio de gobernadores de acuerdo con la jefatura de quien controlase Veracruz y el

Sudeste. Nuestro pueblo es pacifista, tranquilo, enemigo de las violencias, y nuestro suelo y sus poblaciones en tierras planas, impropias para guerras de guerrillas. Así llegamos a 1914; es enviado el Ing. Eleuterio Ávila y se le recuerda sin mala voluntad, porque sin ofensas ni alardes de autoridad se limito a dar un decreto haciendo nulas y sin ningún valor todas las deudas contraídas y futuras de los jornaleros de campo. Todos dieron cumplimiento al decreto sin crear problemas, los beneficiados recibieron la noticia con verdadero beneplácito ya que esto les permitía movilizarse libremente para trabajar donde más les conviniera; pero en realidad, los cambios de residencia fueron muy pocos y en nada afecto la marcha normal de las haciendas. Yucatán siguió su vida tranquila y normal.

El Ing. Eleuterio Ávila no tardo mucho como gobernador. A principios de enero se hace cargo del gobierno el Gral. Toribio V. de los Santos, hombre sencillo, sin preparación y sin energías, de quien no recuerdo haber oído cargos concretos; pero con él vino un grupo de cuatro o cinco personas, a quienes toleró cuanto dijeron, publicaron e hicieron. Aun anda suelto por ahí uno de estos, muy conocido en todo el país, y que entonces con unos 18 a 20 años de edad era perfectamente irresponsable o malvado. Con facilidad de palabra y forgozo no faltaban personas que impresionadas lo escuchasen con atención.

Este grupo se dedicó a ofender e insultar a Yucatán, a los yucatecos y a la sociedad de Mérida en todas las formas posibles. Se decía que se introducían en las fiestas particulares, perseguían groseramente a las damas de la sociedad y celebraban por las noches en la Plaza Principal "Mítines" para dar rienda suelta a sus propósitos. Recuerdo que algunas veces escuche: "La noche de hoy se la dedicará X. X. a Z. Z., pues se negó éste a darle la cantidad que le exigía". Y por la noche en la plaza la consabida pieza oratoria llena de insultos y ofensas. Comerciantes, hacendados e industriales eran las víctimas. Parece que la cantidad más elevada le fue solicitada a D. Avelino Montes, dueño de la principal casa de comercio compradora y exportadora de henequén, a quien al no dar la suma solicitada, le correspondieron varias noches del programa. Se dirá que en el resto del país, en plena revolución armada, se inicia lo que en Yucatán y muchas otras cosas peores que no llegaban a nuestro estado; pero siendo esta región de naturaleza respetuosa y tranquila, y no existiendo la justificación de la guerra, matanzas, deseos de venganza y odios de bandos, lo que venía sucediendo en Mérida era incomprensible en nuestro medio.

Con este ambiente político que había creado un estado de mala voluntad hacia el grupo dirigente, que llegaba hasta D. Venustiano, tuvieron lugar en Yucatán acontecimientos de gran significación. No recuerdo bien los orígenes del movimiento armado que entonces hubo, que de paso diremos que es el único de alguna importancia en lo que va de este siglo en nuestro estado; pero sin recurrir a investigaciones diré lo que recuerdo. Tengo la impresión de que había en los estados algunas corporaciones militares locales, y en Yucatán había un batallón que quizás se denominaba de Guardias Nacionales. Algún pequeño brote o alguna otra causa hizo que dicho batallón partiera en servicio al sur del Estado. Tengo entendido que tenia de pagador a comandante, a un militar que no era yucateco, pero con cierto arraigo en Mérida. De pronto se supo que dicho contingente militar retornaba a la capital en plan de guerra con el propósito de expulsar a las autoridades carrancistas que tan odiadas se habían hecho. La guarnición militar federal en Yucatán fue siempre un grupo muy reducido de tropa y algunos oficiales, seguramente por la natural tranquilidad de la región y la necesidad de combatientes en las otras zonas del país. En estas condiciones, el elemento de Carranza se retiro rumbo a Campeche, y el batallón local controlo la situación. Teniendo todo el movimiento por jefe al pagador indicado, se nombraron autoridades, se enviaron tropas hasta los límites del Estado de Campeche y con un respaldo general se fueron creando cuerpos de voluntarios. Naturalmente que las armas y municiones disponibles eran pocas y deficientes, se trataba de exigir de D. Venustiano el que elementos conscientes y respetuosos, de toda preferencia   yucatecos, fuesen designados para el gobierno del estado. Es conocida la intransigencia del Sr. Carranza y naturalmente nunca quiso tratar con ninguna comisión. La situación se fue poniendo más tirante cada día y todas estas circunstancias hicieron que a este movimiento se le diese en el país un cariz de separatismo. Que viendo lo imposible de entenderse con D. Venustiano y lo inútil de intentar todo contacto directo con cualquier otra facción revolucionaria, se hubiese hablado y hasta tratado de obtener armas y pertrechos del exterior para oponer resistencia hasta lograr un arreglo de gobierno aceptable, es lógico y natural. No otra cosa hicieron siempre los revolucionarios que operaban en las fronteras con los EE. UU. El caso es que Yucatán se preparo para resistir con unos 1500 a 2000 hombres, en un 60% a 70% de civiles; pero todos mal armados y peor pertrechados, mientras D. Venustiano acumulaba en Campeche unos 7000 soldados del ejército Constitucionalista al mando de varios generales, elementos todos bajo las ordenes del Gral. Salvador Alvarado. Combates en Blanca Flor (Estado de Campeche) y Halachò (Yucatán), que siempre que se habla de ellos se les quiere dar enorme significación; pero yo creo que si se piensa en los elementos opuestos, estas batallas no tuvieron gran importancia militar, aunque si hubo mucho sacrificio personal por parte de los locales con verdaderos actos de valor. El caso es que el señor Carranza se impuso a la fuerza; en Yucatán se dispararon los únicos tiros algo al por mayor durante toda la revolución, y el Gral. Salvador Alvarado entro a Mérida el 19 de Marzo de 1915. Este episodio revolucionario tardó poco más de dos meses.

CAPITULO VII - EL GRAL. ALVARADO - LA COMISION REGULADORA - VENTAS DE HENEQUEN.

Cuando en Mérida se tuvieron noticias de los primeros contactos entre las tropas carrancistas y las argumedistas en la hacienda Blanca Flor del Estado de Campeche, y que después de un combate con regular número de muertos y heridos, los argumedistas se habían replegado a la población yucateca de Halachó para nuevamente ofrecer resistencia, las malas noticias comenzaron a correr como pólvora. Con base seguramente en lo que se sabía que había ocurrido en otros lugares del país, se hablaba de que las tropas al mando del Gral. Salvador Alvarado vendrían saqueando, violando y matando. Que las numerosas tropas carrancistas ocuparían las casas de los ricos para instalarse en ellas, etc. Etc. Mientras tanto, pasaron algunos días de combate de Blanca Flor y comenzaron a llegar noticias del triunfo carrancista en Halachó. Aunque lo que diga de este lugar lo escuché bastante tiempo después de otros acontecimientos importantes que luego narraré, prefiero en esta ocasión seguir un orden cronológico, para facilidad de quienes me lean.

Parece que la pelea en Halachó fue seria. Los argumedistas se desorganizaron y comenzaron a apostarse en plan de defensa personal. Tiraban desde la parte superior del templo, de las azoteas de las casas, de las ventanas y de las ventanas y de cualquier otro resguardo a su alcance. Pero la situación no podía durar mucho. Un núcleo considerable de argumedistas fue hecho prisionero. No hay que olvidar que entre los derrotados había más elemento civil que militar, y entre los civiles voluntarios destacaba el batallón del comercio, formado por empleados jóvenes de casas comerciales de Mérida, entre los que había de familias de posibilidades. Tan pronto dejó de dispararse, comenzaron los fusilamientos de prisioneros con el consentimiento de los primeros generales que venían a la vanguardia. En alguna forma llegó pronto esta noticia a donde estaba el Gral. Alvarado y parece que enterados unos dos o tres yucatecos cultos y de buena posición social, que aunque más bien radicados en la ciudad de México acompañaban a Alvarado como conocedores de nuestro medio, le hicieron ver al General lo perjudicial que para su actuación futura sería este proceder. Cualquiera que hubiese sido la causa, la verdad es que el Gral. Alvarado envió violentamente una orden terminante para que el fusilamiento de prisioneros fuera suspendido, y así se hizo. Faltaba fusilar a tres o cuatro para que llegase el turno a dos de los hermanos Molina Font. La precipitación en estos fusilamientos puede apreciarse en un civil a quien después de fusilado le dieron el tiro de gracia, mal dado, pues podríamos decir que surgió de entre los muertos para vivir muchos años. No sabría decir si aún vive pues hace algún tiempo que no lo veo; pero el periodista norteamericano Mr. Ripley, publicó el caso en su sección "Aunque usted no lo crea", y pagándole todos sus gastos, más una y muy aceptable gratificación, lo llevo a Nueva York para comprobar el caso.

En Halachó terminó toda oposición a los carrancistas, para que éstos recorriesen andando en cuatro o cinco días los 80 kilómetros que dista Halachó de Mérida, ya que el material ferroviario se había concentrado en esta ciudad.

Mientras tanto, toda clase de rumores circulaban por Mérida. Las personas acomodadas que habitaban casas grandes, en su casi totalidad vieron la forma de dejar éstas al cuidado de personas de confianza para salirse de ellas.

Muchos se fueron a pueblos y haciendas para esperar acontecimientos, otros cambiaban de casa trasladándose a las de personas humildes conocidas para que estas a su vez ocupasen las casas grandes. Se supo que en el puerto de Progreso había dos barcos que aceptaban refugiados. Uno era el "Cuba" de la armada cubana y el otro el "Nils", barco de carga que conduciría Henequén al puerto norteamericano de Galveston. Ambos salieron de Progreso repletos de familias y zarparon para la Habana y Galveston el 17 de marzo de 1915, haciendo el Gral. Alvarado su entrada a Mérida el día 19, al frente de sus tropas.

Nosotros tomamos el "Nils", para después de tres días de norte, fuerte marejada y frío, cuyas noches pasaba yo bajo las lonas que cubrían las escotillas, llegar como refugiados a Galveston. Los pocos camarotes de la marinería, por lo general de 6 a 8 literas y sobre la hélice, fueron ocupados por familias que dieron a cambio gratificaciones. D. Alberto Zavala y mi padre pudieron hacerse de un camarote de éstos; pero por el mucho movimiento, la trepidación de la hélice y el número de personas en tan limitado espacio, yo opté por la compañía de las cucarachas que libremente circulaban bajo la lona que me cubría el frío.

En Galveston nos sometieron a termómetros, vacunas, revisión de la vista (investigaciones de tracoma) y otras formalidades para luego dejarnos libres. Aquí los pasajeros del "Nils" fueron separándose; nosotros tomamos el primer tren que salió para Nueva Orleans, centro muy bien comunicado con Mérida y en el que tenía una oficina D. Avelino Montes, donde deberían tener muy buena información sobre los acontecimientos posteriores a nuestra salida de Yucatán. Lo primero que hicimos mi padre y yo al llegar a Nueva Orleans, fue ir a la oficina del Sr. Montes, donde casi con sorpresa pero con gran satisfacción supimos que la entrada a Mérida del Gral. Alvarado y todos sus elementos bajo su mando, había sido con el más completo orden y respeto. Nos informaron que no hubo saqueos, matanzas, violaciones, ni ocupación de casas y que ya se había ahorcado en los laureles de la Plaza Principal a dos soldados que habían permanecido expuestos todo un día con rótulos diciendo la causa del castigo, uno por robo y el otro por estupro. Luego habríamos de saber que no falto general que tomase sin escrúpulos tres o cuatro automóviles para el uso de él y su estado mayor, mismo que al salir para Veracruz poco tiempo después, marcho con todo y automóviles ajenos.

Nosotros nos embarcamos casi sin equipaje, unas pocas monedas de oro y algunas alhajas de mi madre. Los centavos se cuidaron al máximo y fue hasta Nueva Orleans, al tener tan buenas noticias, cuando mi padre se hizo de fondos en la casa Montes. Ya en plan de personas decentes, tomamos el primer barco que salió para la Habana. En Cuba estuvimos dos o tres días hasta esperar el primer barco de la "Ward Line" que pasó para Progreso; fuimos los primeros pasajeros del "Nils", que con algunos de los que se embarcaron para Cuba retornamos a Yucatán. Estuvimos ausentes menos de tres semanas, todo lo encontramos normal, despertando de una pesadilla.

No será mucho lo que pueda decir del gobierno del Gral. Alvarado, porque gran parte de este periodo estuve ausente. En septiembre de 1915 hice viaje a los EE. UU. para ingresar a un colegio de enseñanza comercial, regresando ya graduado en junio de 1917. Para mis vacaciones de 1916, mis padres hicieron viaje con el fin de pasar el verano juntos en diversas playas cercanas a Nueva York y Filadelfia. Mucho escuche a mi regreso del colegio y comenzar mi contacto directo con las haciendas, y seguí escuchando por mucho tiempo, sirviéndome esto de base para relatar lo más importante. Pocas épocas de Yucatán han sido tan discutidas, influyendo ideologías completamente opuestas, cayéndose con frecuencia en extremos apasionados. Pero el caso es que la influencia del Gral. Alvarado sigue siendo base capital para el gobierno y política de Yucatán. Conociendo el sentir de unos y otros, trataré de hallar la realidad de las cosas, pensando y analizando.

Mi propósito en estas memorias es circunscribirme al aspecto henequenero de Yucatán; pero como quiera que en esto influyeron sucesos políticos y aspectos legales, me veo precisado a salirme con frecuencia del tema que me he propuesto.

Al llegar Alvarado a Yucatán, ya la constitución estaba en suspenso, pendiente de redactarse una nueva, en vigor desde 1917. En tal virtud, el Gral. Alvarado, con el cargo oficial de Gobernador y Comandante militar de Yucatán, tenia ilimitadas facultades para gobernar, legislar y hacer justicia. Para dirigir la economía del Estado, que siempre ha dependido del henequén, encontró la mesa puesta. Ya existía la Comisión Reguladora del Mercado de Henequén que tanto auge tuviera durante su gobierno y cuya bancarrota llegaría con posterioridad a la terminación de la guerra mundial 1914-1918 como veremos más adelante.

Creo que fue en 1912, siendo gobernador el Dr. Nicolás Cámara Vales cuando se fundó la Comisión Reguladora. El propósito muy noble era tener un organismo con capital propio, para entrar en actividad en momentos difíciles de precios bajos, financiando a los hacendados para evitar ventas de sacrificio y tomar otras medidas, de acuerdo con las circunstancias. Para ir creando el capital de esta Institución, se decreto una contribución especial y moderada sobre la producción de la fibra. La Reguladora fue aceptada sin muchas protestas. No recuerdo si los hacendados que en realidad aportaban el capital, fueron asociados y formaban parte de la dirección o administración a través de un consejo. En todo caso el resultado es el mismo. En cuanta institución oficial o semi-oficial ha existido desde entonces hasta hoy con o sin intervención de los productores de henequén, siempre se ha visto la forma para que el Gobierno del Estado casi siempre o el Gobierno Federal algunas veces, dirijan y administren la venta del henequén en rama a los consumidores. Como toda regla tiene excepción, durante un corto tiempo y con gran éxito funciono una cooperativa de productores, independiente del gobierno, en las postrimerías de la presidencia del Gral. Obregón.

Cuando el Gral. Alvarado inicio su gobierno en Yucatán, dos causas comerciales compraban el henequén para encargarse de su exportación. Avelino Montes S. en C., que fuera sucesora de O. Molina y Cía., y Henry W. Peabody & Co., con casa matriz en Boston. Parece que el primer exportador que pudo constatar la aceptación de nuestra fibra en el mercado internacional lo fue D. Juan Miguel Castro. Posteriormente figuran D. José Ma. Ponce, E. Escalante e hijos, Alfredo Pierce y posiblemente otros que yo ignoro.

He oído decir que las fibras comerciales se dividen en dos grupos: Suaves, como el algodón, el cáñamo, el yute, etc., y duras como el manila, el henequén, entre otras. Parece que existe una pequeña competencia entre las duras y las suaves, porque algunos artículos, aunque pocos, pueden hacerse con unas u otras o con mezclas. La competencia comienza en forma franca entre el manila y henequén, y siendo la primera más larga, permitiendo hilos más delgados con igual resistencia a los de henequén, su precio ha sido siempre más elevado; pero siempre con estrecha relación entre los precios de ambas fibras. Se dice que en el mercado mundial de fibras hay competencia entre la zona de influencia dólar y la zona de influencia libra esterlina. De esto se deduce que aun cuando circunstancias favorables ayuden a los compradores de una zona para obtener sus materias primas con pequeñas deferencias de precio a su favor, no quede en manos de los de una u otra de estas zonas el fijar los precios generales a su capricho. Siempre en los mercados mundiales de fibras los precios han dependido de una ley natural de la oferta y la demanda; de ahí henequén a menos de dos centavos de dólar la libra en 1922 o 1923 y 19 centavos de dólar la libra en 1918, pues nunca se logro el precio de 25 centavos del que algunas veces se habla. Antes de existir algún organismo que pudiese presentar un frente unido de venta para defenderse de los consumidores, nunca hubo en Yucatán acumulación de existencias. Toda la producción se vendía a precio alto, aceptable, bajo o muy bajo; pero se vendía. Por malas que fuesen las cosechas de trigo y poca la demanda de fibra, Yucatán vendía su producto. Aun mas, se alentaban las siembras, ya que a mayor oferta del producto mejores precios de compran resultaban al consumidor. Unida la facilidad para obtener el producto a las condiciones geográficas que hacían que Yucatán fuese la fuente de abastecimiento más cercana para los EE. UU., es decir, prácticamente en casa, hacía que toda preferencia para comprar se diese a nuestro producto. Lo que no podíamos surtir nosotros se adquiría en otra parte.

Todos los organismos que tuvieron como punto de partida la Comisión Reguladora del Mercado de Henequén, perseguían fundamentalmente muy buenos propósitos, pero en la práctica podemos decir que en términos generales los resultados no fueron favorables, salvo los beneficios económicos con repercusiones políticas obtenidas por los gobiernos estatales y personas conectadas con la administración, que no dejaban pasar la oportunidad. El lado favorable es muy conocido por repetido constantemente: defensa en los precios; igualdad de trato a los productores sin consideración de amistades y preferencias a los grandes hacendados con perjuicio de los pequeños, etc., etc. Por otra parte, como puntos adversos podemos anotar los siguientes: el solo presentar un frente para procurar mejores precios significaba una preocupación para el consumidor, no tanto en lo relativo a precios, cuya base es mundial, sino por la política de aceptar o no los precios ofrecidos, vendiendo o acumulando existencias. Bien conocidos son los resultados desfavorables cuantas veces se rechazó el precio ofrecido y se acumulaban existencias considerables.

Es también lógico pensar que el consumidor pretenda que el máximo que pague vaya a manos del productor para estimularlo en ampliar su producción. Las instituciones que han manejado la venta del henequén, a mas de los impuestos legales, siempre segregaron del producto de las ventas cantidades de regular o mucha consideración según las circunstancias, para gastos ajenos al negocio, unos conocidos y otros desconocidos. La defensa es justificable; pero si a las circunstancias anteriores agregamos que el capital para nuestra defensa fue siempre muchísimo menos que el de los compradores, en este como en todo otro caso, si Yucatán lograba algunas ventajas en momento de demanda de fibra, luego se venía la normalidad o depreciación pagaba todas sus culpas con creces. El débil a la larga pierde. Desde luego, de ser Yucatán el lugar preferente para las compras de EE. UU., pasó a último lugar. Se compra lo que se puede en otros centros productores y nuestra fibra pasa a ser la que completa las necesidades. Se quieren justificar los descalabros diciendo que antes solo había henequén en Yucatán y ya lo hay en otras regiones. Antes que henequén hubo manila y otras fibras, y entro el henequén a competir. La cercanía a EE. UU. fue favorable. Es verdad que surgieron otros centros productores más lejanos pero se renuncio a la ventaja geográfica. Por otra parte, se encontraron nuevas aplicaciones para las fibras duras.

Nos hemos extendido en el punto anterior abarcando un periodo largo, porque convenía conocer un cuadro general del aspecto de venta de la fibra, para en su oportunidad limitarnos a uno que otro detalle que se presente.

CAPITULO VIII - EL GRAL. ALVARADO - ECONOMIA - ESCUELAS- LEYES SOCIALES

Con el Gral. Alvarado se inicia en Yucatán una serie de cambios en la estructura del estado, que todavía no terminan. Alvarado comenzó su gobierno con paso firme y de la misma forma continuo hasta el último momento al entregar el poder a D. Carlos Castro Morales, quien entiendo tomo posesión el 1° de Febrero de 1918, restableciéndose en este aspecto el orden constitucional ya en vigor desde mayo de 1917. Cuando se piensa en lo que se hizo y como consecuencia de su orientación se sigue haciendo verdaderamente encontraste con que el Gral. Alvarado hubiese sido gobernador de Yucatán tan breve periodo de tiempo, pues no llego ni a tres años.

Encontrándose ya establecida la Comisión Reguladora del Mercado de Henequén, procedió a reestructurarla para convertirla en el primer monopolio bajo dirección gubernamental que se encargara de recibir la fibra de los productores, para encargarse de la venta de los consumidores. Para eliminar toda posibilidad de acción a las casas compradoras de fibra, se decreto un impuesto sumamente elevado a favor de la Comisión Reguladora, para ser pagado por todo el henequén en rama que no fuese entregado al organismo oficial. El impuesto hacia prohibitiva toda intervención de particulares y las casas compradoras cerraron sus puertas. Este comienzo coincidió con la elevación franca de los precios de fibras como consecuencia del inicio de la guerra mundial unos meses antes. La guerra favoreció a la Comisión Reguladora hasta 1919, año en el que comenzaron los apuros al encontrarse con una gran existencia de pacas sin vender, al terminar la guerra inesperadamente a fines de 1918; el descalabro tocó a su fin en 1923.

El henequén es considerado material de guerra y como tal una vez más Yucatán se beneficio con los altos precios de las fibras originados por conflictos bélicos. La guerra mundial se fue prolongando, los precios subieron constantemente y la Comisión Reguladora vendiendo nuestra fibra normalmente. Va corriendo 1917, se perfila y comienza 1918; se vende algo de henequén a 19 (uno con nueve) centavos de dólar la libra; se pretende y se insiste en vender a 25 centavos; se resisten los consumidores, las existencias comienzan a multiplicarse, se coquetea con precio a 21 centavos pero no se hace operación; todos piensan que la guerra continuaría,…Una bomba inesperada: apenas el primer soldado aliado pisa territorio alemán, Alemania se rinde. El mercado mundial de fibras va rápidamente hacia sus precios normales y Yucatán se encuentra con unas 800, 000 pacas de henequén sin vender. Ya el problema no es del Gral. Alvarado, tuvo suerte este hombre, le tocaron las vacas gordas.

El Gral. Supo sacarle muy buen provecho a la bonanza de la guerra mundial, aun cuando siempre se pago la fibra a muy buen precio a los hacendados y se les pagaba con giros en dólares que se vendían al comercio conservando un polvito no despreciable para iniciar reservas en el exterior, la diferencia entre lo que la Comisión Reguladora recibía y pagaba por la fibra era una suma considerable de millones. Entre numerosas inversiones que se realizaron con diversos fines, recuerdo los tanques instalados en Progreso para el almacenamiento de petróleo crudo y algunos de sus derivados, comunicados a los muelles con tubería apropiada. Lástima que no se cuido su conservación y ampliación oportuna; de las ferreterías que surtían a los hacendados, fueron unas puestas en la lista negra y no obtenían mercancía y las otras se aprovechaban para fijar precios muy altos. El gobierno con fondos tomados de la Comisión Reguladora organizó la Cía. de Fomento con el objeto principal de importar los principales artículos para las haciendas, vendiéndolos con recargos muy razonables para gastos.

Los Ferrocarriles Unidos de Yucatán fueron incautados por el gobierno, al igual que en el resto del país, pero Alvarado obró con más inteligencia que el centro. Con la administración oficial, los accionistas se desmoralizaron y el gobierno inicio la compra de acciones a un precio ínfimo y aunque poco a poco logro tener el control para entonces darse el lujo, lo que creo nunca se hizo en el resto del país, de devolver dicha empresa a sus propietarios; pero ya el gobierno tenía el control para manejarla a su arbitrio como hasta la fecha. La Comisión Reguladora compró, dicen que en siete millones de pesos, los siete barcos de la Cía. Mexicana de Navegación, S. A., flota compuesta de tres barcos de muy aceptable tamaño con buena acomodación para unos 100 pasajeros cada uno, y cuatro pequeños para carga, propios para el servicio de cabotaje en el golfo. Los mayores eran el México, el Jalisco y el Coahuila. Estos barcos los perdió Yucatán al pasarlos en pago de alguno de los adeudos al Gobierno Federal. Con frecuencia aun escuchamos de reaccionarios y revolucionarios que en aquel entonces D. Venustiano estaba casi perdido en Veracruz y que de Yucatán se le enviaron importantes remesas de fondos hasta decirse algunas veces que Yucatán salvo económicamente a la revolución. No tengo ninguna base para opinar a este respecto, pero pienso que aunque debió haber sus remesas, hay mucha exageración en lo que ha llegado a decirse. Los casos anteriores como ejemplos de inversiones y organismos que existieron para luego esfumarse.

Para formar los Consejos de Administración de las empresas a las que nos venimos refiriendo, el Gral. Alvarado fue escogiendo a personas por lo general capacitadas, en su casi totalidad honestas y en su gran mayoría apolíticos; pero un grupo se fue aficionando y envenenando con la política. Estos elementos daban su trabajo personal en comisiones y opinaban, pero tengo la impresión de que la orientación y la última palabra estaba a cargo del Gral. Alvarado. Mi padre fue invitado para ser consejero fundador de la Cía. de Fomento pero renuncio a los dos meses. Me conto que su determinación se debió a que en una sesión se presentó el secretario con el acta de la propia sesión ya hecha, para sin discutirse ser firmada con acuerdos de importancia de diversa índole. No conforme con el procedimiento, renunció y nunca fue invitado para otro cargo.

Mientras en el resto del país cada grupo revolucionario tenía su propio papel moneda y todos ellos valían bien poco, en Yucatán circulaba únicamente el papel moneda expedido por la Comisión Reguladora con la denominación de PESO ORO NACIONAL, con el que se compraba libremente dólares al dos por uno, hasta venir el descalabro de la Reguladora. A propósito del Oro Nacional de la Comisión Reguladora, se hace el siguiente cuento: el Arzobispo de Yucatán y sacerdotes extranjeros fueron expulsados del Estado; entre el clero local estaba el P. Pablo Ortiz originario de Umán, era de unos cincuenta años, bajo, gordo, bien trigueño, usaba levita cerrada, sombrero alto de pelo y estaba a cargo de la Catedral. Se dice que Alvarado decía que Ortiz le caía muy bien porque era el único indio que había llegado a usar sombrero de pelo. Que algunas veces estando Alvarado en el Palacio sin mucho que hacer, enviaba por el P. Ortiz para conversar con él en forma festiva. El P. Ortiz tenia chispa y sabia amoldarse a las circunstancias; parece que el Gral. se hizo un día de una forma de las que se consagran para dar la comunión y mandó por el P. Ortiz, al llegar este a su presidencia le dijo: "Mira Ortiz, rompo esta hostia y no encuentro a Dios como Uds. dicen". A esto respondió el P. Ortiz después de tener un billete en la mano: "Eso no te llame la atención Salvador, pues es como esto, yo rompo tu billete de Oro Nacional y tampoco encuentro el oro". Risa de Alvarado y P. Ortiz a Catedral. ¿Hasta dónde es esto verdad? Lo ignoro, pero los personajes para el cuento están bien escogidos.

Dentro de los propósitos y deseos del Gral. Alvarado de realizar grandes obras, pensó y dándole carácter de un sueño, llego a elaborar un vasto proyecto que publicó y dio a conocer con el titulo poco más o menos de: "Un sueño del Gral. Alvarado". Se trataba de utilizar una laguna de buen tamaño que formando parte de la conocida ciénaga de Progreso, está situada cerca de Chelem; un gran canal vendría del mar desde una gran distancia hasta comunicar la laguna con el exterior para poder ser un gran puerto de altura con unos 30 pies de calado, grandes muelles y almacenes a orillas de la laguna, etc., etc. Visto desde un aeroplano el proyecto es posible; pero cuando se piensa que no se ha logrado del Gobierno Federal que la obra se realice para resguardo de pequeñas embarcaciones pesqueras con calado de 5 pies, ya puede pensarse en las posibilidades. Al conocerse el sueño de Alvarado, los comentarios más variados y desfavorables corrieron por la ciudad y seguramente estos llegaron a sus noticias y lo que sigue es una gran verdad: recuerdo haber visto en 1917 al comienzo del corredor principal de las oficinas de la Comisión Reguladora, una larga fotografía panorámica representando un dibujo del proyecto del gran puerto. El Gral. Alvarado, personalmente a tinta roja y muy buena letra, lo que demuestra que fue de niño a la escuela y no fue campesino, escribió en la parte superior de la fotografía lo siguiente: "Los sueños se realizan a pesar de la incredulidad de los necios". En la parte inferior había otra frase de cuyo texto no recuerdo el comienzo; pero que daba a entender que la obra se realizaría y terminaba con la expresión "quiera Dios o no quiera", para luego seguir la fecha y la muy conocida firma de "S. Alvarado" (1).

Para terminar con el aspecto económico, deseo manifestar que en mi concepto Alvarado fue un hombre honesto y no creo que haya pruebas de lo contrario. Si algunos de sus colaboradores lucraron indebidamente, lo ignoro, y si Alvarado hubiese sabido de alguno que lo hiciera, seguramente lo hubiese eliminado y no sabemos si hasta colgado en la Plaza Principal o roble a la entrada del Paseo Montejo, que también sirvió alguna vez. No sé hasta dónde acepto dirección ajena, pero no creo que hubiese sido de gran importancia; proyectó mucho, realizo bastante, estableció para ser continuado hasta donde fue posible, el monopolio oficial para la venta del henequén. Es muy humano el que hubiese sobre estimado las posibilidades y es excusable por haber sido el primero, el haber acumulado existencias de henequén en lugar de vender. Otros han hecho lo que él olvidando la experiencia; solo D. Arturo Ponce Cámara siguió la política debida, procurar el mejor precio, obtener las menores diferencias de precio entre las diversas calidades, pelear las clasificaciones; pero vender el henequén en las matas, es decir, vender futura producción por periodos en lo posible de seis meses e iniciar platicas para nuevos contratos dos meses antes de determinar el que esté en vigor.

En el terreno social, tres aspectos son los principales del gobierno del Gral. Alvarado; estableció por ley el Derecho del Trabajo en el Estado de Yucatán, mucho antes de decretarse la Ley Federal de Trabajo; se multiplican y consolidan las escuelas rurales en las haciendas; inicio el reparto de tierras para campesinos. No sabría decir que relación guarda esta labor en tiempo, comparada con otros lugares del país.

Gran empeño se puso en esta época para multiplicar y controlar escuelas en las haciendas. Su establecimiento era obligatorio por ley, el nombramiento de maestros y sistemas de estudio dependían del Gobierno del Estado. El pago de profesores estaba a cargo de los hacendados; el primer problema serio fue el de la falta de profesores preparados. Se recurrió a cuantos elementos se pudo echar mano, pero el establecimiento de una escuela no se detenía por este motivo. Puede decirse que el 50% o algo más del profesorado era elemento femenino, y del restante masculino una parte cumplía con su papel de maestros mientras otros, no muy reducido el número, haciendo política en beneficio personal, se convertían en "lideres" socialistas creando dificultades a los propietarios hasta sin razón alguna. Salvo el pago de los sueldos, que a partir de 1937 pasaron a ser cubiertos por el Gobierno Federal, esta labor ha sido continua y sin grandes cambios desde entonces, procurándose la consolidación del sistema y mejoramiento de los instructores en todo lo posible. Estas escuelas, buenas, regulares o malas, han venido cumpliendo con algo indispensable. Problema serio era lo poco que por entonces se hablaba el castellano en el campo. Después de 40 años de labor constante, repito que buena o mala, los que viven en las haciendas y tienen menos de 50 años, ya entienden el español y bien o mal, lo hablan. Lo que en cuatro siglos no se había logrado. Especialmente entre el elemento masculino, son ya muy numerosos los que pueden leer y escribir. En mi concepto, como quiera que se piense de la revolución, hay que reconocer una gran labor positiva en instrucción pública rural y carretera. Y no es cuestión de la época. Háganse comparaciones con los países de la América Hispana. La atingencia en la emisión de Bonos de Caminos aligera la construcción de carreteras.

Cumpliendo la Ley Agraria expedida por D. Venustiano, el Gral. Alvarado no esperó mucho para en forma activa proceder a la entrega de ejidos a los pueblos. Los que habitaban en las haciendas, denominados acasillados, no tenían derecho a tierras, teniendo que limitarse a las que les proporcionaban los hacendados. Mucho invitó Alvarado a éstos para que abandonen las haciendas y se fuesen a vivir a los pueblos para poderles dar ejidos. Sin embargo, como aconteció cuando la cancelación de las deudas, la invitación insistente no tuvo eco. Muy pocos se radicaron en los pueblos. ¿No es esta una segunda demostración de que los trabajadores de las haciendas no tenían empeño en abandonar las fincas y por tanto el trato que recibían no era como para crear odios y malas voluntades?

De toda preferencia se hicieron las dotaciones agrarias con tierras incultas; pero algunas plantaciones de henequén fueron afectadas en la zona más densamente cultivada. Sin embargo, se permitió a los antiguos propietarios continuar disfrutando de lo sembrado hasta el final de la explotación. Parece que posteriormente se lograron algunos permisos para que los afectados pudiesen hacer nuevas siembras en estos terrenos, disfrutando de los beneficios mediante ciertas condiciones.

De acuerdo con la Ley, los terrenos afectados debían ser pagados por el gobierno, aunque no de contado, emitiéndose los Bonos Agrarios. Una gran parte de los hacendados se abstuvo de gestionar el cobro de tierras, con esperanzas de recuperación futura, entiendo sin asegurarlo, que teniendo por base la falta de pago de contado. El caso es que los que iniciamos gestiones para lograr la compensación en alguna forma, fuimos tropezando con toda clase de dificultades, hasta surgir proposiciones de unos ingenieros que trabajaron en los deslindes de ejidos y tenían muy buenas relaciones con autoridades y políticos. Ellos se encargarían de todas las gestiones comenzando por lograr avalúos buenos mediante una gratificación y al recibir los Bonos Agrarios les entregaríamos el 50%. Como único riesgo, se corría el de perder el efectivo dado para el avalúo de las tierras. De los que estaban resueltos a cobrar, gran parte se negó a entenderse con los ingenieros. Nosotros fuimos de los muy pocos que continuamos las gestiones. Aun de los pocos que se entendieron para gestionar la obtención de los bonos cediendo el 50%, entiendo que no llegamos a cinco los que recibimos nuestros bonos y entregamos el 50% a los gestores. Pasaron años y el pago de los Bonos Agrarios nunca comenzó. Con posterioridad fueron cambiados con Bonos de la Deuda a Cuarenta Años y Bonos Bancarios. Posiblemente recibimos igual cantidad de cada tipo. Con los Bancarios nada se ha hecho. Los enviamos a la Ciudad de México para ver si tenían algún valor, y ni siquiera los hemos recuperado. Los de la deuda a 40 años fueron emitidos en 1933 y los recibimos con 6 cupones de menos, por lo que estimo que los obtuvimos en 1939. Su valor por cobrar en 34 años era de $23,332.50 y venimos cobrando sin interés alguno $686.25 cada año. Estos detalles cansados los transcribo para dar a conocer lo percibido por la primera afectación de tierras en Yucatán por quienes llegamos hasta el final de todas las gestiones, que, repito, estoy seguro que no llegamos a cinco. La superficie que nos afectaron entonces, fue de unas 1,200 hectáreas.

CAPITULO IX - EL GRAL. ALVARADO - JUSTICIA - POLITICA – CONSECUENCIA

Aun cuando el ramo de justicia, en el que también actuó el Gral. Alvarado no tuvo repercusión directa en la industria henequenera, no podemos dejar de escribir algunas líneas, por tratarse de un gobernante que tanto ha influido en los destinos de Yucatán desde el año de 1915. Dio oportunidad para que le fueran presentadas toda clase de querellas y no dilataba en dar los fallos. Si sus resoluciones no se recuerdan con frecuencia, me hace pensar que no debió ser un mal juez. Por lo general, la justicia se olvida y son las injusticias las que siempre se recuerdan.

Cuando se trata de obtener u otorgar beneficios de justicia social a favor de las clases más necesitadas, puede decirse que esta labor tan necesaria en muchas partes del mundo, cae siempre en el terreno de la política y se ligan. Por la dificultad que presenta el demarcar los campos, los datos que siguen en este relato los figuro bajo el aspecto político, máxime que en nuestro caso ha habido más política que beneficios para la gente humilde.

El Gral. Alvarado permitió una gran libertad de expresión para atacar a los capitalistas y las críticas fueron dirigidas de toda preferencia contra los hacendados. Desde el comienzo de su gobierno se fueron organizando núcleos hasta llegar a constituirse el Partido Socialista del Sureste, formándose Ligas de Resistencia bajo la dirección de una Liga Central con oficinas en el local del Partido Socialista. En todas las haciendas y poblaciones se establecieron Ligas y tanto en Mérida como en Progreso se fundaron varias, de acuerdo con las ramas de actividades de cada localidad.

Creo que el Presidente fundador, tanto de la Liga Central como del Partido Socialista, lo fue D. Felipe Carrillo Puerto para seguirlo siendo hasta su fallecimiento. Hombre de gran atractivo personal, pronto llegó a tener el control y el cariño de muy fuertes núcleos de trabajadores; era desde luego un defensor sincero de las clases laborantes y se cuentan actos suyos en este sentido desde antes de comenzar la revolución. Yo creo, que firmemente convencido de sus propósitos obró siempre con sinceridad y honestidad en este sentido, sin pensar en situaciones políticas ni beneficios personales. Al mismo tiempo que Carrillo Puerto era el jefe supremo en este movimiento, surgían presidentes de Ligas en los pueblos que actuaban a su vez con gran libertad y autonomía para sus prédicas y actos contra los hacendados. Uno más y otro menos, se fueron convirtiendo en caciques de las poblaciones, imponiendo a través de las Ligas a las autoridades municipales para conservar ellos el papel de Presidentes de Ligas. Así surgieron Gregorio Escamilla (Charux) en Halachò; Manuel González (Polin) en Maxcanù; Braulio Euàn en Opichèn y muchos más bien recordados por quienes los tuvieron cerca. Si de los ataques generales me tocaba parte, en honor a la verdad debo decir que nunca y por ninguno de estos personajes fui molestado ni en mi persona ni con arbitrariedades en los trabajos de la hacienda. Procuraba cumplir sus deseos si en mi posibilidad estaba sin faltar a la dignidad y el decoro. Caso típico era la suspensión del trabajo en las haciendas cuando algún personaje político visitaba el pueblo o pasaba por ferrocarril con destino a otro sitio, en cuyo caso solicitaban y obtenían plataformas y mulas para transportar a la gente. En estos casos nos pedían una pieza de ganado de obsequio para el "chocolomo" que se repartía entre los asistentes; algún vecino mío se negaba generalmente a enviar la pieza de ganado solicitada y casi siempre tenía problemas que le costaban más. No vamos a insistir en todo lo que desde entonces se ha dicho de los hacendados, porque mucho se ha repetido con frecuencia y aun se dice. Nos limitaremos a lo que desde 1926 no se predica.

En el capitulo anterior queda dicho que el ganado, cuya producción de carne era suficiente para las necesidades del Estado, estaba en las mismas fincas henequeneras. A los campesinos se les comenzó a decir que ya era tiempo de que comieran suficiente carne; que para eso la tenían cerca, que podían matar y comer, en esto la gente fue obediente; el ganado fue mermando. Era frecuente ver una zopilotera y encontrarse una res muerta a la que le habían tomado diez o quince kilos de carne para abandonar el resto. De más de diez mil cabezas de ganado que Sihò y sus anexas llegaron a tener, recuerdo haber vendido un saldo de 134 según los libros; pero al salir las últimas piezas resulto que no llegaron a 100. No recuerdo la fecha de esta venta; el ganado terminó, para alimentarnos durante muchos años con carne de Tabasco. Nos anticipamos a decir que actualmente Yucatán come de su propio ganado y parece que comienza a tener nuevamente algún sobrante.

Varios años se pensó o cuando menos se dijo que la desgracia de Yucatán era el henequén. Se hablaba de que había que quemar los planteles, y en los numerosos incendios de henequenales que hubo varios años, no recuerdo de diligencias hechas para averiguar si eran casuales o intencionales. No podría decir cuando comenzó este punto de vista; pero me parece muy raro que hubiese sido en la época de Alvarado. Me inclino a pensar que fue posterior.

También se decía a los trabajadores que el machete debía servir mas para cortar cabezas de hacendados que para los trabajos en el henequén. Hay que hacer constar que nuestros campesinos no son sanguinarios, y no parece que hubiesen tenido tan mala voluntad a los propietarios de haciendas como para matarlos. Hubo asaltos, y no pocos, con el propósito de hacerse de las "rayas" para los pagos, con algunas muertes, más bien de administradores, mayordomos o simples conductores de tranvías, cuando armados éstos trataban de defender los fondos que conducían. Asesinato a secas en finca henequenera, solo recuerdo el del Lic. Hernando Ancona Pérez.

Cuando llegamos al estado de cosas que hemos visto y comparamos con el de Yucatán de cuando iniciara su gobierno el Gral. Toribio V. de los Santos, ya que la cancelación de los adeudos de los campesinos que fue antes, no tuvo importancia alguna, podemos fácilmente explicarnos los cambios que en su sistema de trabajo a su vez realizaron los hacendados.

No aprovecharon el buen precio de guerra de la fibra para ampliar las extensiones sembradas de sus fincas como hicieron durante las bonanzas de las guerras anteriores. Aun cuando la Comisión Reguladora pagaba al productor un precio bastante menor del que recibía por la venta, siempre al hacendado le quedaba un aceptable margen como para hacer nuevas siembras; pero en lugar de esto se iniciaban las cuentas en bancos extranjeros. Fuera de este aspecto que fue general, se siguieron diversos caminos. Desde luego cabe decir que la maquinaria y equipo se conservaban en buen estado y la sustitución de motoras de vapor por las de combustión interna iniciada años antes, se continúo. Las variaciones tuvieron lugar en lo que corresponde a siembras. Puede calcularse que un 60% entre éstos nosotros, continuaron las siembras normales de sustitución, un segundo grupo en importancia redujo a menos de lo normal las siembras anuales y hubo un tercer grupo, aunque limitado, que se decidió por no sembrar una mata mas.

Yo calculo que con siembras balanceadas en todo lo que llego a ser la superficie cultivada de henequén, la producción normal del Estado podía estar entre las ochocientas y ochocientas sesenta mil pacas. Las siembras de ampliación de superficie que se realizaron en 1898 a 1905 hicieron que en los años 1916 o 1917 se produjeran más de un millón de pacas. La disminución de siembras y los incendios a que hago referencia anteriormente, fueron llevando la producción en escala descendente hasta bajar a las cuatrocientas mil pacas aproximadamente. Esto explica la baja de producción posterior.

Al terminar el Gral. Salvador Alvarado su gestión como Gobernador del Estado el 1 de Febrero de 1918 (creo que esta es la fecha), dejaba una aparente muy buena situación económica; pero en realidad ya no había buen entendimiento entre la Comisión Reguladora y los consumidores de fibra con relación a precio, y por lo tanto, se había comenzado la acumulación de existencias que tan funestos resultados dieron posteriormente.

CAPITULO X - 1918 A 1923

Si al llegar a la época en la que el Gral. Salvador Alvarado estuvo en Yucatán, lo tomamos a él como base de nuestra narración, se debió a su directa y muy personal intervención para encausar al Estado por senderos completamente nuevos, mismos que se han seguido con las variantes de épocas y circunstancias. Terminando la gestión de tan destacado personaje en nuestra historia revolucionaria, continuaremos apuntando los hechos más por los acontecimientos que por los gobernantes. Sin embargo, la mayor parte de éstos aparecerán en estas memorias para dejar constancia de la época en que las cosas importantes hubiesen tenido lugar.

Estableciendo nuevamente el orden constitucional, Yucatán, como todos los Estados del País, necesitaba normalizar sus elecciones para gobernadores. Llegando el momento, todos pensaron que el primer Gobernador de la nueva era seria D. Felipe Carrillo Puerto. De haberlo él deseado, nadie le hubiese podido discutir el triunfo. El no haberlo sido habla mucho en su favor.

Verdadera sorpresa causó la candidatura de D. Carlos Castro Morales para Gobernador del Estado y efectuadas las elecciones tomó posesión de su cargo el 1 de febrero de 1918 (?) Don Carlos heredó una situación delicada. Se insistía en ventas de henequén a muy alto precio, la acumulación de existencias tomaba importancia de significación y precisamente, mientras las bodegas tuviesen más henequén, los consumidores se negaban con más firmeza a realizar compras. Por una parte, la Comisión

+ Reguladora tenia fondos, gozaba de crédito y se ayudaba con la emisión de papel moneda. A cambio de esto, las existencias significaban el pago de almacenajes, seguros e intereses cuando las existencias comenzaron a pignorarse para tener fondos a fin de seguir otorgando giros en dólares a presentación contra el papel en circulación.

La terminación de la Guerra Mundial en forma inesperada en 1918, inclino la balanza en forma completamente favorable para los consumidores, y el fracaso de la Comisión Reguladora se perfiló claramente. La entrega de giros en dólares contra papel moneda comenzó a retardarse, dos días, tres días, una semana, quince días, un mes... Un día el comercio cierra sus puertas porque se niega a recibir el papel oro nacional de la Comisión Reguladora, el pueblo se reúne en la plaza principal y los ánimos se van caldeando. Parece que el director financiero del gobierno es el Lic. Pedro Solís Cámara, se habla de ir por él a su casa y desaparece. El papel moneda deja de circular ese día, y aunque no estoy seguro, tengo la impresión de que por entonces en el resto del país se había ya nulificado el papel moneda y circulaba oro con escasa moneda fraccionaria en plata. La moneda metálica inicia su circulación en Yucatán. La Cámara de Comercio se ve obligada a emitir vales de un peso y cincuenta centavos por falta de moneda.

Entiendo que en este momento cuando comienza a dirigir la política henequenera D. Tomas Castellanos Acevedo, que se ganara el sobrenombre de "El Financiero". El señor Castellanos hace toda clase de equilibrios. Con su clara inteligencia realiza hasta combinaciones con bancos del Canadá para sortear las dificultades, pero todo resulta inútil. Solo logra ir prolongando la agonía por si algo inesperado se presentase. Se hacen algunas ventas a muy bajo precio, se habla de henequén viejo y mala calidad se decretan paros totales en las haciendas, uno o dos incendios grandes tienen lugar en Progreso y se cobran seguros. Una serie de circunstancias y quebrantos se van sucediendo y el henequén se va realizando a duras penas aprecios de dos y menos de dos centavos de dólar la libra, la clase "A". Toda la tragedia llegó a su fin en 1923, siendo gobernador del Estado D. Felipe Carrillo Puerto. No podría decir si llegó a permitirse entonces la intervención de las casas comerciales compradoras de fibra, pero creo que si. A partir de la" Reguladora" del Gral. Alvarado, en dos ocasiones ha tenido que otorgarse estas autorizaciones, dejando de actuar los monopolios oficiales. Entiendo que en 1923 fue una de ellas. La primera vez compraron Montes, Lejeune y Cía. Y la agencia de la casa de Boston que, aunque sin operar por mucho tiempo, conservó a su representante en Mérida. La segunda vez compraron la misma casa de Boston y la firma Alberto Montes y Cía. S. en C.

En lo que va de este siglo, nunca Yucatán ha pasado por una crisis tan pronunciada como esta. Recuerdo de un hacendado que para liquidar un saldo que le quedaba de henequén, todo de calidad manchado, lo despachó como carga de bodega por F. C., es decir con flete de menos de carro por entero. Cuando le presentaron la liquidación, resulto con un saldo a su cargo. Increíble pero cierto. Se facturó el henequén al precio de la más baja calidad como lo era el que se vendía, y la suma de las contribuciones, flete de F.C. y gastos de Progreso, resultó mayor que el importe de la fibra. Diremos el nombre del hacendado: D. Enrique Cámara Zabala. Todo esto explica lo que dijera en uno de los primeros capítulos de estas memorias, cuando al hablar de los precios de trabajos en los ochentas del siglo pasado indique que siendo gobernador D. Felipe Carrillo Puerto, habíamos pagado precios de trabajo inferiores a los que pagaba mi abuelo.

La mayor parte de los dólares que los hacendados tenían en barcos extranjeros fueron regresando. Hubo quienes con el buen precio y sin perder la fe en el negocio, habían comprado otra hacienda a los que habían optado por retirarse, reconociendo en hipotecas parte del valor. Los que compraron comenzaron por no pagar intereses para luego, ante el peligro de embargos, tomar dinero a intereses altos, y no faltó quien a más de pagar al 5% mensual, aceptase como parte del préstamo una caldera vieja que no necesitaba y hasta libros de Conan Doyle y similares que he tenido a la vista. Algunas docenas de hacendados se arruinaron desde entonces.

D. Carlos Castro Morales era un hombre bueno, sencillo, sin energías y falto de preparación para el cargo. Era un artesano serio y cumplido de los talleres de los ferrocarriles. Se hace a sus costillas un chiste, diciéndose que en los momentos de apuro le pidió a D. Tomas Castellanos que le explicara el por qué no se vendía el henequén, a lo que el interrogado contestó que era consecuencia de la ley de la oferta y la demanda. Entonces D. Carlos dijo: "Me lo hubiese usted dicho antes y ya hubiésemos derogado esa ley".

Durante el gobierno de Castro Morales, D. Felipe Carrillo despachaba los asuntos societarios en su carácter de Presidente de la Liga Central de Resistencia, en el local que ocupaban las oficinas del Partido Socialista del Sureste. El propio Carrillo Puerto fue luego Gobernador a partir del 1º de Febrero de 1922, despachando unas horas en el Palacio de Gobierno, como Gobernador del Estado, y otras en su despacho de la Liga Central como su Presidente. El imperio de los Presidentes de las Ligas de los Pueblos, de que hablábamos en el capitulo anterior, llega a su máximo en estos periodos de Gobierno. Los cambios se limitaron a los aspectos económicos.

Un nuevo problema surge para los hacendados. Todo el movimiento de henequén se realizaba por ferrocarril. Van deteriorándose los carros de carga y no hay nuevos. Comienza la falta de furgones y las existencias a formarse en las haciendas. Esto ayudaba a la falta de ventas al exterior, porque así no había pago a los hacendados, almacenajes ni seguros para la Institución Oficial. Los hacendados tuvieron que asegurar henequén en sus bodegas. Pero a todo se le busca la vuelta. Los del rumbo de Motul comienzan a enviar su henequén a Progreso por mar desde Telchac, y el empleado encargado de la distribución de carros de F. C. va recibiendo gratificaciones para facilitar carros hasta establecerse el precio de $100 pesos por furgón. La lucha continuaba y se recurría a la amistad, el obsequio de unas buenas botellas a su tiempo o la oferta de ayudar en movilizaciones rápidas. Los trenes de carga dejaban furgones en las estaciones y ya las pacas esperaban para su carga inmediata. Se llegaron a mover en tal forma, que algunas veces los trenes de pasajeros conducían lo mismo uno o dos carros vacíos que lo hacían que lo hacían con los ya cargados.

Nos hemos venido ocupando de las haciendas productoras de la fibra del henequén y la exportación de la misma, pero aun no hemos escrito una sola línea sobre la industria cordelera en Yucatán, que transforma la fibra en los diversos artículos ya terminados para su consumo en los mercados nacionales y extranjeros. Tiempo es ya de dar algunas noticias al respecto.

La primera cordelería instalada en Mérida fue "La Industrial", para luego comenzar a trabajar la "Mayapan" y la "San Ángel". Las tres establecidas desde antes de la Revolución, sin que la fibra consumida por ellas tuviese significación con relación a la producción. Al establecer el monopolio oficial para manejar la producción de fibra, las cordelerías necesariamente tenían que abastecerse de materia prima comprando a la Comisión Reguladora, sin poder entenderse hacendados y cordeleros para operaciones directas. En esta época comienzan en pequeño la "San Juan".

Los bajos precios del henequén al terminar en 1918 la guerra mundial, van produciendo efectos favorables para extender la industrialización local y van surgiendo algunas nuevas fábricas. La "San Juan, con un crecimiento constante pasa de un inicio pequeño hasta ser pronto la planta mas grande. Al venir los paros y restricciones de producción de fibra, se logra autorización para que las haciendas en las que se estableciesen cordelerías pudiesen incrementar su producción en lo que la nueva industria pudiese absorber. Así surgen tres fábricas en los propios Centros productores de fibra. Una de estas en nuestra hacienda Sihó. Comenzamos a trabajar y a producir costales, cuya venta nos producía un margen razonable de utilidad. Cuando en 1924 fueron normalizándose los precios en el mercado mundial de fibras, primeramente el margen de utilidad bajó considerablemente para luego comenzar a perder. Cuando perdimos lo que habíamos ganado, resolvimos parar y vender la maquinaria a las cordelerías de Mérida. De las otras dos instaladas en haciendas, una fue trasladada a Mérida para luego cerrarla, y la otra, en las goteras de Mérida, continuó trabajando. Posiblemente su situación cercana a Mérida la defendió. Nuestro problema principal en el costo de la producción fue el de las refacciones y trabajo de taller. Yo no sé en la maquinaria moderna, pero en la de entonces, cualquier trabajo ocasionaba un esfuerzo grande de las maquinas, y al menor descuido, principalmente la falta de aceite, rompía o gastaba las piezas. Las maquinas que hacían dos clases de trabajo: uno lento, pero de gran fuerza como en los primeros peines, y los otros a muy altas velocidades, como en las hiladoras. Nuestro material humano resultó sumamente irresponsable y los desgastes tremendos. Por otra parte, nuestro taller mecánico, aunque lo ampliamos algo, resultaba insuficiente y el tener que estar enviando piezas a Mérida nos resultó costoso y tardío.

Las cordelerías establecidas ya en Mérida, tuvieron toda clase de dificultades y problemas. Hubo cambio de dueños, cierres, quiebras, etc. Pero como quiera que sea, fue entonces cuando realmente se pusieron las bases firmes para lo que luego ha venido a hacer tan importante industria, salvación en parte de los males de Yucatán. Sirva lo anterior como una ligera información de un aspecto tan relacionado actualmente como la producción de nuestra fibra.

CAPITULO XI - 1923 --- 1926

El 12 de diciembre de 1923 se inicia en Veracruz el movimiento jefaturado por D. Adolfo de la Huerta, ultima revuelta armada de importancia en el país. Pasan pocos días y la guarnición de Campeche se incorpora al movimiento de Veracruz, como ya lo había hecho Tabasco. Al tenerse noticias en Mérida, el grueso del batallón que estaba en Yucatán sale por ferrocarril rumbo a Campeche para sofocar el levantamiento. Todavía no se alejaba mucho de Mérida este contingente, cuando se sabe que regresaba por haber resuelto sumarse al grupo de D. Adolfo. El Gobernador del Estado, sin defensa militar posible, ordena un tren especial y parte rumbo al oriente del Estado, acompañado de alguno de sus colaboradores. El tren especial llega a Motul, distante, unos 50 km de Mérida, y se detiene. El Gobernador Carrillo Puerto era originario de esta población. Enterados los motuleños de los acontecimientos, parece que le ofrecieron sus vidas, invitándolo a resistir en cualquier forma. Dicen que rechazó el ofrecimiento, manifestando que no quería que en Yucatán se derramase sangre inútilmente, y prefirió continuar para alcanzar la costa oriental con el fin de ver si lograba embarcarse, cruzar el Canal de Yucatán y llegar a Cuba.

Mientras tanto, el elemento militar llega a Mérida y se hace cargo de la situación. El Coronel Ricardez Broca, convertido en General. Se hace cargo del Gobierno del Estado y surge un elemento del que pocas noticias se tenían. Me refiero a Hermenegildo Rodríguez, con grado de Coronel. Entonces, el Coronel Hermenegildo Rodríguez, se convierte en el hombre fuerte que dirige todos los movimientos. Se nombra una Junta Municipal integrada por profesionales honorables, pero su labor se limita al cuidado de la ciudad. No recuerdo de contactos ni de personas influyentes cerca de quienes tomaron a su cargo la dirección del estado. Dos o tres amigos personales de D. Adolfo de la Huerta, yucatecos, hicieron algunos viajes entre Veracruz y Mérida para tratar con Ricárdez Broca, pero no se sabía de sus gestiones.

Las casas compradoras de henequén con arraigo en Yucatán, se abstuvieron de operar, seguramente por lo que pudiera pasar si el movimiento al que nuestro estado se había unido fracasaba. Paralización absoluta y situación desesperante. La crisis 1919-1923 había agotado los recursos (hasta los dólares). Los campesinos necesitaban trabajar para comer. Los que tenían crédito en el comercio, obtuvimos artículos de primera necesidad y continuamos trabajando en la hacienda normalmente, pagando los trabajos en un 50% con la mercancía obtenida y en el otro 50% pendiente de pago para cuando se pudiese vender el henequén. No sabría decir como solucionaron sus problemas los que con muchos compromisos en la calle, no gozaban ya de crédito.

Pero la situación anterior tuvo un límite. Calculo que en la primera quincena de enero se abrieron en Mérida las oficinas de la Internacional Harvester Co., de Chicago, principales consumidores de la fibra yucateca desde tiempo inmemorial. Primera vez que operaban bajo su nombre en el Estado. Comenzaron a comprar cuanto se les podía entregar y lo pagaban a buen precio en aquellos tiempos, pero no liquidaban hasta que el henequén estuviese en progreso para proceder en su embarque inmediato. Lucha por los furgones de ferrocarril. Nosotros dimos a un intermediario tres mil pesos por tres trenes especiales de carga con 10 carros cada uno. Treinta furgones en tres partidas, con un embarque total de 1800 pacas de henequén. Efectuando el último embarque, nos quedaron menos de 300 pacas. ¡Como respiramos cuando nos pagaron!

Volviendo al Gobernador del Estado, D. Felipe Carrillo Puerto, diremos que unos 5 días después de su salida fue traído preso a Mérida en unión de otras 12 personas que se encontraban con él en el momento de detenerlo, y habían sido internados en la penitenciaria. Parece que ya en la costa al norte de Tizimin, el mal tiempo en el golfo les impidió hacer viaje en una pequeña embarcación hasta Cuba. Perseguidos por un grupo de soldados, fueron detenidos.

Hubiese deseado pasar por alto el 3 de enero de 1924 para evitar el tener que referirme al asesinato colectivo más cruel que en Yucatán yo recuerde; pero desgraciadamente, desde el momento en que el Gobierno del General Obregón dominó la situación en Yucatán, se ha venido culpando al gremio de hacendados de los crímenes de esa fecha. El involucrar a los hacendados en este penoso acontecimiento, me obliga a relatar lo que sobre el particular hubiese llegado a mis noticias, y que cada quien piense o siga pensando lo que a su juicio sea lo más probable, de acuerdo con lo que sobre el particular sepa. Mis conocimientos se limitan a lo dicho en esos días en corrillos, sin investigaciones ni contacto con fuentes oficiales.

El 3 de enero de 1924, a la hora acostumbrada, llegó a la casa la prensa diaria y por ello nos enteramos con gran sorpresa de que D. Felipe Carrillo; tres hermanos suyos; el Lic. Manuel Berzunza, Presidente del Ayuntamiento de Mérida, depuesto y 8 personas más, es decir, todo el grupo que hecho prisionero en la costa oriental del estado y fue internado a la penitenciaria, había sido sometido a un consejo y fusilado en la madrugada. Verdaderamente increíble, inexplicable e inesperado. Quedamos en suspenso sin saber que pensar. Los que carecíamos de todo contacto político, ignoramos el movimiento habido en la penitenciaría desde la tarde del día anterior.

Fueron pasando las horas y los días, y los que decían tener noticias de buena fuente, fueron dejando en el ambiente la siguiente información: "El día primero por la noche, un miembro del Partido Socialista, pensando poder levantar al pueblo en masa a favor de D. Felipe, había hecho viaje a la cercana y muy socialista población de Kanasín, celebrando en la plaza un "mitin" alentando al pueblo para que los 65000 miembros del Partido Socialista rescatasen a su Presidente, haciendo ver la reducida de la guarnición de soldados en Mérida y diciendo que a sombrerazos podían imponerse". "La mañana del día dos, los que estaban adueñados del Gobierno del Estado, tuvieron noticias del acto de Kanasín, y como en realidad la tropa en Mérida era muy limitada, tuvieron temor de que la capital fuese invadida por miles de campesinos. El miedo les hizo planear un juicio simulado y rápido para eliminar de raíz el posible peligro de un movimiento popular". "A pesar de tener ordenes terminantes de D. Adolfo de la Huerta para enviar a Carrillo al puerto de Veracruz, Hermenegildo Rodríguez y Ricardez Broca, mas el primero que el segundo, temerosos por la noticia de ese día, había resuelto acabar con D. Felipe en lugar de cumplir las órdenes recibidas". "Algunas personas se dieron cuenta la tarde del día dos de que algo tenía lugar en la penitenciaria, porque varios abogados que habían entrado no habían salido en tiempo razonable. No faltaron amigos y familiares que fuesen a dicho penal para averiguar y se puede notar que quien entraba y no salía". "El gran hotel había enviado emparedados y cervezas a la prisión y quien condujo el servicio no regresó al hotel". "Los abogados Gustavo Arce y Amado Cantón habían intervenido a favor de D. Felipe y logrado de D. Adolfo de la Huerta la orden para enviarlo a Veracruz". "En el telégrafo se sabía que había un oficial del ejército para impedir todo telegrama a Veracruz". "El juicio o consejo de Guerra..." no recuerdo como lo llamaron ni mencionó cargo alguno de los que entonces se dijeron que se les fueron hechos a las víctimas, porque nada justifica tan censurable matanza. "A los abogados que detuvieron para actuar, les presentaron todo preparado y su única alternativa era firmar o atenerse a las consecuencias". "El certificado de defunción fue firmado por un doctor que entro a la penitenciaria para averiguar de su hermano que era uno de los abogados que no salía, y detenido como todo el que entraba le fue ordenado luego el librar los certificados"." Se señaló como autor de toda la fuerza a Hermenegildo Rodríguez, contando con la autorización o alguna intervención de Ricárdez Broca".

Derrotada la Revolución y nuevamente Yucatán bajo el control del Gobierno del General Obregón, el Partido Socialista y las Ligas de Resistencia recuperaron su fuerza y comenzó insistentemente a culparse a los hacendados, como hasta ahora se hacen, de los crímenes del 3 de enero. Personalmente me resisto a dar crédito a este cargo. Ignoro si Rodríguez y Ricárdez Broca eran peseteros, pero no lo parecían. Hubiese sido necesaria una fuerte suma. ¿Un solo hacendado aportó la cantidad necesaria para pagarle a estos hombres? Si el dinero que dicen se pagó, se recolectó entre un grupo de los más importantes propietarios. ¿Ha sido posible conservar un secreto entre varios por casi 40 años? No se sabe de hacendados que hubiesen formado parte actica del Gobierno de esos días como para estar cerca de los responsables o fluir con ellos. ¿Hay entre los hacendados criminales al grado de haber participado en la muerte de 13 personas? ¿Por eliminar a uno, matan a 13? La verdad escueta solo podría saberla Hermenegildo Rodríguez y Ricárdez Broca; pero aun entre saberla y decirla cabe una gran diferencia. Entiendo que el poeta y abogado D. José Inés Novelo publica algo sobre este particular en uno de sus últimos libros. Las frases "fue asesinado por la reacción" y "los hacendados pagaron para que fuese asesinado", pueden ser de efecto político pero no constituyen prueba alguna. Por mi parte, repito que cada quien juzgue de acuerdo a lo que sepa sobre tan horrendo crimen (2)

A mediados de abril de 1924, tropas Obregonistas desembarcaron en las playas de Sisal y pronto llegaron a Mérida para establecer al gobierno interrumpido por el movimiento que se iniciaba en Veracruz. El periodo del Gobierno de D. Felipe Carrillo Puerto fue terminado por el Señor José María Iturralde.

Iturralde resultó ser valiente, enérgico, violento, enemigo peligroso y buen amigo. Trató de sustituir a Carrillo Puerto como jefe del Partido Socialista y logro bastante fuerza popular para el poco tiempo que actuó en el doble papel del Gobernador del Estado y Presidente del Partido, de abril de 1924 al 1º de Febrero de 1926, habiendo muerto en un accidente de automóvil pocos días después de haber entregado el gobierno. Con Iturralde se restableció la fuerza de las Ligas y de los caciques en los pueblos. Extrañará que yo haga descripción tan personal de Iturralde, pero me parece necesaria para explicar algo inesperado que a continuación paso a relatar. Fácilmente se comprenderá que durante su gobierno, los hacendados vivieron intranquilos y pendientes de sorpresas desagradables y la mía fue agradable, cuando los primeros días de enero de 1926 termine nuestro balance de 1925 y encontré que la utilidad de la hacienda Sihó alcanzó la suma de $100,000.00 cantidad que representaba un 10% anual sobre el costo estimado entonces de la hacienda. Este alto rendimiento no lo habíamos logrado desde el Gobierno del Gral. Alvarado. Quienes piensan que los hacendados siempre tienen utilidades fantásticas, podrían no creerme o pensarán que he cambiado los números. Me limito a relatar el caso y que cada quien piense lo que quiera. Cuando a mi padre le comunique el resultado anterior, me pidió que hiciese una buena revisión, pues tampoco el esperaba balance tan satisfactorio. Ya para entonces, el mercado del henequén se había normalizado y los precios eran satisfactorios dentro de lo normal.

No había existencias de henequén en Yucatán. Un grupo de hacendados con el Lic. Gonzalo Cámara Zavala al frente, mismo que como Presidente de la Liga de Acción Social inicio en 1909 el establecimiento de escuelas rurales en Yucatán, logró en poco tiempo ante el Presidente, General Obregón, establecer una cooperativa de henequeneros que se encargara de recibir la fibra y colocarla en el mercado exterior. El Gobernador Iturralde se opuso insistentemente, pues naturalmente era más partidario de un organismo Oficial, pero el grupo de hacendados triunfó por única vez, y la cooperativa se organizo sin intervención Oficial en su administración. Fue nombrado gerente general D. Arturo Ponce Cámara quien en esta y otras ocasiones posteriores, demostró gran capacidad para entenderse con los consumidores, procurando toda ventaja posible para el productor. Esta Institución tuvo muy corta vida porque tan pronto inicio su presidencia el Gral. Calles, 1 de diciembre de 1924, Iturralde logró la supresión de la cooperativa en la forma establecida. Los hacendados siempre con el Lic. Cámara Zaala al frente del grupo, se defendieron en lo posible, y al fin se estableció una nueva Cooperativa, pero con representación en el Consejo de Administración de Representantes del Gobierno Federal, Gobierno del Estado, Parcelarios y en forma tal, que ya el grupo de hacendados perdió el control de la administración. D. Arturo Ponce Cámara fue gerente de la nueva Cooperativa, y sorteando los problemas siguió el ritmo normal entre la producción y el consumo.

No logró Iturralde imponer a su sucesor y muy a su pesar le entregó el Gobierno del Estado al Dr. Álvaro Torre Díaz. El día siguiente partió el ex gobernador para Valladolid, su ciudad natal, y uno o dos días después muere en un accidente automovilístico. El Partido Socialista y la Liga Central de Resistencia pierden a su Presidente; pero del Gral. Calles viene una orden terminante: Ya no podrán concurrir en una sola persona el Gobierno del Estado y la Presidencia del Partido Socialista. Así llegamos al 1 de enero de 1926.

CAPITULO XII - 1926 --- 1934

El Dr. Álvaro Torre Díaz, Embajador de México en el Brasil, es llamado para ser Gobernador del Estado y comienza su gobierno el 1º de Febrero de 1926, con fiestas de manteles largos a las que asistió gran parte del Cuerpo Diplomático acreditado en México. Medico, contador, periodista, maestro y diplomático, es de educación esmerada y enemigo de tener problemas, resulta de carácter algo débil. Pero una actitud muy importante tenemos que agradecer al Dr. Torre Díaz. El respeto a la vida. En esto logró imponerse en todo momento y el precedente ha continuado.

No es mi deseo hacer cargos si puedo evitarlo, pero para justificar las líneas anteriores, debo hacer una explicación. El Gral. Alvarado fue respetuoso de vidas, sin embargo, para evitar los robos, estafas o estupros, castigó unos seis u ocho casos colgando públicamente a los delincuentes en los laureles de la Plaza Principal o roble al comienzo de nuestra mejor avenida, dejando a los ahorcados todo un día con rótulos relativos a la falta cometida. No sabría decir, si desde la época de Alvarado o poco después, vinieron las predicas para utilizar el machete para cortar cabezas de hacendados, y en realidad, nunca que yo sepa, en ningún momento se ha dado orden para determinada matanza de éste género. Se limitaron a prédicas generales. Sin embargo, se habló mucho de desaparecidos que se suponían asesinados por órdenes superiores, de elementos antes amigos que pasaban a la categoría de enemigos. Con estas prédicas y rumores, el ambiente resultaba poco agradable. Con el Dr. Torre Díaz todo esto pasó a la historia.

El nuevo presidente de la organización socialista lo fue el Prof. Bartolomé García Correa. El Dr. Torre Díaz despachaba en el Palacio de Gobierno y García Correa en las oficinas de la Liga Central de Resistencia. El gobernador tenía el control económico del Estado. En corto tiempo se hizo la primera carretera pavimentada en Yucatán, que fue la de Mérida al Puerto de Progreso. García Correa controlaba el aspecto societario, especialmente todo lo relacionado con los trabajos en las haciendas henequeneras. Terminaron las arengas induciendo a incendios y cortes de cabeza. Comenzó a hablarse de la importancia del henequén como base, cuando menos por un periodo largo, de la vida de Yucatán. Algo necesario y justo comenzó a hacerse a favor de los trabajadores del campo. Mucho antes de que el Gral. Abelardo Rodríguez decretara la Ley del Salario Mínimo, se comienza en Yucatán a establecer tarifas para el trabajo de las haciendas, sin poder dejar de considerar el precio del henequén, que entonces no era malo. Tomando en cuenta el precio de la fibra y el rendimiento de kilos por millar de pencas de cada hacienda, se fueron estableciendo precios de trabajo. Esto era novedoso y naturalmente traía problemas y fricciones; pero por lo general, todos los casos se iban ajustando en forma aceptable para el hacendado y beneficiosa para los trabajadores. Considero que después de la cancelación de las deudas en 1914, y la creación de escuelas rurales, la labor que nos ocupa es el tercer paso de verdadera justicia social a favor del campesino yucateco. Con el tiempo, la práctica y naturalmente obligados a bajas cuando el precio de la fibra bajaba, llegó a hacerse un tabulador en donde estaban todas las tarifas aplicables según el precio del henequén y el rendimiento de promedio anual de las haciendas del Estado. Ya solo era cuidar el cumplimiento de las tarifas correspondientes. Esto duró hasta la implantación del Salario Mínimo.

Naturalmente que no todo podía marchar sobre ruedas. En forma quizás práctica, las principales fuentes de ingresos del Estado fueron rematadas a grupos de particulares, haciéndose un cálculo de lo que cada una podía producir para no mermar los ingresos. Los rematadores, con una administración directa y personal, lograron utilidades. La tesorería General del Estado la remataron amigos del Dr. Torre Díaz y el impuesto sobre alcoholes, amigos de García Correa. Ignoro el consumo del alcohol; pero el caso es que al Departamento de Maxcanú le fueron asignadas cien cajas mensuales de consumo MINIMO, para preparar el aguardiente de venta al pueblo. Para la hacienda Sihó nos fueron asignadas cuatro cajas mensuales obligatorias; pero como la gente de Sihó, aunque no se crea, bebe comparativamente muy poco, dos cajas resultaron suficientes. Traté de disminuir la cuota y toda gestión fue inútil. Terminaron diciéndome que vendiese las cuatro cajas o las tirase al pozo. Logré por lo general vender una caja mensual a la Hacienda Acú, que podía vender cinco por tener gente muy afecta al aguardiente, y la otra la vendía con pérdida en el Estado de Campeche.

En cuanto a exportación de henequén no hubo problema. El organismo existente, con D. Arturo Ponce como Gerente, vendió normalmente y a buen precio. Cuando se acercaba el primero de Febrero de 1930, fecha en la que el Dr. Torre Díaz entregaría el gobierno al Prof. García Correa, parece que el Sr. Ponce indicó al gobernador que la producción de su ejercicio estaba vendida y se presentaba la oportunidad de vender a buen precio gran parte de la de 1930 y que él recomendaba hacer operación. El Dr. Torre Díaz consultó con su sucesor, y este le dijo que no se vendiese henequén por producir durante su gobierno. ¡Como se habrá arrepentido García Correa! El gobierno del Dr. Álvaro Torre Díaz pasó como bueno. Dio tranquilidad personal; disminuyó la lista de cargos y prédicas contra los hacendados; hubo buenos precios en el mercado de fibras, y la venta de nuestro producto estuvo hábilmente manejada.

Se hace cargo del Gobierno el Prof. Bartolomé García Correa para un periodo que terminaría el 1º de Febrero de 1934, y uno de sus primeros actos es proceder al nombramiento del Ing. Alberto Montes como Gerente General del organismo que monopoliza la venta del henequén. Tratándose de persona inteligente y preparada, es inexplicable su fracaso; pero el caso es que se paralizaron las ventas y las existencias comenzaron a formarse. Siempre que los consumidores han visto que la fibra se va almacenando, se aprovechan para darnos una lección, y mientras a mayor numero suben las pacas en bodega, más pagamos las consecuencias. No fue para que el precio bajase como después de la guerra que terminó en 1918; pero el mercado henequenero pasó por una temporada larga de situaciones delicadas, hasta aproximarse la Segunda Guerra Mundial. Como quiera que fuera, la situación económica del gobierno de García Correa fue mala, y como consecuencia, considerado un mal gobierno.

No recuerdo si fue durante el término gubernamental que nos ocupa, el Gobernador fue al mismo tiempo Presidente de la Liga Central de Resistencia y el Partido Socialista del Sureste. Este punto carece de importancia, porque García Correa abarcó y controló todos los aspectos. Algunas veces traté con él en las Oficinas de la Liga Central, y puedo decir que si en reuniones públicas atacaba abiertamente a los hacendados, sin decir más de lo que ahora se dice, cuando se trataba de casos concretos de precios de trabajos, era razonable y comprensivo. Creo que ha sido uno de nuestros políticos hábiles, pero con mala suerte. Fue en estos años, por las bajas que hubo que aceptar en los precios de los trabajos de las haciendas, cuando se imprimieron las tablas tabuladoras de salarios, para que con toda facilidad pudiesen subir o bajar los jornales con relación directa al precio del henequén y el rendimiento de cada hacienda.

La Ley que establece el Salario Mínimo data de la Presidencia del Gral. Abelardo Rodríguez, septiembre de 1932 a noviembre de 1934. En realidad no ha causado grandes trastornos. Los precios de trabajo en Yucatán han sido siempre un poco más bajos que en el Distrito Federal y más altos que en la mayor parte del país. Al entrar en vigor dicha Ley, se estableció en Yucatán un salario para Mérida y Progreso, práctica que se ha continuado, y otro salario algo más bajo para el resto del Estado. Se fijaron los que en aquel entonces rigieron, precisamente en época de precios bajos en el henequén. El Salario Mínimo ha venido subiendo cada dos años como en todo el país, con la circunstancia favorable de que el precio de la fibra en dólares ha ido elevándose hasta alcanzar el actual, sin que la diferencia sea muy notoria. Por otra parte, las diversas depreciaciones de la moneda nacional han contribuido para ir subiendo jornales tanto en el campo como en la ciudad, al mismo tiempo que la fibra sube en moneda nacional. Ahora bien, ¿Qué sucedería si la fibra baja de precio en forma apreciable en los mercados mundiales? Afortunadamente el problema no se ha presentado. (3) sin embargo, el año de 1962, que apenas comienza al escribir estas líneas, nos presenta un caso. Los ejidatarios pagan actualmente por la maquila de su henequén a los propietarios de los equipos de desfibración, el mismo precio de 1958. En 1960 subió el Salario Mínimo y los hacendados absorbieron el pequeño aumento en los jornales, más la elevación en los precios de combustibles, artículos de ferretería, etc. No lograron compensación alguna. Al fijarse nuevo Salario Mínimo para 1962, el caso se repite y aun no se logra que los dueños de equipos sean compensados equitativamente. Aun más; se dicen que están teniendo una gran utilidad, cuando en realidad no es así.

El siguiente capítulo estará dedicado a un trabajo que realizamos el Lic. Enrique Manero y yo, preparado para anticiparse al reparto de los planteles sembrados con henequén. Desgraciadamente no tuvimos éxito alguno.

CAPITULO XIII - TIERRAS Y FACILIDADES AL CAMPECINOPARA SEMBRAR HENEQUEN

Transcurría el segundo semestre de 1932. El Lic. Enrique Manero, inteligente político y hombre de negocios, vivía frente a la casa que yo ocupaba. Una noche crucé para saludarlo y me invitó a pasar. Cambiando impresiones, me preguntó lo que pensaba respecto a la posibilidad de que algún día se efectuase el reparto agrario de los terrenos sembrados con henequén. No hay que olvidar que desde 1915, todo candidato a la Presidencia de la República que nos visitaba, se apoyaba en este ofrecimiento, alegando razones de todos conocidas. Muchos habían pasado y luego se olvidaban; pero algún día vendría alguno... yo le contesté al licenciado que en cada nuevo Presidente eran mayores mis temores. El pensaba igual que yo y por eso su pregunta. Le indique que desgraciadamente los hacendados no creían que tal cosa pudiera ser posible. Se basaban en que el henequén es un cultivo característicamente extensivo, tiene un ciclo de 30 años y necesita de una instalación central de desfibración, haciéndolo negativo para la parcela individual. Por otra parte, cubrir el valor de los planteles representaría mucho dinero; el no pagarlos seria un despojo y ya no eran tiempos de poderlo hacer;... resumiendo: el Lic. Manero y yo estuvimos de acuerdo en que existía un gran peligro, y los resultados serian perjudiciales para el Estado. La gente no estaba preparada para manejarse sola y la intervención de personas que no tuviesen un interés directo resultaría contraproducente por la falta de escrúpulos para cuidar bienes que podríamos llamar de menores.

Cortamos nuestra conversación en las primeras horas de la madrugada, y quedamos en vernos algunos días después. De la segunda charla salió el comenzar un proyecto para anticiparnos a lo que pudiera venir, hasta probar si lográbamos ponernos de acuerdo y ver si podríamos llegar al final. El Lic. Manero representaba el aspecto político; pero de político constructivo que veía lo que al Estado de Yucatán le era conveniente. Mi punto de vista era el del hacendado que cuidaba sus intereses, al mismo tiempo que dispuesto a colaborar en lo que fuese para bien de Yucatán. Si en algunos aspectos no había entendimiento nuestros buenos pronósticos nos hacían transigir para terminar un estudio que estimo interesante dar a conocer. Se basa en facilitar planteles abandonados para procurar su siembra por los campesinos en calidad de propietarios independientes. Nosotros teníamos una anexa de la hacienda Sihó, que llegó a tener ocho mil mecates de henequén, pero a partir de 1923, ampliamos las tierras de cultivo de Sihó, para concentrarnos, y estos ocho mil mecates estaban sin sembrar. Doy este dato para hacer ver que yo estaba entre los que darían planteles para siembras de los trabajadores. Seis a ocho meses nos estuvimos reuniendo, dos o tres veces por semana, para trabajar de ocho y media de la noche a dos de la madrugada. Ponernos de acuerdo en cada punto fue bastante difícil, pero cuando terminamos quedamos contentos de nuestra labor.

Al poco tiempo de terminado el trabajo a que me vengo refiriendo, surgió como candidato al Gobierno del Estado para el periodo 1934-1938 el Lic. Cesar Alayola. Profesional culto, pensó el Lic. Manero que le sería fácil lograr que nuestro plan fuese incluido en el programa de gobierno del futuro gobernador. García Correa había formulado un programa de cuatro años copiando los programas quinquenales de Rusia y se pensó que Alayola haría el suyo.

Preparamos el texto en forma de decreto, pero a los pocos días me hizo saber D. Enrique que había fracasado. Parece que el Lic. Alayola no quiso recibir el documento, alegando que el no haría ningún programa para que no le pasase lo que a García Correa que había fracasado en todo su plan de cuatro años. Así las cosas, le dije a mi amigo Enrique que lo mejor era guardar el proyectado decreto, porque si lo hacíamos publico posiblemente me ocasionaría muchos disgustos con los de mi gremio. Casi treinta años ha permanecido este trabajo guardado, y posiblemente el Lic. Manero ya ni se acuerda de nuestras desveladas. Sigue a continuación nuestro "laborioso" trabajo para después hacer algunas aclaraciones para el momento actual.

PROYECTO DE LEY PARA AUMENTAR LA PRODUCCION DE HENEQUEN

CONSIDERANDO, que de acuerdo con la Ley de fecha……………. el cultivo y explotación del henequén son de utilidad pública, el Gobernador del Estado, procurando el mejoramiento del futuro de Yucatán, se hace cargo de intensificar las siembras de nuestro agave. Para la creación de esta Ley ha sido preciso llegar al convencimiento de que nuestro Estado necesita para su equilibrio económico, producir mucha fibra para competir con otros centros productores en precio y calidad.

CONSIDERANDO, que al aumentarse las plantaciones de henequén se benefician directamente los actuales productores y los trabajadores de campo; los primeros, percibiendo un interés sobre el capital invertido en terrenos y elementos de trabajo hoy improductivos o aprovechados parte del tiempo solamente, y los segundos, por los beneficiados que les reportará la mayor abundancia de trabajo y utilidades que han de proporcionarles sus plantaciones propias, este Gobierno espera contar con la sincera colaboración de estos elementos indispensables para el desarrollo del plan que se persigue.

Para llevar a cabo la realización de esta necesidad en nuestro Estado, se establecen las disposiciones siguientes:

ARTICULO 1°.- Quedan obligados los propietarios de haciendas en el Estado a proporcionar a los trabajadores de que trata el Articulo 6° de esta Ley,   las tierras en que hubiese habido siembras de henequén y actualmente se encuentren incultas, ajustándose a las siguientes reglas:

I.- De los planteles abandonados en las haciendas deberá reservarse el propietario hasta una extensión igual a un 20% (yo sostenía que debía ser un 25%) de la extensión total que representen los planteles en cultivo y explotación. Este cómputo se hará anualmente antes de la distribución de tierras.

II.- Después de reservarse el propietario el 20% (25%) a que se refiere el inciso anterior, se reservara para los jornaleros radicados en la finca y que estén incluidos en el artículo 6° de esta Ley, una extensión de cien mecates por cada trabajador. El excedente de tierras a que se refiere este artículo, se destinara a los trabajadores del pueblo o pueblos más cercanos.

III.- Toda vez que los terrenos que en esta forma se facilitaran a los trabajadores son de propiedad particular, su legitimo propietario percibirá como arrendamiento, desde el momento q comience a cortarse el henequén, la cantidad que por este concepto fije el Consejo Henequenero del Estado que establece el Artículo 12º de esta Ley.

ARTICULO 2º.- Los trabajos que se realicen en las plantaciones a que se refiere el artículo anterior, quedaran en todo tiempo bajo el cuidado y vigilancia del propietario y empleados de la hacienda, y se efectuaran de acuerdo con la Ley de Cultivo y Explotación del henequén de fecha......... Los jornaleros dueños de las plantaciones están obligados a desempeñar por turnos las designaciones que sus compañeros les hagan como auxiliares para la vigilancia de los trabajos.

ARTICULO 3º.- Después de tomar el propietario de la hacienda los vástagos o hijos de henequén que necesite para sus siembras propias, y mientras no puedan tomarse de las nuevas plantaciones, dará los restantes a sus colonos sin estipendio alguno, siendo el jornalero interesado quien se encargue de su corte, transporte, etc. En ningún caso podrán los jornaleros cortar para sus siembras hijos de henequén que tengan menos de 42 cm. de cogollo.

ARTICULO 4º.- En los casos en que faltasen en una o más haciendas hijos de henequén para los colonos, se tomaran de las fincas que tuviesen excedentes, previo pago que se hará de acuerdo con los precios que anualmente fije el Consejo Henequenero del Estado. Este pago queda a cargo del Gobierno del Estado hasta poder efectuarse del producto de las mismas plantaciones.

ARTICULO 5º.- Quedan obligados los propietarios de las haciendas a facilitar sus elementos de trabajo a los colonos, combinando los trabajos de la hacienda con los dueños de plantaciones, percibiendo en compensación las cantidades que fije el Consejo Henequenero del Estado.

ARTICULO 6º.- Quedan obligados a tener plantaciones de acuerdo con esta Ley, los jornaleros de 18 a 50 años radicados en las haciendas, y los residentes en rancherías, pueblos, etc., que hubiesen o estén disfrutando de los beneficios de las leyes agrarias.

ARTICULO 7º.- En los lugares en que faltasen terrenos de acuerdo con el Artículo 1º de esta Ley, se harán siembras en los dotados por las leyes agrarias, y de acuerdo con las disposiciones establecidas en el artículo 9º de esta Ley.

ARTICULO 8º.- A fin de procurar el mejor cumplimiento de esta Ley y en compensación de las tierras no afectadas por las leyes agrarias que facilitaran los propietarios de haciendas, este Gobierno se compromete a gestionar ante la Comisión Nacional Agraria y demás autoridades federales, la devolución a los anteriores propietarios de las tierras en las que **haya o hubiese habido plantíos de henequén**, tomadas para dotaciones de pueblos.

ARTICULO 9º.- Todo trabajador incluido en el Artículo 6º de esta Ley, deberá en este primer año preparar y sembrar con henequén a su debido tiempo, una extensión de diez mecates y cuatro mecates los años subsiguientes, sujetándose en todo tiempo a las disposiciones siguientes:

I.- Fijaran el lugar para las siembras en las haciendas el propietario o encargado de la hacienda y una comisión de jornaleros, con la intervención de la autoridad municipal correspondiente.

II.- Cuando las siembras sean hechas en terrenos ejidales, los trabajadores se sujetaran a sembrar en el lugar y forma que señale un representante del Gobierno del Estado, previo estudio y trazo que se haga para la creación de una nueva hacienda.

III.- Todo jornalero está obligado a cultivar y explotar sus plantaciones de acuerdo con el Artículo 2º de esta Ley, recibiendo en compensación sus productos de acuerdo con el Artículo 11º de esta misma Ley.

IV.- De cada tablaje, plantel o porción cercada que se siembre, se formara un registro de los que lo hubiesen sembrado y cantidad sembrada por cada uno, a fin de establecer la misma proporción tanto en las obligaciones de cultivo y explotación como de los beneficios del producto.

ARTUCULO 10º.- Para los casos de imposibilidad de continuar atendiendo el cultivo y explotación de una o más plantaciones, ya sea por cambio de residencia, imposibilidad física o fallecimiento, se establecen las siguientes reglas:

I.- En los casos de cambio de residencia o imposibilidad física, podrá el interesado hacer arreglos particulares a fin de dejar un sustituto, necesitando para esto únicamente la aprobación de sus copropietarios de plantel para la designación que corresponda.

II.- En los casos de fallecimiento, los compañeros en cada plantío designaran de entre los familiares del socio a uno que lo supla como propietario.

III.- Cuando el agricultor que fallezca hubiese dejado de existir antes que su mujer, el beneficiario según el inciso anterior, repartirá con ella por partes iguales los productos de los plantíos, después de percibir sus jornales de acuerdo con los precios que rijan en la hacienda o rumbo en que estén las siembras.

ARTICULO 11°.- Para el apercibimiento de productos, podrán los propietarios de las nuevas plantaciones optar por cualquiera de las siguientes formas:

I.- Venta de hojas o pencas, pagando el arrendamiento del terreno cuando la venta sea hecha a persona distinta al propietario del terreno ocupado por la siembra.

II.- Percibir por su trabajo los jornaleros establecidos en la hacienda o rumbo formando un fondo de reserva para épocas malas, compra de material propio, etc., después de pagado el arrendamiento de terreno si corresponde hacerlo, uso de material y gastos de raspa.

III. Efectuar los trabajos sin estipendio alguno y después de pagados los gastos correspondientes, repartirse el producto en proporción. Entre los gastos deberá calcularse y separar la cantidad necesaria para la compra de hijos que se requieran en las futuras siembras.

ARTICULO 12°.- Para interpretar, fallar en árbitros y estipular los pagos y obligaciones que esta Ley establece, se crea un consejo henequenero del Estado que estará integrado por 2 hacendados dueños de terrenos con siembras, de colonos y 2 representantes del Gobierno del Estado. Para las resoluciones en que no hubiese mayoría de votos, los 4 componentes de común acuerdo nombrarán un árbitro cuyo fallo deberá respetarse.

ARTÍCULO 13°.- Los componentes del Consejo henequenero del Estado deberán ser nombrados el 1° de Julio de cada año, fijándose para el nombramiento de los representantes de los hacendados las siguientes bases:

I.- Serán nombrados en Asamblea General de Hacendados en cuyas fincas hubiesen plantíos de jornaleros, cada 1º de Julio.

II.- Las asambleas generales serán presididas por los Representantes salientes, los que deberán rendir un informe del año.

III.- Los votos se computarán a razón de un voto por cada hacendado o apoderado presente

IV.- En las mismas asambleas generales serán nombrados 2 suplentes para cubrir las faltas temporales o permanentes de los representantes propietarios.

V.- Tanto para el nombramiento de representantes propietarios como de suplentes, serán electos un hacendado con hacienda en rumbo de producción baja, y el otro con hacienda en rumbo de producción mediana o alta.

ARTICULO 14º.- Para evitarse el que continúe la destrucción que se viene haciendo en muchas haciendas, desde esta fecha solo podrán sacarse alimentos de trabajo de las fincas de campo, previo permiso de este Gobierno o del Consejo henequenero del Estado al quedar éste establecido. Son responsables del cumplimiento de esta disposición los presidentes municipales correspondientes.

DIAS QUE REQUIERE UN TRABAJADOR PARA CUMPLIR CON LA LEY:

Total días

1º año: 10 mecates-tumba 7, quema 1, siembra 7, chapeos 3 18
2º "   4   "   "   3,   "   1,   "   3, chapeo 8 15
3º "   4   "   tumba, quema y siembra 7, dos chapeos 11 18
4º "   4   "   "   "   "   7, " chapeos 13 20
5º "   4   "   "   "   "   7, 1º chapeo 9, 2º chapeo 5 21
6º "   4   "   "   "   "   7, "   "   10, " "   5 22
7º "   4   "   "   "   "   7, "   "   11, " "   5 23
8º "   4   "   "   "   "   7, "   "   13, " "   5 25
9º "   Ya corta sus pencas y percibe el valor de su trabajo

DATOS COMPLEMENTARIOS ANEXOS AL PROYECTO ANTERIOR

Los que realizaron el trabajo anterior comprenden que habrá resistencia por parte de hacendados y campesinos. Los primeros por ser enemigos de cambios en las costumbres establecidas y los segundos por lo que significaría trabajar algunos días los primeros años sin retribución alguna. Con los primeros se recomiendan reuniones en la unión de productores y liga de pequeños y medianos productores para orientarlos debidamente, y para lograr la colaboración de los trabajadores, existen las Ligas de Resistencia que pueden hacer labor de convencimiento.

Considerando que el primer año en cada siembra puede aprovecharse el terreno para la siembra de maíz, podrían descontarse de los días sin jornal los anotados por tumba, quema y chapeo, procediéndose a la acostumbrada desyerba de las milpas, en lugar del chapeo anotado.

Resultado personal a los 18 años de iniciado el plan:

36 mecates de cultivo y 42 en plena producción:

Tumba, quema y siembra de 4 mecates	7 días
Un chapeo a los 78 mecates	26 "
Segundo chapeo a los 12 mecates de ultima siembra	4 "
Corte de 84,000 pencas (2,000 por mecate)	70 "
	Total de días de trabajo 70

Resultado personal a los 27 años, establecido ya el ciclo:

Cien mecates escalonados debidamente

Tumba, quema y siembra de 4 mecatas	7 días
Chapeo de 92 mecates, por haber ya 8 en descanso.	31 "
Segundo chapeo a los 12 mecates más jóvenes	4 "
Corte de 54 mecates efectivos (108,000 pencas)	54 "

Total de días de trabajo 96

Calculo de rendimiento por jornalero:

108,000 pencas a 25 kg por millar son 2,700 kg anuales

Calculando que a más del jornal normal se obtenga una utilidad de 2 centavos el kilo con henequén al precio de 20 centavos por kilo, resulta un ingreso adicional de $54.00 al año, que en 96 días de trabajo representan $0.56 diarios.

CALCULO DE PRODUCCION GENERAL

A los nueve años:

Calculando 30,000 trabajadores con 10 mecates sembrados el primer año cada uno, resultan 300 000 mecates que rindiendo cinco arrobas por mecate producirían 1, 500 arrobas que en pacas de a 16 arrobas serian 93,750 pacas.

A los 18 años:

30,000 campesinos de a 42 mecates de corte cada uno, son 1.260 000 mecates que con rendimiento de 5 arrobas por mecate darían 6.300 000 arrobas para 393,750 pacas.

Establecido el ciclo los 27 años:

Considerando 54 mecates efectivos por cada uno de los 30,000 campesinos, el número de pacas anuales se elevaría a 506,250. Con una producción igual por parte de los hacendados, nuevamente se lograría una producción de un millón de pacas, cifra alcanzada únicamente el año de 1916.

BASES PARA LOS CALCULOS

Los números anteriores representan el promedio de todo el Estado, teniendo en cuenta los factores siguientes:

I.- El ciclo henequenero en los mejores rumbos es de 24 años y de 30 en los de producción baja.

II.- Teniendo en cuenta el promedio del rendimiento en kilos por millar de hojas y número de hojas por mata al año, puede calcularse un resultado de 6 a 7 arrobas por mecate en los rumbos buenos y 3 a 4 en los rumbos pobres.

Considerando la vida de los planteles en los diversos rumbos, los jornaleros tendrían un total de 96 mecates en las mejores zonas y 120 en las de más bajo rendimiento, con la circunstancia de que es en estas donde hay más tierras disponibles para nuevas siembras.

RENDIMIENTO COMPARATIVO ENTRE EL MAIZ Y EL HENEQUEN

En 20 a 25 mecates de milpa se emplean unos 72 días para cosechar un promedio de una carga por mecate, resultando que al precio de $3.00 por carga, representan unos $75.00. Un cálculo de un peso diario, viene a representar el máximo.

Con henequén a 20 centavos el kilo se obtiene un jornal de $1.25 a $1.50 en trabajos de la hacienda, a los que agregándolos $0.56 diarios en las plantaciones propias resultan unos $2.00 diarios en el tiempo empleado en henaquenales propios.

El maíz no paga impuestos al Estado y la cosecha depende de varios factores. El precio del henequén a veinte centavos el kilo puede considerarse entre los bajos.

A lo anterior que fue lo realizado en 1933, deseo ahora, en 1962, añadir unas breves aclaraciones, comenzando por decir que de la extensión cultivada en 1916, un 50% poco más o menos se encontraba abandonada por la reducción considerable de siembra de reposición como queda explicado en capítulos anteriores.

Las pocas siembras afectadas por dotaciones agrarias antes de 1933, seguían siendo explotados por los dueños de haciendas, y aun mas, lograron permisos para sembrar nuevamente. Esto como aclaración al Artículo 8º del proyecto de Ley.

Si entonces se calculo un precio de henequén en base a veinte centavos el kilo, seguramente el tipo de cambio era de dos pesos por un dólar o muy cerca y el precio de la libra en dólares entre cinco y seis centavos de dólar que fue por mucho tiempo el promedio. Actualmente con tipo de cambio al doce y medio pesos por un dólar y precios entre ocho y nueve centavos de dólar la libra, obtenemos un cálculo bastante aproximado con solo multiplicar por diez los valores monetarios de 1933.

CAPITULO XIV REPARTO AGRARIO DE HENEQUENALES

El 1º de febrero de 1934 el Prof. Bartolomé García Correa termina como gobernador del Estado e inicia el Lic. Cesar Alayola el periodo de 1934 a 1938. Los precios del henequén son malos y el aspecto político en el campo sigue su marcha de acción moderada como dijéramos en el capitulo XII. Dificultades de política interior hacen que el Lic. Alayola abandone el gobierno; no recuerdo si 1 o 2 personas desempeñan el cargo hasta ocupara la gubernatura el ingeniero Florencio Palomo Valencia, que es quien termina el periodo el 1º de febrero de 1938.

En su oportunidad llega en su gira como candidato a la Presidencia de la República el Gral. Lázaro Cárdenas, periodo presidencial que comenzaría el 1º de Diciembre de 1934. Posiblemente estuvo en ésta en las postrimerías del gobierno de García Correa o comienzos del siguiente. Una vez más se le dice a los campesinos que les serán entregados los planteles de henequén, porque el producto de la tierra debe ser de quien la trabaja. Si en todas las ocasiones anteriores no sentí grandes temores, ignoro por qué en el caso del Gral. Cárdenas tuve la idea firme de que la hora había llegado. ¿Mis largas charlas con el Lic. Manero? ¿La idea que siempre he tenido de que ha sido el Presidente que tomó posesión con menos compromisos y relaciones con el exterior? ¿Su mirada, que me lo ha presentado como persona sincera y de firmes propósitos? Algo de esto o todo me hizo pensar así. Comencé a meditar en un nuevo negocio y de ahí nació la idea de establecer la institución de crédito a la que estoy ligado.

Un detalle más, que aunque no se relaciona con el henequén, sirve para dar a conocer el temple del Gral. Cárdenas como para proceder en Yucatán como lo hizo. Asistía yo a una Convención Rotaria Internacional que tenía lugar en la Ciudad de México en mayo o junio de 1935. La mañana que el Gral. Cárdenas debía inaugurar la Convención en el Palacio de Bellas Artes, los periódicos matutinos traían la noticia de que en la madrugada de ese día el Presidente había expulsado del país al Gral. Plutarco Elías Calles. Los que saben lo que entonces era el Gral. Calles, reconocerán que aquella noticia era una bomba precursora de las atómicas. Un último tren especial con rotarios, que no había cruzado la frontera, resolvió echar marcha atrás. La Directiva Internacional de "Rotary" estaba alarmada pensando que el Presidente no concurriría a la declaración de apertura como había ofrecido, pero no se recibía ningún recado suyo. Los extranjeros nos preguntaban a los mexicanos, y nosotros sosteníamos que el Gral. Cárdenas cumpliría aunque interiormente éramos lo que más pensábamos que no estaría con nosotros. La hora se acercaba y ninguna noticia especial. ¿Qué importancia podía tener en esos momentos para el Presidente, el iniciar los trabajos de una Convención? Nosotros creíamos que ninguna. Esperábamos la hora para poder ver que resolvía la Directiva Internacional. Un minuto antes de la hora fijada, un toque de clarín, cajas y cornetas para seguir el Himno Nacional. El Gral. Cárdenas hizo su entrada puntual con aire de gran serenidad. Un hombre así, merece mi respeto.

El reparto de los henequenales en el que nadie creía, va viéndose como posible y un número determinado de hacendados, los de haciendas más grandes, hacen fraccionamientos en tablajes de a menos de trescientas hectáreas, que pasan a miembros de la familia. Los temores van aumentando. Pensando en un futuro muy incierto para Yucatán, hago viaje a Cuba en abril de 1937 para estudiar y ver la posibilidad de establecernos en aquel país. De Cuba retorné en febrero, por lo que estuve ausente de Mérida durante la estancia del Gral. Cárdenas para realizar el reparto de los plantales de henequén.

Creo que fue en Agosto de 1937 cuando el Presidente Cárdenas se presentó a Yucatán con todo el personal y elementos necesarios para dotar de henequenales a los campesinos, dando las leyes necesarias para evitar todo obstáculo a sus propósitos. Se respetarían a cada hacendado ciento cincuenta hectáreas de terrenos cultivados, ciento cincuenta de terrenos incultos y la planta. En decreto especial se estableció considerar como una sola propiedad o unidad, todos los tablajes cuyas siembras reconociesen un centro para la desfibración de sus productos. Así se nulificaron los fraccionamientos que como defensa se habían hecho.

Si diversos jefes de familia resultaban tener parentesco consanguíneo o político, solamente a uno se le respetaba la pequeña propiedad y en las haciendas de los otros se limitaban únicamente a la planta y maquinaria, considerándola seguramente como predio industrial, pues las plantas de antiguas péquelas haciendas ya sin maquinas por haberse centralizado los trabajos, quedaron incluidas en las dotaciones. Con la precipitación con que todo esto se hizo, se cometieron una serie de irregularidades, posiblemente hasta sin intención; pero después de más de veinte años, nada se ha rectificado. "Ni un paso atrás…" no faltaron casos en los que la parte cultivada fue de más de ciento cincuenta hectáreas completando las trescientas con tierras incultas, pues ignoro de algún caso en que la medida total se hubiese pasado. A cambio de estos casos aislados, lo más frecuente fue respetar menos de lo legal, tomar de un predio más de lo que tenía que dar; dicen que hubo casos en que los mismos planteles figuraban en los planos de dos dotaciones distintas. Pero lo más injustificado, fue el excluir de tierras a quien tuviera parentesco con algún nuevo pequeño propietario. Cabe decir que cuando en la época de D. Venustiano Carranza, sin constitución en vigor en el país, se realizo el reparto de tierras incultas, se hablo de pagar con bonos, y aunque poco, algo se hizo como vimos en capítulos anteriores; pero en el caso que venimos refiriendo, en ningún momento se hablo de compensación alguna. Recuerdo que cuando esto lo refería en Cuba, no podía caber en la mentalidad de algún cubano el que esto pudiese acontecer. Pensaban que debía ser algún informe equivocado el que yo tenía, porque un despojo así no podría tener lugar en el mundo. ¿Qué pensaran ahora los cubanos?

Podemos decir que las unidades henequeneras fluctuaban entre las 500 y las 2, 500 hectáreas de tierras cultivadas, con elementos para la desfibración de tareas proporcionadas a la producción. Calculando un promedio por haciendas de 1000 hectáreas, puede deducirse lo que para una industria resulta el tener y mantener estos equipos para el producto de solo 150 hectáreas. A mayor tamaño de hacienda mayor desastre.

Ninguna instalación ya equipada proporcionalmente, puede reducirse luego para adaptarla a menor volumen de trabajo. Esto explica el que, los hacendados hubiesen aceptado en todo tiempo lo que sobre equipos de desfibración ha querido hacerse.

Aun cuando legalmente se respetan los equipos, en realidad fueron ocupados. El banco nacional de crédito ejidal se hizo cargo de la concentración y venta de la fibra el año de 1935, correspondiéndole el momento del reparto agrario. Esta institución se hizo cargo de todos los trabajos del campo, incluyendo el industrial de la desfibración, pagando al propietario del equipo una cantidad irrisoria por cada día de trabajo.

La desmoralización más grande cundió entre los hacendados y otros sectores de Mérida. Las residencias grandes del centro de la ciudad, con precios comerciales de 130 a 160 mil pesos, tomaron un valor de doce mil, fijado por una persona al comprar no menos de seis predios a este precio. Los hacendados vendían todo para reunir fondos y trasladarse a la capital de la república, para comenzar de nuevo. Algunos comerciantes fueron comprando a precios ridículos pequeñas propiedades o solo plantas con equipos de desfibración para ver qué pasaba luego, y por sus bajas inversiones, el negocio les resulto brillante. Joyas, muebles y toda clase de pertenencia se fueron realizando. Los hacendados jóvenes todavía en condiciones de luchar, partieron para la ciudad de México y fueron adquiriendo lotes de automóviles de segunda mano, estaciones de gasolina, tiendas de curiosidades, hoteles en arrendamiento, etc., etc. Podemos recordar que se hizo general la frase de que "si el general Cárdenas había conquistado Yucatán, los yucatecos por venganza habían conquistado la capital". Las personas cansadas se quedaron en Mérida para hacer sus ventas poco a poco y así ir tirando del carro. De uno de estos fue llevada a la ciudad de México, hará unos 15 años, una primorosa lámpara europea por la que pagaron ocho mil pesos. Esta misma lámpara, unos meses después, la compro en la avenida Juárez un importante industrial de Mérida en cincuenta mil pesos, regresándola a esta ciudad. Nos hemos limitado a unos cuantos ejemplos para dejar volar la imaginación.

Antes de ocuparnos de los resultados que a través de los años hemos observado como consecuencia del reparto agrario de henequenales, aspecto que dejaremos para los siguientes capítulos, permítaseme hacer algunas consideraciones sobre aspectos generales.

En mi concepto México es difícil de ser comprendido. Varias veces vemos que el gobierno lleva a cabo actos que en los momentos de su realización son considerados por las personas más cultas y preparadas como dignos de censura. Pasan algunos años, y lo que hecho por un país de los actualmente llamados subdesarrollados, fue arbitrario e injusto, parece que en las naciones consideradas las más civilizadas se hace luego lo mismo. Tratare de explicarme con algunos ejemplos.

Aun cuando Rusia nunca ha sido considerada de las naciones más civilizadas, el orden cronológico nos hace comenzar con este país. Principia en México la revolución de 1910, y toma su orientación con fuertes ataques al capital, al mismo tiempo que enarbola la bandera de justicia social a favor de las clases más necesitadas, especialmente los campesinos. En Yucatán. Desde 1915, se organiza con carácter político y legal el Partido Socialista del Sureste y desde entonces los más destacados miembros del partido orientan y dirigen la política en el estado. Es hasta 1917 cuando comienza la revolución rusa.

Se realiza en Yucatán en la época del Gral. Alvarado un extenso reparto agrario de tierras incultas, y aunque se hablo de pago, en realidad podemos decir que no se hizo, ya que lo pagado fue prácticamente inapreciable. Personalmente pienso, que en bien de la nación, deben tomarse las tierras de quien no las cultive para brindarlas a quien esté en condiciones de hacerlas productivas. Deben pagarse; pero si esto resulta el obstáculo y se logra su productividad en bien de la nación, acepto que no se page. Lo que todavía, (ya veremos con los años) no me explico, es el despojar de tierras a quien las cultiva para darlas a quienes las descuiden con resultados adversos para la nación. Pero nos estamos saliendo de nuestros propósitos. Aunque la comparación no es exacta, podemos establecer cierta relación. Pasan los años, y al terminar la segunda guerra mundial Inglaterra, Estados Unidos y Francia, no saben qué hacer con los israelitas expulsados por Hitler, y se acuerdan que hace dos mil años formaban nación en lugares situados en países árabes que nada tenían que ver con el problema. Sin embargo, despojan a varias naciones árabes de parte de sus territorios y restablecen al pueblo de Israel en lo que fuera suyo en la época de Cristo. ¿No es esto ir mucho más lejos que el devolver a nuestros campesinos las tierras (incultas) que apenas hace menos de quinientos años eran de sus antepasados? Que cada quien se haga las consideraciones del caso.

Pasemos por alto a revolucionarios sin preparación, para ocuparnos del caso del inteligentísimo, culto y distinguido abogado que fuera ministro de hacienda de D. Venustiano, y que de una sola plumada nulifico el papel moneda entonces circulante. Pasan los años y uno de los actos de Hitler al dominar la situación en Alemania, es hacer lo mismo que el Lic. Cabrera, para emitir sus nuevos marcos y aun establece un marco especial para el pago de los productos de exportación.

El Gral. Calles, durante su gobierno, abandona el talón oro y establece el talón plata, quedándose el oro acuñado como mercancía en el mercado. No pasa mucho tiempo, y S. M. el rey de Inglaterra hace lo que nuestro modesto profesor de escuela ya había realizado. Pero esto no termina aquí. Años más tarde, Estado Unidos renuncia al talón oro también, y aun mas, por ley se prohíbe a los particulares, bajo pena de decomiso y cárcel, poseer monedas de oro de cualquier nacionalidad.

Hasta aquí los casos que me vienen a la memoria. Pero al seguir pensando, una pregunta me viene a la mente. ¿No se verá algún día que el gobierno de Estados Unidos de Norte América, bajo su forma democrática actual, dote a los negros de tierras sembradas con algodón, siguiendo los lineamientos del Gral. Cárdenas?. En este nuestro mundo de hoy todo es posible.

CAPITULO XV - 1938-1942

El 1º de Febrero de 1938 se hace cargo del Gobierno del Estado el Ing. Humberto Canto Echeverría. El Banco Nacional de Crédito Ejidal que tiene a su cargo el control de la venta del henequén y la administración de los Ejidos Henequeneros, va dando síntomas de estar teniendo quebrantos. Aunque el mercado mundial de fibras se iba encausando, todavía los precios estaban por debajo de los normales. Se sabía que los préstamos iniciales para siembras de henequén a los ejidatarios serian recuperados a muy largo plazo, pero por algo no andaban bien, porque los cálculos parece que fallaban. Nunca supimos de las causas de estos resultados, pero quien conoce el campo de Yucatán puede tener una idea. Siguiendo una política distinta a la de establecer una diferencia grande entre el precio de venta y el pago o anticipo al productor, como siempre hicieron los monopolios estatales, el Banco de Crédito Ejidal hizo cálculos para entregar al ejidatario el máximo del importe de la venta. Seguramente que los cálculos fallaron en el costo de producción por motivos normales en la índole del trabajo, como luego explicamos, más las filtraciones que desde un principio comenzaron en los trabajos de los ejidos.

En el trabajo de las haciendas henequeneras nunca tres y dos son cinco. Nunca se ha podido decir: "Este año tendré los siguientes resultados", porque falla. Hay que esperar para poder decir: "El año pasado tuve este resultado". Lo peor es, lo que una vez escuché de un hacendado nuevecito, (Abogado y político): "El mes pasado gané tanto y estoy muy contento". Solamente le dije:"Bueno, no es época de siembras, pero; ¿cuánto chapeaste? Seguramente trabajaste las cuatro semanas y tu hacienda será como para trabajar unas treinta semanas del año". "Tienes razón, no había pensado en esos detalles", me respondió. Los trabajos cambian todos los meses. Comienza el año con poco gasto fuera del directo de producción, pues debe limitarse al "Chapeo" semestral de los planteles de las últimas tres siembras. En marzo o abril comienza a sembrarse para terminar en mayo o principios de junio, renglón en el que se presentan muchos factores: disponibilidad de vástagos o hijos en planteles propios de lo que depende la necesidad de comprar y en qué cantidad; la extensión de la siembra que a su vez depende de varios factores; estado de los cercos en los que puede haber necesidad de gastos de recuperación o hacerlos nuevos, etc. Un descanso a mediados de año con resultados económicos satisfactorios, para al terminar las lluvias comenzar el "chapeo" general a todos los planteles, siguiendo la tumba a fin de año para preparar la siembra del año siguiente. Lo anterior como una idea general, pues no hemos querido entrar en detalles de "terracerías" y otros muchos renglones. Estos problemas de costo de producción eran de los hacendados y pasaron a los administradores de los ejidatarios, que aun hoy no fallan.

Pero cualesquiera que fuesen las causas, el Banco Ejidal comenzó a dar señales de cansancio y el Gobernador Canto Echeverría pidió al gobierno del centro que le pasasen al Estado la responsabilidad del manejo henequenero, y en 1938 comenzó el nuevo y último monopolio estatal con el nombre de Henequeneros de Yucatán. Ignoro cómo se realizaron los primeros financiamientos de este organismo. El pequeño pago que a los dueños de equipos de desfibración se hacía fue suspendido y cuando algunos propietarios quisieron realizar algunas gestiones legales, el Gobierno del Estado inició unos decretos expropiando por utilidad pública cuatro o cinco equipos, con lo que los hacendados aceptaron una vez más la situación. Las expropiaciones se paralizaron sin llegar hasta el final, y Henequeneros de Yucatán, a través de su Departamento Agrícola, manejó a su más absoluto arbitrio todos los equipos sin pago ni compensación alguna. La suerte vino en ayuda de Henequeneros. Tan pronto inició sus operaciones, los precios y demanda de fibra reaccionaron favorablemente por la tensión en Europa, y más aun al comenzar la guerra los primeros días de septiembre de 1939. Una vez más el considerable margen entre el producto de la venta y lo pagado por la producción. Otra vez los gastos conocidos y los desconocidos.

Mucho, muchísimo se ha dicho de filtraciones y manejos, y paso por alto el aspecto general; pero deseo dar algunos datos breves respecto a la administración de los equipos. A más de noticias aisladas que se filtraban con referencia a movimientos y reparaciones grandes, la oficina denominada "Departamento de Compras" realizaba operaciones brillantes. Siempre el hacendado revisaba con escrúpulo lo que de las haciendas se pedía porque podía en los pedidos haber alambre, tornillos, tuercas y clavos, que al no ser necesarios, no llegaban a la bodega. Luego se averiguaban precios en las ferreterías y aun con pequeñas diferencias, se compraba en cada una lo que más convenía. El renglón de reparaciones de maquinaria, correas artículos de ferretería es en las haciendas mucho mayor de lo que por lo general se piensa. El "Departamento de Compras" del "Departamento Agrícola" de "Henequeneros de Yucatán", se daba el lujo de proporcionar cuanto se pedía; pero basta decir que las cosas llegaban a tal grado, que a pesar de las amistades y ser miembro del partido, hubo quien solamente duró seis meses como jefe de compras.

Anticipándome algo diré que cuando se hicieron cargo del equipo de la hacienda Sihó, estaban instaladas dos desfibradoras, una motora de petróleo crudo, una motora de vapor, una caldera de vapor en perfectas condiciones, otra caldera que necesitaba únicamente el cambio de fluses, etc. Cuando en 1942 nos fue devuelto el equipo, lo encontramos como sigue: Una desfibradora completa y de la otra solo la base de hierro, porque sus piezas fueron utilizadas como refacción sin poder precisar si para la otra nuestra o para la de los vecinos. En lugar de la caldera buena encontramos otra siempre buena, pero de alguna otra persona que nunca supimos quien era, como tampoco supimos para quien fue la nuestra que se llevaron. ¿Para qué estos movimientos? La otra caldera estaba a un costado de la casa de máquinas y había venido sirviendo para tomarle recortes apropiados para reparar calderas de diversas haciendas. El costo de desfibración resultaba sumamente elevado.

Para aquellos que quieran creerlo, paso a relatar un dialogo que sostuve en esos días. Estuvo a verme un prominente miembro del Partido Socialista para ver si era posible refaccionarlo en un asunto que quería emprender. Después de hablar de negocios, me preguntó con toda calma; ¿Cómo puedes explicarte el desastre agrario que está teniendo lugar? Respetuoso de las ideas ajenas, como me agrada que respeten las mías, me encontré con el problema de una respuesta satisfactoria que no lastimara a mi interlocutor. Pensando un poco, le fui dando la siguiente respuesta: "Haciendo uso de números redondos, puedo decirte lo que sigue. Calculando 500 hacendados y 600 haciendas, podemos decir que en algunas de estas, por lo pequeñas, sólo hay un hombre de confianza; pero por lo general son necesarios el encargado y el escribiente, pudiéndose tener un cálculo de unos 900 a 1,000 empleados de responsabilidad. Con estos datos resulta que para cuidar a estos mil, hay quinientos propietarios. Una persona directamente interesada en el negocio para cuidar a dos. Y sin embargo, es factible que del maíz de las mulas se separe para dos o tres casas, ya que el mulero que se encargue de esto tomará algo para él. Siempre supimos que al trabajar con máquinas de vapor, de la leña de la hacienda salían las necesidades de seis a ocho casas. Si entras a las tiendas de los pueblos verás sogas para pozos, chicotes, equipos para mulas de carretas y otros pequeños artículos. No se sabe de dónde viene esta fibra. Si ponemos veladores en los "tendederos", posiblemente con el gasto aumentará la extracción nocturna por haber uno más que sepa del negocito. Ahora compara: Aceptemos que el Gobernador no tenga arreglo alguno con el Gerente de Henequeneros, para así poder ser exigente. Continuando la cadena, seguimos con el Gerente del Departamento Agrícola, el Jefe del Departamento de Compras y cuatro inspectores de la más absoluta confianza y ya llegamos a ocho, para cuidar de todos los que sigan por los cuatro puntos cardinales del Estado, hasta llegar a los mil de que antes hablamos. Eso sí, tratándose de manejar negocios en los que no se tiene interés directo ni se sabe por cuánto tiempo se tendrá el cargo, no hay que esperar muchas personas honestas en todo este negocio de menores. Ahora puedes sacar la proporción de 500 hacendados interesados contra ocho o diez sin interés directo, para vigilar actualmente todos los factores que intervienen en el asunto henequenero del Estado de Yucatán, más otros factores que conoces". A lo anterior me respondieron: "Tienes razón y al concederme diez personas honestas a partir del Gobernador, me estas otorgando demasiado".

Son estos los años del éxodo de hacendados yucatecos a la Ciudad de México, en donde pusieron de manifiesto su capacidad para cualquier trabajo material. Aun recuerdo a "Bachín" Manzanilla, Q. E. P. D., en su estación de gasolina de las avenidas Insurgentes y Álvaro Obregón, portando su obreril "Mono" y manejando personalmente las bombas de gasolina y aire. Hay el caso de Liborio Ávila, que se trasladó a Tamaulipas, y cerca de Ciudad Victoria compró terrenos apropiados para establecer una hacienda henequenera para sustituir la de Yucatán. Liborio ha luchado y ha triunfado. Han pasado los años y ahora disfruta de bienestar, sin que se le llame latifundista ni que se le causen molestias y perjuicios.

CAPITULO XVI - 1942 --- 1946

Cuando D. Ernesto Novelo Torres inició su periodo de gobierno el 1º de Febrero de 1942, era entonces Presidente de la República el Gral. Manuel Ávila Camacho. Novelo Torres es persona tranquila y sabe escuchar. No dilataron los arreglos que un grupo de hacendados hizo con él para la devolución de los equipos de desfibración, encargándose los propietarios de dar toda clase de facilidades para la desfibración ejidal, con el compromiso de conservar la maquinaria en buenas condiciones de trabajo. Ninguna reclamación por los desperfectos sufridos durante la administración oficial. Hechos los cálculos correspondientes, se estableció una tarifa de pagos, por la cual, en términos generales, podemos decir que los dueños de equipos percibirían para los gastos correspondientes e intereses de su inversión, el 50% del precio que por la fibra pagaba Henequeneros de Yucatán. Los propietarios de equipos recibían los atados de hojas a canto de vía, comenzando la parte industrial con la conducción del "plantel" a la planta.

El costo de la desfibración al Departamento Agrícola de Henequeneros de Yucatán venía resultando más elevado que lo que se pagaría a los particulares. Lo fácil de haber llegado a un arreglo hasta cierto punto satisfactorio, puede considerarse como una aceptación de la útil colaboración de personas conocedoras e interesadas en el negocio. El Departamento Agrícola se limitaría únicamente al aspecto materialmente del campo, para prestarle mejor atención, y renunciaría al de más letra menuda y que más se prestaba para las filtraciones.

Los antiguos hacendados volvieron a sus haciendas en calidad de pequeños propietarios o simplemente de dueños de equipos; pero volvieron, cosa que parecía ya muy difícil. Todo el elemento oficial los recibió como técnicos, conocedores y colaboradores necesarios para el fortalecimiento de la producción henequenera. Unidos los elementos de capital y trabajo, sacarían a Yucatán avante. Ya veremos que esto no podía durar mucho.

Permítaseme intercalar un dialogo que pudiera ser interesante conocer. Me encontraba en San Antonio, Texas, a mediados de septiembre de 1942, cuando en Yucatán todo era paz y concordia, y al encontrarme a un antiguo amigo se empeñó en llevarme a un banco local, para presentarme con el Presidente de la Institución, la persona a quien fui presentado era conservador entre los conservadores, según supe después. En nuestra charla, me dijo lo siguiente: "Debe usted estar feliz por haberse librado del Gral. Cárdenas como Presidente, pues estoy enterado de lo que les hizo con el henequén". No quiero hacer alarde de patriota; pero si aseguro que cuando se está fuera del país, es desagradable escuchar frases como la anterior, cualquiera que sea el concepto que se tenga de la persona de quien se hable. Mi reacción fue pronta, y con la sonrisa en los labios le dije al banquero: "Mire usted Mr. X, si en Yucatán se tratase de levantarle una estatua al Gral. Cárdenas, yo sería el primero en contribuir voluntariamente"·. "No le comprendo". "Me explicaré: desde 1915 todo candidato a la presidencia ofrecía hacer lo que el Gral. Cárdenas realizó. Desde aquel entonces los hacendados fuimos siempre atacados e insultados. Debido a la natural desconfianza, el negocio henequenero ha bajado mucho en importancia y por el camino que se seguía estaba llamando a desaparecer. Hemos llegado al fondo; el trabajador no ha visto la mejora ofrecida; la administración del gobierno no ha sido satisfactoria, especialmente en el aspecto industrial, y ahora no san devuelto los equipos haciendo un arreglo bastante aceptable. Ya no somos atacados y se nos considera colaboradores. Si por una parte nos han limitado los beneficios al 50%, por la otra, nos han eliminado el 90% de las preocupaciones y mortificaciones. Antes teníamos problemas de trabajo con más de 300 trabajadores y ahora no llegan a 50. Yo estoy contento con el sistema actual, siempre que no se descuiden las siembras para que a los equipos no les falten hojas". Mr. X se quedó un rato pensando para luego decirme: "Creo que dice usted bien, y veo que lo que nosotros necesitamos en este país es a un Gral. Cárdenas para llegar rápido hasta el final y ver que viene luego, porque este… de Mr. Roosevelt, nos está llevando a los infiernos paso a paso. Le agradezco la lección".

Los precios de las fibras subieron con motivo de la guerra; pero en forma moderada, al igual que la baja al venir la paz. No tuvimos las grandes diferencias habidas durante las guerras anteriores. ¿Se fueron abasteciendo anticipadamente? ¿La guerra fría contribuye para que continúen los precios aceptables? Lo cierto es que no se presentó en esta época un problema especial de precios.

Al terminar Novelo Torres como Gobernador del Estado, ya habían transcurrido nueve años de propiedad ejidal que presentan un tercio del ciclo henequenero. Los cambios más apreciados fueron los siguientes: se había sembrado, pero bastante menos de lo que correspondía considerando el aumento de la población ejidal, ocasionando esto una falta considerable de trabajo; las siembras se realizaron con matas a mayores distancias que lo que llegó a considerarse recomendable, de lo que resulta que al hablar de extensiones, el rendimiento no sería igual al de las épocas anteriores; los atados de a 50 hojas ya están siempre incompletos, bajando así los cálculos de rendimientos por millar; ya no hay especial cuidado para evitar el corte de matas que carezcan de la medida, razón por la que con los cortes prematuros se detiene el crecimiento de las hojas y el rendimiento baja; para ayudar a los que no tuviesen trabajo, se realiza una serie de labores innecesarias. Lo anterior como explicación a la baja de más de 5 kilos por millar que en el promedio general del Estado puede ya observarse. En 1953 o 1954, hice unos cálculos con un alto funcionario de la Secretaría de Hacienda y resultó que por esta diferencia dejan de entrar al Estado de Yucatán, sin economía ni beneficio alguno, unos 40 millones de pesos al año. Pasemos por alto el pago de trabajos que no se efectúan.

Los pequeños propietarios recuperan la confianza en el negocio, y comienzan a sembrar sus limitadas propiedades. Para en pocos años llegar a sembrar hasta las 300 hectáreas, huerta y algunos hasta patios de las casas. Más tarde darían la sorpresa con el aumento de la producción.

CAPITULO XVII - 1946—1952

Con el Prof. José González Beytia se inician los periodos gubernamentales de seis años. Primero de febrero de 1946 al primero de febrero de 1952. Los mismos años, corriendo los meses al primero de diciembre, fue el Presidente de la República el Lic. Miguel Alemán.

Los primeros cuatro años de gobierno de González Beytia van pasando como una continuación del periodo anterior, sin alteraciones que transcurridos estos años se recuerden. Terminando la guerra en los campos de batalla, se inicia la guerra fría, y esto ha podido contribuir para que los precios de las fibras no fuesen afectados en forma sensible. Henequeneros de Yucatán sigue manejando el henequén y consolidando su situación económica. La diferencia que le queda al Departamento Comercial, entre lo que recibe por la venta del producto y lo que pasa al Departamento Agrícola o paga a los pequeños propietarios, sigue permitiendo las liberalidades acostumbradas y aun le queda un margen razonable para ir acrecentando el capital de la Institución. El Departamento Agrícola continúa su política cómoda de limitar el llamado anticipo a los ejidatarios dentro de lo aceptado como jornal del campo, para poder, además de pagar la desfibración a los dueños de quipos, continuar la misma política de mano abierta en su respectivo campo de acción.

A los cuatro años de gobierno, el Prof. González Beytia se enferma de algún cuidado del oído. Se habla de una enfermedad delicada y hasta de gravedad, pero se recupera en un mes y medio o dos meses. Desde entonces, al gobernador se le encuentra cansado, agobiado, sin ganas de tener preocupaciones. Daba la impresión de que los asuntos que se le presentaban por lo general los veía con cierta indiferencia. ¿La enfermedad le afectó en lo moral? ¿Le resultó muy largo el periodo de seis años?

Sin embargo, fue en esta época, cuando el Prof. González Beytia comenzó con un serio problema, para él o para cualquier otra persona en su lugar, que pudo ir sorteando por si solo o con la ayuda de consejeros. Supo, con sutileza y verdadera política de altura (con toques a lo Maquiavelo), sortear el delicado momento en el que había que ayudar a la creciente industria cordelera, para dejar de depender directamente de los consumidores de la fibra en el exterior y convertirnos en el anhelado papel de industriales, pero cuidando al mismo tiempo de no romper lanzas con los compradores de fibra porque todavía había mucho que vender. Estábamos aproximándonos a la industrialización del 50% de la producción.

En el capitulo X dijimos algo sobre la industria cordelera y ahora nos ocuparemos nuevamente proporcionando algunos datos. Entiendo que en 1940 se industrializaron poco más de 100,000 pacas de henequén con una producción de 500,000, aproximadamente, es decir, el 20%. La producción de fibra, con bajas y recuperaciones normales, se mantuvo en el medio millón de pacas anuales hasta 1955. Las instalaciones para la industria cordelera fueron aumentando con paso firme a partir de 1940, aun cuando los propietarios de la creciente industria hacían toda clase de equilibrios económicos para aumentar y aumentar su capacidad productiva. Desconozco detalles de este negocio; pero pienso que todo esto se debió a que ya habían descubierto que podrían vender sus productos en los mercados norteamericanos, y los estaban vendiendo con una buena aceptación y precio. Creo que anteriormente trabajaban para el mercado nacional, cuando menos en los primeros veintes cuando yo probé ser cordelero, mercado muy limitado.

El de EE.UU resultaba de una amplitud mayor de lo esperado. En 1945 el consumo de la industria es ya de 250,000 y a partir de entonces comienza el industrial norteamericano a ver la competencia que en su propia casa le hace ya en forma apreciable el industrial mexicano. Nuestros vecinos del norte, no se precipitaban. Estudian sus problemas y actúan hasta llegar a conclusiones terminantes. Posiblemente pensaron en un principio que la industria nuestra no se consolidaría por falta de capital en los nuevos industriales. Esperaron, y ya convencidos de que la competencia era para tomarla en serio, en cada trato con Henequeneros de Yucatán, para nuevas compras y luego en cada entrega u oferta de entrega, hacían cuanta presión podían para que se diese preferencia a los embarques de fibra, aprovechando todas las oportunidades para decir que el Gobierno del Estado estaba protegiendo una competencia ilícita hecha a base de jornales bajos. Henequeneros de Yucatán ofrecía a los compradores extranjeros de fibra no proteger el incremento de la industria, limitando el abastecimiento, y darle preferencia al embarque de fibra disponible, ya que se presentaron momentos en que no había henequén suficiente para las entregas de producto vendido.

La limitación de fibra a las cordelerías locales se proyectaba y anunciaba. Dirán los cordeleros que pasaron sus apuros; pero en el fondo, siempre vieron la forma de obtener la necesaria materia prima. El segundo salto grande lo dieron las cordelerías cuando a partir de 1954 suben y suben hasta alcanzar en 1959 la elaboración de más de 600,000 pacas. La producción también ha ido subiendo, pero este renglón corresponde a otros capítulos. Cerraremos el renglón económico del periodo, que correspondió al Prof. González Beytia, diciendo que parece que dejó sin entregar 70,000 pacas de henequén vendidas al exterior y se acepta que

Henequeneros de Yucatán contaba con una posibilidad disponible de $42, 000,000.00.

El Prof. González Beytia no terminó tranquilo su periodo, es decir, no lo terminó. Uno o dos meses antes de las elecciones que para nuevo gobernador tuvieron lugar en noviembre de 1951, González Beytia dejó el Estado y se fue a Cuba, entregándole el poder al Lic. Humberto Esquivel Medina para ocuparse de las elecciones y continuar hasta pasar la gubernatura al Sr. Tomas Marentes. Los últimos meses del periodo que nos ocupa hubo mucho movimiento político.

Por más esfuerzos que los políticos yucatecos hicieron para evitar la postulación del Sr. Marentes para Gobernador, nada pudieron contra la firme determinación del Presidente Lic. Miguel Alemán. La consigna fue terminante, y en esta ocasión, más que nunca, pudo notarse la fuerza política que el Partido Socialista del Sureste había perdido. En realidad, el Sr. Marentes no contaba con partidarios. Todo el elemento político estaba en su contra, y ya es mucho decir, porque los que no somos políticos poco podemos en estos problemas de elecciones a la mexicana. Y aun los no políticos estábamos divididos. El Sr. Marentes es originario de Campeche. Nacido en Campeche o nacido en Yucatán. Con acta de nacimiento como yucateco, falsificada o autentica, el caso era lo mismo. Reconocido como campechano, había pasado en Mérida algunos de sus años, "años mozos", para olvidarnos de el por tanto tiempo que estuvimos sin tener noticias suyas. De los alejados de toda política nacional o local, había dos grupos que se podrían considerar balanceados , los que preferían con todos sus defectos la continuidad antes que a Marentes, y los que aceptaban complacidos a cualquiera con tal de que hubiese un cambio de caras en el gobierno. Estos últimos fueron los considerados Marentistas.

CAPITULO XVIII - 1952----1958

Sube al Gobierno del Estado el Sr. Tomas Marentes el 1º de Febrero de 1952, en una situación poco envidiable. Contaba con pocos simpatizadores y tenía en su contra a todo el grupo político del Estado, mismo que con las renovaciones correspondientes a una generación, viene dirigiendo la marcha de nuestra política local desde 1915.

Es nombrado desde el primer día de gobierno el Sr. Lorenzo Manzanilla para Gerente General de Hnequeneros de Yucatán. Hacendado de los más conocedores en los trabajos del campo en Yucatán, por abolengo. Nieto de D. Albino e hijo de D. Lorenzo. Pero cualquiera que piense que un AGRICULTOR henequenero sabe o debe saber el aspecto comercial de las fibras duras, comete un gran error. Los conocimientos del hacendado yucateco terminan cuando las pacas salen de la prensa y están listas para ser transportadas fuera de la planta de la hacienda. Nunca ha tenido porque saber más ni hay razón para exigirle mayor conocimiento. Insistentemente se ha dicho que este periodo comenzó con 70,000 pacas de henequén vendidas y pendientes de entregar a determinado precio y la institución, sin adeudos, con un capital de cuarenta y dos millones de pesos. Situación brillante. Ya he dicho que en mi concepto la mejor política es haber vendido la fibra antes de producirla.

Para comenzar, a más de la situación política local que ya era para tener dolores de cabeza, se comete un error incalculable. El henequén había subido de precio en el mercado internacional, teniendo en sus momentos un valor mayor del que correspondía a las 70,000 pacas pendientes de entregar de acuerdo con el contrato celebrado anteriormente. La diferencia representaba una suma importante por el volumen, pero como diferencia de precio en el mercado no era nada especial. Fluctuaciones normales. Estas pacas debieron haberse producido y entregado mucho antes; pero fallos de cálculos entre la producción y el aumento en el consumo de la industria de la cordelera local, había dilatado la entrega. Mucho mejor es retardar las entregas que tener existencias sin vender.

Considerando la situación expuesta, es verdaderamente inexplicable el haber querido dejar de cumplir un contrato celebrado y considerarlo cancelado para pretender hacer nuevos a precio mayor, o sea, al que regia en esos momentos. El desconocimiento del contrato pendiente de cumplir resultaba fuera de todo concepto comercial, moral y político. Llego a decirse que los compradores extranjeros propusieron un nuevo contrato para varios meses, a precio de mercado, formando embarques con parte del contrato antiguo y parte del nuevo; pero en ningún momento renunciaron a que se les dejase de cumplir el compromiso anterior. Una vez más, las ventas se paralizaron y aunque lentamente, por el consumo de las cordelerías locales, las bodegas comenzaron a recibir henequén para almacenar. Se insiste en decir que la conducta que se siguió, fue una orden terminante del Gobernador Marentes. Es muy posible; pero D. Lorenzo debió renunciar el día que recibió las instrucciones en este sentido.

Pasan algunos meses y si D. Tomas había dado un paso en falso, procede con firmeza a dar el segundo. Renuncia o renunciaron a D. Lorenzo para designar Gerente General de Henequeneros de Yucatán al joven y dinámico D. Juan Macari. No pongo en duda su capacidad de trabajo; pero, francamente, no entiendo como se pudo pensar para vender nuestra fibra en esos momentos a los cordeleros norteamericanos, nada menos que al hijo y apoderado del más grande cordelero de Yucatán. Lo más anti político que hizo D. Tomás. Ya vimos en el capitulo precedente la delicada situación que Henequeneros de Yucatán sorteó satisfactoriamente en el periodo anterior cuando ya con toda firmeza los consumidores del norte hicieron cuanto estuvo de su parte para nulificar nuestra industria cordelera al medir la competencia que aumentando día a día les venía ya haciendo el producto mexicano. La política de no respetar el contrato pendiente continua, y esto me hace creer que efectivamente era un punto de vista firme y directo del Gobernador. No hay necesidad de dar números ni más detalles para imaginarse las consecuencias lógicas que en el terreno económico se presentaron.

Con la experiencia adquirida de lo que siempre había significado la paralización de ventas de henequén al exterior, con la acumulación consecuente de existencias, el ambiente era de gran preocupación, pero lo peor del caso fue, que como los movimientos políticos para eliminar a Merentes del gobierno eran cada día mayores, aprovechándose de la situación económica que había creado, nadie hacia algo para remediar el problema económico porque había que darle preferencia al político. O se apoyaba decididamente al Sr, Marentes con órdenes terminantes a los políticos de no seguirlo molestando, o se hacía a un lado a D. Tomas y se designaba a otro gobernador. Pero ya el Lic. Alemán no era Presidente de la República, y D. Tomas fue eliminado designándose en su lugar al Prof. Víctor Mena Palomo.

Se dice que el Prof. Mena Palomo fue compañero de cámara y vecino de silla de D. Adolfo Ruiz Cortinez, nuevo Presidente del país. Es muy posible, porque parecen ser de la misma época. Hombre reposado y tranquilo, enemigo de buscarse problemas y quebraderos de cabeza pertenece a una benemérita familia de maestros de escuelas primarias. Los problemas se fueron resolviendo por si solos. Comenzó como Gobernador a mediados de 1953 y en 1955 el Gobierno Federal resuelve terminar con el último monopolio estatal encargado del manejo de todo lo relativo a la fibra del henequén. Es precisamente el año de 1955, el primero y único hasta ahora que la industria cordelera local consume mayor cantidad de henequén que la producida. Esto ayudó al problema creado por el Sr. Marentes, para disminuir las existencias que se venían arrastrando, al mismo tiempo que las ventas al exterior se normalizaban mediante arreglos efectuados.

En lugar de esforzarnos para recordar sucesos de interés en este gobierno, prefiero hacer un relato. Cuando una vez visité Jalapa me contaron que cuando D. Adolfo Ruíz Cortínez era Gobernador del Estado de Veracruz, llegaron algunos bromistas a ponerle el mote de ""El Estudiante", porque cuando alguna comisión lo entrevistaba para la solución de algún problema, su respuesta habitual era el pedir un "memorándum" para proceder al estudio del asunto, mismo que no pasaba del estudio. El presidente Municipal que el Prof. Mena Palomo heredó de D. Tomas Marentes, era de este mismo corte, y yo, acordándome de lo que me dijeron en Jalapa, pensaba que estábamos pasando por un gobierno de tres "estudiantes".

Un secreto entre tres ya no es secreto. Por lo tanto, pecaré de indiscreto. Siendo Presidente Municipal de Mérida, el mismo a que hago referencia en el párrafo anterior, visitó nuestra ciudad en plan de vacaciones un alto funcionario de la Secretaría de Hacienda. Acompañándolo por el centro para que tomara algunas fotografías, le indique que el mejor lugar para tomar la de la Catedral sería desde los corredores del Palacio Municipal. Ahí fuimos, y le envié un aviso al Presidente Municipal. Acto seguido se acercó y después de las presentaciones le pidió al visitante que le hiciera el favor de intervenir con el Gobernador para una mejor distribución del impuesto que el Estado recibía por Ingresos Mercantiles. A esto le respondió, sarcásticamente y desorientado, el señor X: "No tiene Ud. necesidad de eso porque tiene usted a su disposición las cajas de Henequeneros de Yucatán". Nuestro Presidente Municipal se puso pálido y desconcertado; pero salí al "quite" diciendo:"No don X. el que cuenta con esas cajas es el del otro Palacio, no el de este". Sonrisa general y "Tuti Contenti".

Se dice que al ponerse en liquidación Henequeros de Yucatán, de aquellos cuarenta y dos millones nada o muy poco quedaba y que se perdieron con la política anti política de Marentes. Al entrar a hacerse cargo de los asuntos henequeneros el Banco Nacional de Crédito Ejidal, muchos cambios tuvieron lugar.

Con la desaparición en 1955 del que yo creo fue el último monopolio henequenero manejado por el Gobierno del Estado, terminó el dominio que sobre la economía de Yucatán había venido teniendo el Gobierno local desde 1915. El control de las comunicaciones, lo fue perdiendo poco a poco con la construcción inevitable de carreteras, a partir de 1926. La fuerza del Gobierno de Yucatán fue tremenda por muchos años, cuando reunía el único medio de transporte a través de los FF. CC. Unidos de Yucatán, el Partido Socialista como entidad política y el control sobre la economía por medio de los monopolios henequeneros. ¿Quién podía decir que gozaba de libertad? Esta fue la organización que legó el Gral. Alvarado.

Al funcionar nuevamente el Banco Ejidal los pequeños propietarios, o sea los antiguos hacendados, organizaron una unión de crédito para servir como intermediaria en la venta de la fibra de sus asociados. Los productores de henequén ajenos al sector ejidal, pueden vender su producto directamente a las cordelerías o hacerlo por conducto de la Unión de Crédito. Las cordelerías a su vez, adquieren gran parte de su materia prima del Banco de Crédito Ejidal, pudiendo con libertad operar con los demás productores.

Lo mejor que el banco ejidal realizó al comenzar a operar, fue desmembrar el llamado "Gran Ejido" para que las cuentas de cada núcleo de ejidatarios con su agrupación de origen, fuesen manejadas por separado y así saber cada sociedad ejidal si gana o pierde. En esta forma, aun cuando dista mucho el interés personal en una parcela, cuando menos se dan cuenta a través de cerca de 300 núcleos agrupados por zonas. La labor no era fácil y el manejo es mucho más complicado, pero un gran paso se ha dado para detener la baja en el rendimiento por millar de hojas que año a año ha venido teniendo lugar por la falta de un beneficio directo y el deseo humano de la gente de ir reduciendo el tamaño de las hojas para aminorar el peso que carga en la conducción hasta el borde del camino.

Lo peor que pudo haberse hecho al tener lugar el reparto agrario de henequenales, fue haber unido todas las dotaciones, haciendo un todo que durante el Gobierno de Canto Echeverría (1938-1942) comenzó con gran orgullo a llamársele "El Gran Ejido". ¿Podría sentirse propietario el ejidatario? En realidad no fue otra cosa que convertir toda la obra del Gral. Cárdenas en un gran latifundio con el Gobierno del Estado como único propietario.

En verdad que el deslinde de núcleos ejidales traen sus problemas y yo diría que muy especialmente por tratarse de un cultivo extensivo muy poco propio para nuestros alardes ejidales, pero los problemas pueden y deben irse resolviendo.

La disparidad entre los diversos núcleos es notoria; pero las haciendas no se planearon y sembraron para el sistema actual. Por eso fue más fácil unirlas en una hacienda del Gobierno. Hay que comenzar la labor y con una buena planificación, con el tiempo llegará a ir desapareciendo lo que hoy quieren llamar ejidos ricos y ejidos pobres, que no es más que caer en un termino de empleo cómodo, pero muy lejos de expresar la verdad en la mayor parte de los casos.

Desde las dotaciones agrarias de henequenales en 1937 y hasta 1955 que terminó Henequeneros de Yucatán, las siembras ejidales no siguieron plan alguno. Dependieron de tres influencias: Relaciones políticas y amistades personales; insistencia de los dueños de equipos con gratificaciones de $1.00 por mecate que son $25.00 por hectárea, y el excedente de las posibilidades para los ejidos que más insistían en sus solicitudes. Si desde un principio se hubiese seguido un plan para procurar la nivelación entre planteles en cultivo y planteles en explotación de cada núcleo ejidal, puede decirse que ya la labor estaría terminada o cuando menos totalmente dominada.

Cuando hablamos de la devolución de los equipos en 1942, indicamos que por arreglos entre los propietarios de estos y el Gobierno del Estado, comenzó a pagarse por la desfibración una cantidad que podía estimarse en un 50% del valor del producto. Con mayor precisión podemos decir que variaba entre el 46 y el 52 por ciento. Como parece que nuestros políticos no podrían tener una conciencia tranquila si no atacan a quienes actualmente se dan la denominación de pequeños propietarios, unos, y propietarios de equipos otros; pero que en política para no suprimir el termino hacendados, se les menciona como ex hacendados o antiguos hacendados, no tardó en reanudarse la campaña de ataques alegando grandes utilidades. Los precios de la desfibración fueron bajando para estar entre el 35 y el 40 por ciento al terminar Henequeneros en 1945. El Banco de Crédito Ejidal cambió la forma estableciendo precios determinados por kilogramo desfibrado. Desde 1957 viene pagando, según las circunstancias, de 58 a 65 centavos por cada kilo. Si al henequén se le calcula un precio base de 1.90 el kilo, resulta que a la desfibración corresponde una tercera parte del valor del producto aproximadamente. Pero el precio actual por la desfibración data de 1957, y el salario mínimo ha subido en 1958, 1960 y 1962. No creo que sostengan que los gastos por lubricantes y mantenimiento de equipo sean los mismos o más bajos que hace 5 años.

Un nuevo y muy serio problema comienza para el Estado de Yucatán con la eliminación que del Gobierno del Estado se hace en el manejo del henequén. Me refiero a la insistente política para eliminar nuevamente a los dueños de equipos de desfibración. Se dice que el Gobierno Federal que ahora administra el ejido, tiene mucho dinero. Muchos han ido perdiendo fáciles fuentes de ingresos y sería muy conveniente tener que ampliar la burocracia para lograr una nueva "chamba". Una propaganda insistente comienza. Se ha olvidado o se quiere olvidar el alto costo de desfibración que resultaba cuando el organismo oficial tomó las maquinas en 1938 a 1942 sin pago alguno al propietario.

En 1955 se recuerda que Henequeneros de Yucatán tenía en bodega una costosa desfibradora alemana. Se resuelve instalarla a un costado de la carretera Mérida-Progreso. Se dice que en maquinaria complementaria e instalación se gastaron más de un millón de pesos. Se compra en Izamal una pequeña propiedad con equipo. Se compra otra propiedad cercana a la primera máquina instalada y el equipo de esta nueva inversión se instala en una población situada en muy buena zona y rodeada de núcleos ejidales muy cercanos… en otro capítulo continuaremos dando los datos que al momento correspondan.

CAPITULO XIX - CONSEJOS DE PLANEACION

Al Profesor Mena Palomo le sigue como Gobernador del Estado el Sr. Agustín Franco Aguilar, quien inicio su periodo el 1º de Febrero de 1958 y debe terminarlo el mismo día del año de 1964.

Ya hemos visto en el capitulo anterior que el año de 1955 fue puesto en liquidación el monopolio estatal encargado de administrar agrícolamente el ejido henequenero y comercialmente toda la producción de la fibra, sustituyéndolo el Banco Nacional de Crédito Ejidal, es decir, que el Gobierno Federal paso a encargarse de lo que desde 1915, con pequeñas interrupciones, venía haciendo el Gobierno del Estado de Yucatán.

Como el propósito de estas memorias es limitarnos al cultivo, explotación y comercio del henequén, refiriendo los aspectos políticos que lo han afectado, sin ningún propósito de narrar la historia de Yucatán en general, no debe extrañar la poca referencia que en adelante se haga del aspecto político local, para ocuparnos más del Gobierno central en lo relativo al aspecto henequenero.

Dando marcha atrás a esta narración (en política ya sabemos que no es posible), diré que estaba yo ausente del país cuando hizo su propaganda el Gral. Manuel Ávila Camacho para la Presidencia de la República, pero tengo presente la impresión favorable que en su gira de candidato me causo el Lic. Miguel Alemán. En lugar de discursos candentes, se dedico a escuchar. Organizo sus mesas redondas para ori y tomar nota. D. Adolfo Ruiz Cortinez hizo lo mismo con algunas variantes en su presentación. Al actual presidente Lic. Adolfo López Mateos, le organizaron en forma perfecta los Consejos de Planeación, que fueron puestos a funcionar con tiempo para presentarle ponencias debidamente clasificadas y "jerarquizadas". Se ordenarían para que sirviesen de base a su gobierno. Las necesidades del pueblo, presentadas por el pueblo, plasmadas en ponencias que oportunamente se estudiarían a detalle. En la reunión que por invitación de la delegación del P.R.I. tuvo lugar en Mérida para organizar el Consejo de Planeación de Yucatán, a la que concurrieron representaciones de toda clase de organizaciones (patronales, obreras, campesinas y políticas), resulte designado Presidente del Consejo, acompañándome como miembros de la Junta Directiva un Secretario y un Vocal. En la misma reunión quedaron designadas toda las diversas comisiones especiales para estudiar y opinar respecto a las ponencias que fuesen presentadas al Lic. López Mateos, a quien luego se enviarían las recomendaciones. Me extiendo en el punto de los Consejos por la importancia que se irá viendo que tienen o tuvieron.

Las ponencias que por triplicado se recibieron fueron clasificadas, y en sesión solemne se le entregaron los originales al candidato. Tres o cuatro de los trabajos más importantes fueron leídos. Después de este acto, se pasaron copias de las ponencias a las respectivas comisiones para su estudio. Cuando llegamos a la Comisión Regional Henequenera nos dimos cuenta de que estaba mal constituida, compuesta únicamente por pequeños propietarios, es decir, elementos todos de uno solo de los grupos directamente interesados. Reuní a la Mesa Directiva del Consejo, y estudiando el problema, acordamos modificar la comisión, solicitando de la Unión de Productores Henequeneros que nombrase un representante para actuar por los pequeños propietarios y dueños de equipos de desfibración, designación que se hizo a favor del Lic. Alfredo Patrón Villamil. Por la Liga de Comunidades Agrarias formo parte del comité el Diputado Miguel Serrano Gómez. Acordamos que yo actuase como Presidente, y como Secretario el del mismo cargo en la Mesa Directiva, que en un comienzo lo fue el Dr. Edgardo Medina Alonzo y posteriormente el Sr. Alfonso Rosado Espinoza. Ya los cuatro resolvimos aumentar la comisión con varios asesores técnicos que fueron el Ing. Adam Cárdenas, del Departamento Agrario; Ing. Augusto Pérez Toro, estudioso de nuestros problemas del campo, y el Ing. Hernando Prez Uribe, que demostró conocimientos cuando fue jefe del Departamento Agrícola de Henequeneros de Yucatán. Completaron la comisión los Sres. Felipe U. Góngora y Omar Díaz y Díaz, como vocales, y el Sr. José Manuel López Lliteras en representación del Sector Popular.

Organizada debidamente la Comisión Regional Henequenera, tuvimos nuestra primera sesión. En esta expuse que aunque conectado con el campo, olvidaría en nuestras reuniones mi calidad de pequeño propietario para actuar únicamente con miras al bien de nuestro Estado. Indique que si les parecía bien, todos los asuntos serian tratados ampliamente hasta llegar en cada caso a un entendimiento unánime o de lo contario eliminar de la agenda el tema, para no recurrir a votaciones y acuerdos objetados. Conformes con lo anterior, procedimos en la primera reunión a formular una relación de los puntos que figuraban en las ponencias relacionadas con el henequén. Si los dueños de pequeñas propiedades y equipos de desfibración pedían que la pequeña propiedad fuese ampliada a una extensión que hiciese costeable el trabajar sin ser necesario desfibrarle al ejido, y se diesen pequeñas propiedades a quien no se las respetaron, la Liga de Comunidades Agrarias solicitaban la instalación de equipos de desfibración y cordelerías para los ejidatarios, para abarcar todo el aspecto henequenero. Dentro de estos extremos, ambas ponencias contenían puntos interesantes y factibles de llevarnos a entendimientos de mucho provecho. Con la relación preparada termino nuestra primera reunión.

Al iniciar la segunda sesión propuse comenzar por el punto más fácil para llegar a un acuerdo, y lo fue uno de la ponencia de la Liga de Comunidades Agrarias. En cuatro reuniones nos pusimos de acuerdo y para la quinta, uno de los asesores técnicos lo presento redactado, para lo que había sido comisionado, documento que se envió a la oficina central de los Consejos. En esta misma ocasión señalamos el punto siguiente a tratar. Para demostrar que cuando los problemas se tratan con el deseo de llegar a un buen entendimiento se puede ir muy lejos, deseo relatar lo que tuvo lugar en la tercera o cuarta reunión. Prácticamente ya reunidos, faltaba el representante del sector agrario y quedaban disponibles una silla contigua al representante de los ex hacendados y otra en el extremo opuesto. Llego el Dip. Serrano Gómez y dirigiéndose directamente a donde estaba el Lic. Patrón, le dice: "Licenciado, vengo cerca de Ud. Para que charlemos amigablemente mientras nos comenzamos a pelear". Sinceramente quede satisfecho, porque veía que el hielo se había roto y el Dip. Serrano con naturalidad y sencillez le daba una broma al Lic. Patrón. Como si lo dicho por el diputado hubiese sido enserio, le dije lo siguiente: "Diputado, tengo la impresión de que será ese siempre su lugar, porque no creo que lleguen a pelearse ustedes dos". Inmediatamente, sonriente, escuche la respuesta: "ya lo sé, D. Alberto, fue una broma al licenciado. Ya pude darme cuenta de cómo esta Ud. Manejando estas juntas y así no solo no habrá pelea sino que tal vez podamos hacer mucho. Lástima que en todo esto este de por medio el aspecto político, porque como están las cosas" (existían problemas serios en ese momento entre ejidatarios y el Banco Ejidal) "bastaría media hora para darle a todo la única solución satisfactoria que hay. Desgraciadamente la política no puede aceptarla, y como yo represento aquí a un sector político, sería el primero en oponerme abiertamente a esa solución". Sonrisa general y a comenzar la sesión. Alguien me indico después porque no le pregunte al Dip. Serrano en qué solución pensó cuando hablo como lo hizo. Conteste que no me pareció oportuno ponerlo en un compromiso, porque cabía pensar que la solución satisfactoria a la que como político tendría que oponerse, estaría opuesta a la frase revolucionaria: ni un paso atrás.

En esos días surgieron dificultades entre el Gobierno del Estado y el Banco Ejidal, al grado de no pagarse a la tesorería las contribuciones correspondientes. Esto se agravo por la falta de envío de fondos al campo para el pago de jornales o anticipo como les llaman. Algunos miles de campesinos llegaron a Mérida para invadir las oficinas del banco. Hubo una manifestación con cartelones atacando a la Institución. La Comisión Henequenera del Consejo de Planeación se reunió en sesión de emergencia y permanente hasta tomar una resolución. Nuestra situación resultaba forzada, pero algo teníamos que hacer. Era el mes de octubre y ante el entonces Presidente D. Adolfo Ruiz Cortinez carecíamos de toda personalidad. El Lic. López Mateos entraría en funciones el 1º de Diciembre. ¿Qué hacer? Resolvimos enviar una comunicación a Ruíz Cortínez, como Presidente en funciones, con copia al Lic. López Mateos, como Presidente electo, para que enterado por SU Consejo de Planeación del problema existente, pudiese intervenir en alguna forma amistosa y al mismo tiempo tomase nota de nuestra solicitud para considerar el caso al asumir la presidencia. En la comunicación hablamos a un tiempo por ese momento y algo definitivo para después. Por considerarlo de interés, transcribo parte de nuestro escrito, cuya copia enviamos al Lic. López Mateos con una amplia carta explicativa.

"...la Comisión Regional Henequenera del Consejo...hondamente preocupados por el problema planteado con motivo del conflicto ejidal...solicitamos su amable intervención para resolverlo con la urgencia que el caso requiere".

"Después de estudiar y analizar...dicho sistema y procedimientos seguidos durante los últimos tres años por el Banco Nacional de Crédito Ejidal, no ha dado resultado favorable que se pensó al implantarlo".

"En tal virtud es imperativo y urgente hacer..."

"Para llevar a cabo estos estudios y hacer las recomendaciones del caso, respetuosamente nos permitimos sugerir a usted el nombramiento de una comisión de PERSONAS DE ESTA ENTIDAD, de absoluta honorabilidad, capacitadas y conocedoras del problema, para que de acuerdo con dos Representantes del Gobierno Federal que usted se sirva nombrar, proponga las medidas que deben tomarse para evitar la ruina total y el caos económico de esta región y sus inevitables repercusiones en todos los sectores del Estado, pero principalmente en el económicamente más débil que es el Ejidal Henequenero".

"Ponemos al servicio de esta causa nuestra modesta colaboración y la de agrupaciones como la Liga de comunidades Agrarias, la Unión de Productores Henequeneros, la Unión de Crédito Henequenera, y un grupo de asesores técnicos especializados que, SIENDO

YUCATECOS, están profundamente interesados en ayudar a resolver este problema de indiscutible interés común".

"Nos tomamos la libertad de sugerir a usted además, los nombres de los señores D. Rodrigo Gómez, Director del Banco de México, quien vivió varios años en Mérida, y conoce por lo tanto nuestro medio, y D. Rafael Mancera, C.P.T., Sub Secretario de Hacienda, experto en asuntos contables y financieros, para integrar la Representación del Gobierno Federal".

"Debemos hacer constar que Yucatán, siempre se ha sobrepuesto a su destino, porque ha considerado la adversidad como una contingencia a la cual puede dársele forma y ha actuado con fe y esperanza en su futuro, respaldado por la acción tenaz y laboriosa que es característica tradicional del pueblo yucateco".

"Confiados en el particular aprecio que ha tenido usted… considerará la inmediata urgencia de resolver de una vez por todas este problema, reiterémosle…"

Mérida, Yuc., Octubre 23 de 1958.

COMISION REGIONAL HENEQUENERA DEL CONSEJO DE PLANEACION ECONOMICA Y SOCIAL DE YUCATÁN

Alberto García Cantón	**Alfonso Rosado Espinosa**
Presidente	Secretario
Lic. Alfredo Patrón V.	**Dip. Miguel Serrano G.**
Rep. De la Unión de Productos Henequenera	Rep. De la Liga de Comunidades Agrarias
Ing. Hernando Pérez U.	**Ing. Augusto Pérez Toro**
Asesor Técnico	Asesor Técnico

154 | Alberto García Canton

Felipe U. Góngora	Omar G. Díaz y Díaz
Vocal	Vocal
José Manuel López Literas	
Rep. Del Sector Popular	

El documento anterior, es en mi concepto, un documento para la historia. No por su contenido ni por su resultado. Tiene importancia porque por primera vez se encuentran juntas las firmas y de perfecto acuerdo en una labor en conjunto, el sector Ejidal Henequenero y el de los Ex-hacendados, que fueron dueños de lo que ahora es de los ejidatarios. Y aún más, las dos firmas están respaldadas por la de un representante del Sector Popular; organismo político-social formado por elementos del P.R.I.

Cuando el problema entre el Banco de Crédito Ejidal y los ejidatarios estaba en su punto álgido estuvo unos días en Mérida, en representación del Presidente Electo Lic. López Mateos para asistir a un acto público, el Arq. Guillermo Rosell, actual Oficial Mayor de la Secretaría del Patrimonio Nacional, que fue precisamente quien organizó los Consejos de Planeación. Para pedirle que informara al Lic. López Mateos de lo que estaba pasando, hubo una reunión de la Comisión Regional Henequenera. Con la asistencia de todos los componentes de la Comisión, se pidió al Dip. Serrano Gómez, que como representante del sector ejidal informara al Arq. Rosell del problema existente. Recuerdo que después de informar del aspecto relacionado con la falta de fondos al campo, de muy urgente resolución, habló de que el Banco estaba faltando a los compromisos contraídos. Que existía el compromiso de dos tipos de préstamos: uno a largo plazo para siembras de henequén y otro revolvente para la producción directa. Que del primero comenzaron por suspender las entregas y que posteriormente había el Banco comenzando a hacerse cobro faltando todavía varios años para su vencimiento.

Acto seguido el Arq. Rosell preguntó al Lic. Patrón Villamil, como representante de los Pequeños Propietarios y dueños de equipos, si algo quería expresar después de lo dicho por el Dip. Serrano. Entonces el Lic. Patrón manifestó su más absoluta conformidad con lo informado por el diputado, y aprovecho hacerle una pregunta ante el Arq. Rosell y fue la siguiente:"No es verdad diputado, que a los dueños de equipos hacen todas sus labores con ejidatarios, ayudando a la falta de trabajo en el campo y ayudando a ... miles, y a pesar de que el Banco de Crédito Ejidal nos llegó a deber hasta ocho semanas de desfibración, como en estos momentos, nunca propietario de quipo alguno ha dejado de pagar un solo sábado a los ejidatarios que ocupa?" La respuesta fue categórica:"Es verdad todo lo que dice el licenciado y aprovecho decirle que estamos muy agradecidos". No recuerdo si el Arq. Rosell le llevó al Lic. López Mateos la documentación de que hablo anteriormente o un "memorándum" para informarle; pero llevó algo escrito.

El Presidente Lic. López Mateos, en su primer informe de septiembre de 1959 poco más o menos dijo lo siguiente:"Me es satisfactorio consignar que dos elementos que parecían irreconciliables, me refiero a los antiguos hacendados y a los ejidatarios, ya van comprendiendo que sus intereses no están reñidos y pueden caminar de acuerdo". ¿Habrá tenido como base lo que en Yucatán venia teniendo lugar en el seno del Consejo de Planeación? Al subir al poder el Lic. López Mateos los Consejos quedaron como cuerpos de consulta únicamente, como veremos en el capitulo siguiente.

CAPITULO XX

COMISION INTERSECRETARIAL

Poco tiempo después de ocupar la Presidencia el Lic. D. Adolfo López Mateos, los Consejos de Planeación organizados durante su campaña política recibieron una circular en las que se les daba un carácter permanente; pero limitando sus funciones a la de un cuerpo consultivo. Con estas instrucciones, dejamos de actuar en forma activa, dispuestos a seguir colaborando en bien de nuestra región cuando las oportunidades se presentasen. Diversas personas y grupos se han puesto posteriormente en contacto con el Consejo. Recuerdo los estudios que se vienen haciendo para las obras de Puerto Juárez; instalación de una estación de Petróleos Mexicanos; comunicación de la ciénaga de Chelem con el mar para un puerto de pescadores, y muy principalmente la Comisión Intersecretarial para un estudio económico-social completo de Yucatán. Esta última Comisión, ¿tendrá alguna relación con nuestra comunicación del 23 de octubre de 1958, que dimos a conocer en el capitulo anterior? De todas maneras, su integración difiere notablemente de lo que pidió la Comisión Regional Henequenera del Consejo de Planeación.

El Presidente López Mateos dio instrucciones para que se formase una Comisión Intersecretarial, en la que estuviesen representadas las Secretarías del Estado que tuviesen algún nexo con los aspectos a estudiar, actuando como Presidente de la Comisión el representante del Secretario de Agricultura, como era lo más natural, ya que principalmente se estudiarían todos los problemas que se relacionan con el henequén.

La comisión quedó integrada por elementos que llegaron expresamente de la Capital de la República y los representantes en Mérida de algunas de las Secretarías. Su Presidente, el Ing. Gilberto Mendoza Vargas, es Jefe del Departamento de la Pequeña Propiedad en la Secretaría de Agricultura. Un grupo de ingenieros agrónomos efectuó trabajos respecto a las tierras del Estado con relación a sus posibilidades productivas.

A los pocos días de haber llegado el Ing. Mendoza Vargas, estuvo a visitarnos para cambiar impresiones. Conectado con los Consejos de Planeación, alguna vez nos encontramos en las oficinas de la ciudad de México. Ya de acuerdo, fuimos citando para efectuar reuniones con diversas comisiones del Consejo y grupos aislados, para irse conectando y conocer las opiniones relacionadas con los diversos problemas. Hubo una reunión con la Comisión Industrial, una o más con la de cordeleros, otra con los Gerentes de los Bancos locales de depósito y varias con la Comisión Regional Henequenera del Consejo.

Sin estar yo interiorizado de lo que entre los componentes de la Comisión se trataba o hacía, me limito a dar a conocer aspectos aislados que puedan orientar para seguir el curso de los acontecimientos.

El Ing. Mendoza Vargas escuchaba cuanto se le quería decir y hacía algunas preguntas aclaratorias. Si se le preguntaba, respondía que antes de expresar una opinión necesitaba conocer antes todos los aspectos del caso y para esto pasaría algún tiempo. Así fue escuchando y preguntando, mientras otros miembros de la comisión realizaban estudios en el campo y en los laboratorios. En esta ocasión si puedo asegurar que no ha habido precipitación alguna, y en lugar de hacer propaganda para hacer creer que mucho se hacía, sin hacer gran cosa, ahora se empleó el procedimiento contrario.

Se ha trabajado sin que se sepa, porque todo se ha realizado con discreción.

Las reuniones con la Comisión Regional Henequenera del Consejo de Planeación fueron las primeras. Los llamados equipos de desfibración de los ejidatarios han sido y siguen siendo administrados por el Banco de Crédito Ejidal. Entiendo que a los núcleos ejidales se las carga una cantidad igual a la que se paga a los dueños de equipos particulares, para periódicamente efectuar liquidaciones finales. Parece que hasta ahora en lugar de utilidades los resultados han sido de pérdidas, por lo que se verá a continuación. En una de estas reuniones, el representante del sector ejidal hizo al Ing. Mendoza Vargas la siguiente pregunta: "¿Ingeniero, podría usted explicarme por qué nos resulta más caro desfibrar en nuestros propios equipos que pagarle por el mismo trabajo a los hacendados?" Cabe aclarar que esta sincera pregunta fue hecha cuando las relaciones entre los ejidatarios y el Banco Ejidal no eran cordiales. El Ing. Mendoza Vargas se limitó a contestar que todavía no tenía conocimiento de los datos necesarios para poder responder.

La reunión con los Gerentes de los Bancos fue de las últimas. Ya el Ing. Mendoza Vargas había escuchado e investigado bastante. Se había dado cuenta de que diversos elementos deseaban el retiro del Banco de Crédito Ejidal de Yucatán, y el objeto de la reunión era conocer la opinión del sector bancario respecto a dos asuntos distintos, para lo cual preguntó primero si los bancos locales podrían hacerse cargo del financiamiento que venía haciendo el Banco de Crédito Ejidal. A esto se le respondió que no era posible. Que los ejidatarios necesitaban urgentemente prestamos bastantes y a largo plazo para incrementar las extensiones sembradas con henequén y esto solo podía hacerlo el Banco Ejidal, permaneciendo en Yucatán unos 20 a 25 años más. La segunda pregunta se relacionó con el financiamiento a la industria cordelera. Uno de los gerentes, aprovechando la oportunidad que se presentó, preguntó al Ing. Mendoza Vargas que si en su opinión los equipos en buen estado eran suficientes para desfibrar toda la producción del Estado, la respuesta del ingeniero fue categórica:"No solo hay equipos suficientes para la producción actual. Los hay para el doble de la producción".

Después de la reunión anterior podía verse que hasta donde de la Comisión Intersecretarial dependiese, desaparecería el propósito de duplicar las inversiones en equipos como se hizo en la carretera a Progreso, y en cambio se perfilaba la idea técnica (ya veremos el resultado en la práctica), de limitar el número de equipos particulares que se encargasen de la desfibración ejidal. Concentración de trabajo.

Cuando ya se tuvo la información suficiente, se presentó al señor Presidente un informe previo conteniendo un plan a seguir para poder llegar a formular un estudio completo y acompañarlo de las indicaciones que debían seguirse para encausar al Estado y muy principalmente al sector ejidal henequenero, por el sendero del éxito y la prosperidad. Aprobado el plan a seguir, se procedió a la ejecución. Esto pasaba en junio de 1959.

Se comenzó la depuración de los censos ejidales, el estudio de las condiciones de cada núcleo ejidal y del estado y localización de los equipos de desfibración existentes, etc. Etc. Necesariamente hubo de pasar algún tiempo para terminar el informe definitivo que debía entregarse al Presidente López Mateos con las recomendaciones de los pasos a seguir para lograr el objetivo deseado. Mi contacto con el Ing. Mendoza

Vargas fue siendo menos y por otro lado, aumentó el de los ingenieros que hacían los estudios agronómicos. Alguno de sus resultados los comprobaban con nuestras observaciones y experiencias en la práctica. Esto me permitió darme cuenta de estos trabajos.

Cuando todos los trabajos quedaron terminados y estaba ya preparado el informe para el señor Presidente, tuve un cambio de impresiones con el Ing. Mendoza Vargas. Para orientarme, indique que en mi concepto todo el mal en el pasado se debía a que los intereses ejidales se habían manejado en un 75% con criterio político y un 25% con espíritu comercial, y deseaba saber si estaba yo equivocado. Me respondieron que había yo otorgado mucho al aspecto comercial, porque desgraciadamente el fracaso había que atribuirlo a que estos intereses se habían manejado con un 100% de criterio político. Entonces dije que reconocía la imposibilidad de renunciar al aspecto político; pero que quizás aplicando un 30% al criterio político y un 70% al comercial, mucho se podría lograr en beneficio del Estado en general y de los ejidatarios en lo particular. A esto me respondieron que entonces si estaban bien calculados mis porcentajes.

Transcurrió algún tiempo y pudimos ver que el plan de trabajo comenzaba. El Ing. Mendoza Vargas se puso al frente de la Agencia del Banco de Crédito Ejidal. Si es verdad que esta Institución trabajaba con muchas menos filtraciones que Henequeneros de Yucatán, siempre las había como pudo saberse, cuando el Ing. Mendoza Vargas, seguramente con todo el apoyo del centro, fue haciendo cambios y eliminando elementos que percibían sueldos por relaciones de amistad y políticas, sin trabajar. Los adeudos a los dueños de equipos de desfibración se fueron solucionando mediante el endoso de documentos a cargo de los cordeleros, mismos que son pagados a su vencimiento.

Pasados algunos meses, en el segundo semestre de 1961, viene a Yucatán el Secretario de Agricultura para ver lo que se hace y visita unos seis o más centros ejidales. Según una información oficial, las plantas de desfibración en el Estado 338, y ya se decía utilizar para la desfibración ejidal únicamente cien de estas plantas. Cuando el viaje del señor Secretario, no se hablaba de que en el plan de realizaciones figurasen instalaciones de nuevos equipos ni compras a los ex hacendados; pero los círculos políticos locales venían insistiendo más y más para forzar la instalación de nuevas unidades de desfibración para los ejidos. Así las cosas, por la prensa pudimos enterarnos de que en cada contacto de los ejidatarios con el Secretario de Agricultura, le pedían insistentemente que se les dotara de equipos porque toda la utilidad que podían tener en sus plantaciones iba a manos de los hacendados en el pago que les hacen por la desfibración ejidal. Esta presión UNANIME hizo que el Ministro ofreciese interceder para logra del señor Presidente el irles dando equipos, aunque fuera paulatinamente, porque no había partida en el presupuesto para hacerlo en gran escala. Así se va abandonando poco a poco la preferencia a una administración con bases comerciales para ir cayendo una vez más en el predominio de la política. Yo pienso que precisamente la UNANIMIDAD de la petición debe entenderse como consigna, porque los ejidatarios, si algo saben, es que les cuesta más desfibrar en los equipos que les dicen que son suyos.

Resumiendo para dar los detalles en otro capítulo, diré que después de consultas y aprobaciones se anuncio y trato la compra de diez equipos de ex hacendados antes de finalizar el año de 1961, y cuando el Presidente de la República estuvo en Mérida del 18 al 20 de enero del 62, se dijo que ya se había tratado la compra de trece plantas desfibradoras, que unidas a seis anteriores, hacia un total de 19 equipos especiales para los ejidatarios.

CAPITULO XXI - ALGUNOS NUMEROS SOBRE DESFIBRACION

Comenzamos repitiendo para una mejor comprensión de lo que en este capítulo decimos, que cuando en el segundo semestre de 1961 estuvo en Yucatán el Secretario de Agricultura, todos los núcleos ejidales que con el tuvieron contacto, insistieron en la necesidad de dotarlos de equipos completos de raspa, afirmando que toda la utilidad de la producción ejidal la obtenían los hacendados encargados de su desfibración. Los números que presentaban eran muy sencillos: decían que de...millones de pesos que importa el henequén ejidal, una tercera parte va a parar a manos de unos 300 hacendados, mientras las otras dos terceras partes había que distribuirlas entre más de 45,000 ejidatarios propietarios de las plantaciones. No recuerdo el importe de la fibra que entonces se citaba. Podría aceptarse que en lo anterior no hay falsedad, pero en todo caso sería una verdad muy incompleta. Esto me recuerda una risible fotografía de la última guerra mundial, tomada cuando se combatía en Francia, en la que aparecía un soldado norteamericano al que se le estaban rindiendo unos 25 a 30 soldados alemanes perfectamente armados. La fotografía era buena; pero no incluía al número indeterminado de soldados americanos que con seguridad estaban detrás del que fue fotografiado.

No vamos a sentarnos para hacer cálculos. Vamos a presentar números reales obtenidos en una planta de desfibración abarcando cinco años de trabajo, de 1957 a 1961. Se trata de una unidad con su pequeña propiedad completa, (la nuestra) en la que aun predomina en henequén en cultivo, y que en 1957 solo contaba con 1,500 mecates de corte, en henequén de media vida. En estos cinco años se sembraron 2,000 mecates, cuando proporcionalmente correspondía sembrar 1,250. Téngase esto en cuenta para hacer comparaciones entre los resultados de la pequeña propiedad y la ejidal. La propiedad de los ejidatarios en esta finca, esta balanceada en su conjunto, como luego se verá, aunque perteneciendo a dos núcleos distintos. El mayor necesita aumentar sus siembras mientras el menor ha estado como la pequeña propiedad, es decir con poco henequén en explotación en relación al cultivo, especialmente al comienzo del periodo que presento. El núcleo mayor ha sido de los llamados autónomos en los últimos tres o cuatro años, sin poder decir como se ha repartido el producto de sus ventas; pero cuando dependía del Banco de Crédito Ejidal recibió importantes repartos periódicos de utilidades. El ejido menor debe al Banco Ejidal por ser un núcleo desnivelado. Para aquellos que duden de la autenticidad de los datos que damos a conocer, me limito a darles un consejo: pasen por alto este capítulo.

DESFIBRACION DE HENEQUEN EJIDAL
Promedio de los años de 1957 a 1961:

Pencas desfibradas.-----26.643,700

Cobrado por desfibración........................		$343,917.39
Gastos Directos (jornales-lubricantes-maiz para mulas)	$160,445.88	
Conservación de equipo, Gastos Generales e Impuestos	$106,913.78	
Utilidad o intereses Inversión	$ 76,557.73	
Sumas Iguales	$343,917.39	$343,917.39

Damos a continuación los datos que corresponden al año más alto y al más bajo en cada renglón. Por lo desfibrado puede verse la poca diferencia en hojas desfibradas, datos característicos de una unidad nivelada. El dato más bajo es del 58 y el más alto del 60.

	Año	Máximo	Año	Mínimo
Pencas desfibradas...............	(60)	28.834,500	(58)	25.369,500
Cobrado por desfibración	(60)	$373,214.66	(58)	$321,215.11
Gastos Directos	(61)	"176,558.41	(57)	"142,318.42
Conserv.Equip.Gtos.Gen.Impuest.	(61)	"163,327.56	(57)	" 73,629.36
Utilidad o Intereses Inversión	(57)	"104,350.50	(61)	" 27,740.39

Hasta aquí los datos correspondientes a la desfibracion del producto ejidal. Calcúlese el valor del equipo y el interés normal bancario para hacer la comparación con la utilidad obtenida.

PRODUCCION AGRICOLA Y DESFIBRACION DE LA PEQUEÑA PROPIEDAD
Promedio de los años de 1957 a 1961:

Pencas desfibradas.-----4,372,100

Venta del Producto		$177,729.86
Gastos Directos (jornales-lubricantes-maíz para mulas)	$71,869.94	
Conservación de equipo, Gastos Generales e Impuestos	$47,459.40	
Utilidad o intereses Inversión	$58,400.52	
Sumas Iguales	$177,729.86	$177,729.86

Como en los datos relativos a la desfibracion ejidal, damos a continuación los más altos y los más bajos en cada renglón. En el año de 1957 el resultado fue negativo, es decir, hubo pérdida:

	Año	Máximo	Año	Mínimo
Pencas desfibradas................	(60)	6.697,500	(57)	2.662,500
Venta de Producto	(60)	$295,781.59	(57)	$84,556.42
Gastos Directos	(60)	" 113,255.15	(57)	" 41,120.00
Conserv.Equip.Gtos.Gen.Impuest.	(61)	" 54,326.52	(58)	" 40,507.01
Utilidad o Intereses Inversión	(60)	" 101,865.27	(57)	" −5,566.38 P

Lo que se omite cuando se dice que a manos del hacendado va una tercera parte del importe del henequén, es que de la cantidad que recibe cubre los jornales del personal del equipo, todos ejidatarios; combustible; alimento para animales; conservación, reparación y sustitución de equipo; Gastos Generales en Mérida, e impuestos. Pueden calcularse en 6,000 a 8,000 ejidatarios que en lugar de recibir su paga de lo que al ejido corresponde, la recibe de la parte del hacendado. Quiere decir, que un 15% de los ejidatarios viven de lo que percibe el dueño del equipo. Esto significa trabajo para quienes tan faltos están de el por circunstancias de todos conocidas. La pequeña propiedad también ayuda en la falta de trabajo en el campo, utilizando a los ejidatarios para todas las labores. Una considerable parte del producto de la pequeña propiedad va a los ejidatarios. Con los números anteriores se puede determinar que el valor total de la fibra ejidal debió importar algo más de $1.00, 000.00 al año, con una utilidad para el propietario del equipo de $76,557.73 es decir, que solo viene quedando un siete y medio por ciento. ¿y la inversión?

Quien considere buenos los datos anteriores, puede hacer unos breves cálculos, aumentando razonablemente el provecho obtenido en la pequeña propiedad, por su desnivel tan notorio, y considerando que la raspa promedio fue de 4.372,000 hojas determine la utilidad de los 26.643,000 de desfibración ejidal. Al resultado debe descontarse la utilidad del propietario del equipo y así determinar la que aproximadamente, a más del anticipo que perciben debió corresponder a los ejidatarios. (4). Si la utilidad que obtienen es mayor, hay que felicitarlos; peo si es menor, ha de ser culpa de quienes tienen a su cargo el administrar los ejidos. Lo que puede ser político, pero no es honesto, es decir que toda utilidad va a manos de los dueños de equipos. Ya hemos visto en estas memorias que en 1942 se acepto como más conveniente pagar a los dueños de equipos del 46 al 52% del valor del producto, según el caso, por lo costoso de su administración oficial de 1938 a 1942, aun sin pagar cantidad alguna por el uso. En 1959 escuchamos de labios del representante ejidal en una reunión de la Comisión Regional Henequenera del Consejo de Planeación, que les resulta más caro desfibrar en sus propios equipos que pagar por el mismo trabajo a los hacendados. Y posteriormente, con motivo de las compras de plantas que se vienen haciendo, he sabido de buena fuente, que un organismo independiente del Banco Ejidal se hará cargo de la administración para concentrar la atención a un solo renglón y así obtener mejores resultados. Se espera que los equipos actualmente administrados por el banco cambien de resultados negativos a positivos para entregarlos como debe ser. ¡Qué mala memoria se tiene en la política

CAPITULO XXII - COMPRA DE EQUIPOS DE DESFIBRACION

Accediendo a la insistente solicitud de los ejidatarios, hecha a través del Secretario de Agricultura, el Presidente de la República aprobó la compra de equipos pero de los de la propiedad de los ex hacendados. Ya en el plan de trabajo realizado por la Comisión Intersecretarial estaba el estudio y selección de los que deberían hacer el trabajo de desfibrar el henequén de los diversos núcleos ejidales, en calidad de lo que podríamos llamar centrales, eliminando prácticamente dos de cada tres. Es natural que fuesen los equipos escogidos los que tuviesen preferencia al realizarse las compras y que al tratar de adquirir en un principio diez a quince, se pensase en hacerlo en diversas zonas del Estado.

Un grupo de propietarios de plantas fueron invitados por el Ing. Gilberto Mendoza Vargas para tener un primer cambio de impresiones. El ingeniero explico los propósitos del señor Presidente y pregunto si los propietarios presentes estaban en disposición de vender. Una vez que los propietarios estuvieron dispuestos a tratar la operación, se fueron reconociendo los lineamientos generales al respecto. Las operaciones de compra venta se realizarían sobre las bases comerciales, sin presión oficial alguna. Los vendedores presentarían inventarios valorizados parque personas apropiadas pudiesen revisar dichos inventarios y sus valores, para en dado caso visitar las plantas y conocer el estado de conservación de los elementos de trabajo. El pago se realizaría cubriendo en efectivo el 15% del importe de la operación y el 85% restante en cinco pagos anuales iguales con intereses del 6% anual. El Ing. Mendoza Vargas aclaro que no comprarían las "casas principales", mismas que podrían conservarse como casas de campo. En la primera reunión quedo pendiente de resolverse si en la operación quedarían incluidas las construcciones en las que no habiendo maquinaria, se relacionan con el trabajo, como son los locales para oficinas, bodegas, escuela, dispensarios médicos, casas para empleados y trabajadores, etc. Se pidió al ingeniero que tratase de que en los casos en que hubiese henequenales en la pequeña propiedad, fuesen incluidos en la operación para evitar problemas posteriores. En siguientes reuniones quedo aclarado que no siendo los ejidatarios los que compran, ya que el comprador seria la Nacional Financiera, el interés se limitaba a los edificios indispensables. Que a los propietarios correspondía ver si los núcleos ejidales se interesaban por comprar los locales de oficinas ocupados por ellos, etc., etc. Respecto a los henequenales de la pequeña propiedad, tampoco los comprarían por ahora, aunque quizás se hiciese más adelante para realizar nuevas dotaciones.

Tan pronto se tuvo noticias de la primera reunión, los dueños de plantas vecinas a las que se pidieron para comprar, comenzaron a moverse, acercándose al Ing. Mendoza Vargas para ofrecer en venta sus equipos, y algunos comenzaron a concurrir en las reuniones. Esta actitud era de esperarse y si por los estudios realizados, a muchos les indicaron que no se interesaban por sus propiedades, con otros se iniciaron tratos, cuando en el concepto de la comisión encargada, un equipo podría suplir a otro en la misma zona. Todos saben lo que pasa cuando los vendedores son varios y el comprador uno solo.

Orientadas las operaciones de compra venta, llegaron de la Capital un representante de la Secretaria de Hacienda o la Nacional Financiera y otro de la Secretaria de Agricultura, para seguir tratándolas. Estimo que esta comisión comenzó a trabajar en octubre de 1961 y al terminar el año ya tenían diez o doce cartas de opción para proceder a los pasos finales, es decir, ya se habían firmado las primeras dos o tres operaciones y se llevaban en orden las tramitaciones para las siguientes.

Y así, el 6 de abril de 1962, legalmente deje de ser hacendado para pasar a la línea de los pequeños propietarios de plantaciones de henequén, con el firme propósito de vender lo que en el campo me queda en la primera oportunidad que se presente. En realidad, cariño, arraigo, interés sentimental por la hacienda Sihò o cualquier otra los perdí cuando en septiembre de 1935 suspendí mis visitas regulares al campo para concentrar mis actividades en la ciudad.

Un comentario más. En una de mis últimas charlas con el Ing. Mendoza Vargas, me permití decirle lo siguiente: "he podido darme cuenta del cuidado y buenos propósitos en el cambio que se viene realizando eliminando a la propiedad privada de la desfibración del henequén ejidal. Acepto que lógicamente el beneficio de los más debe estar por encima del de los menos; pero en el caso que nos ocupa, tenemos demasiada experiencia para no ser optimistas. Acepto que por ahora y por algún tiempo, se proceda honestamente y los resultados sean favorables. Le invito a usted para regresar a Yucatán diez años después de terminar su actual estancia entre nosotros, para ver lo que se hubiere hecho. Dicen que actualmente el centro envía a Yucatán unos ochenta a noventa millones de pesos anuales para préstamos y déficit en la administración ejidal. Para entonces, si se compran los equipos necesarios, estimo que el Gobierno Federal estará enviando doscientos millones. (5) Mi mejor deseo seria equivocarme, pero la invitación esta infirme". El ingeniero se sonrió y acepto mi invitación.

¿Qué harán con sus pequeñas propiedades los que venden sus equipos, para la desfibración de su henequén? Quien compra, ha ofrecido hacer la desfibración igual que actualmente se hace la de los ejidos. En todo caso, se encargarían de la desfibración los vecinos que no vendan, pero el agricultor yucateco seguirá en pie firme hasta agotar el último aliento.

Pero las cosas no van saliendo al gusto de algunos de los políticos locales. No tienen ninguna injerencia en las operaciones, y esto, naturalmente, les resulta improductivo. Ya quienes vienen realizando las compras saben que estos elementos les vienen haciendo el cargo de que solo están comprando "chatarra" y que muy pronto será imposible seguir trabajando. Esto tiene descontrolados y desorientados a los comisionados, con los resultados de que cada vez los tramites dilatan mas y los precios en las estimaciones aceptadas van siendo más bajos. En cuanto a que pronto estén en muy malas condiciones los elementos de trabajo, esto es muy posible si se descuidan y no siguen el procedimiento de mantenimiento constante que por un siglo a empleado el hacendado.

CAPITULO XXIII - ALGUNOS DATOS ESTADISTICOS

Cuando el Presidente de la República visitó Yucatán en Enero de 1962, la Agencia de la Secretaría de Agricultura, Agencia del Banco Nacional de Crédito Ejidal, Delegación del Departamento Agrario y Gobierno del Estado, publicaron un interesante folleto que contiene numerosos datos estadísticos. Nos vamos a tomar la libertad de hacer uso de esta publicación para confirmar con números parte de la información contenida en este trabajo y anotar algunos datos que por serme antes desconocidos, no parecen anteriormente.

De la sección "PANORAMA AGRICOLA" tomamos lo siguiente: "Las características ecológicas de la Península de Yucatán imponen restricciones a la diversificación de la agricultura local. El henequén es la única planta que prodigiosamente ha prosperado en terrenos rocosos impropios para otros cultivos, favoreciendo la economía monocultura de Yucatán. Aquí se presentan cifras y graficas de los siete cultivos más importantes que confirman esta aseveración". Hasta aquí el folleto. La redacción anterior parece haber sido dictada por el alma en pena de alguno de nuestros viejos y experimentados agricultores fallecido a principios de siglo. Sin embargo, no es así. Es el resultado de consientes y eficientes estudios realizados por los técnicos de la Comisión Intersecretarial, que en unos meses determinaron científicamente lo que nuestros hacendados tararon sesenta años en saber en forma práctica a base de éxitos y fracasos. ¿Qué pensarán al conocer esta declaración, desde otros mundos, nuestros políticos desaparecidos que hablaban y pretendían acabar con el henequén como la maldición de Yucatán? Seguramente que los espíritus de nuestros reaccionarios y los de nuestros revolucionarios, donde quiera que estén, seguirán discutiendo este punto para nunca ponerse de acuerdo. Afortunadamente en nuestro planeta ya lo estamos en algo. El henequén es la salvación de Yucatán.

Sigamos con el folleto dando a continuación datos anuales de los siete principales   productos del Estado: el henequén produce $250.200,000.00 en 165,500 hs; el maíz $40.800,000.00 en 84,400 hs; el coco de agua $4.200,000.00 en 3,100 hs; la naranja $10.500.00 en 1,500 hs; la caña de azúcar $2.400,000.00 en 2,500 hs; plátanos de diversas variedades…$3.000,000.00 en 700 hs; y frijol $4.500,000.00 en 16,100 hs. Si nos limitamos a estudiar los dos principales productos, podemos ver que en las tierras con henequén rinden tres veces lo que producen las sembradas de maíz. Esto confirma lo que el Lic. Enrique Manero y yo aconsejamos en el trabajo que figura en el capitulo XIII de estas memorias. Entiendo que en el área anotada de 165,500 hs de henequén, no figura la superficie en cultivo, que puede calcularse aumentaría la superficie dada en un 50%. Por otra parte, el producto con valor de $250.200,000.00 se refiere a su valor como henequén en rama. Para determinar el ingreso total al Estado por concepto de henequén, debe aumentarse a los $250.200,000.00 la diferencia de precio entre el valor de la fibra, que es la suma anotada, y el importe de los productos ya elaborados que salen de Yucatán, que se pueden calcular en otros $250.000,000.00 o quizás más.

Veamos ahora algo de lo que trae el folleto en su sección: "AREAS EXPLOTADAS   Y PRODUCCION. (1901-1961)" Pasaremos por alto los datos relativos a las áreas explotadas porque estas guardan relación directa con la producción, con pequeñas diferencias, seguramente como consecuencia de las lluvias y otros factores. Comenzamos en 1901 con una producción de 517,519 pacas para en 1910 producir 558,996. Un aumento de 41,500 en nueve años. Dijimos en su oportunidad que el resultado de las siembras llega a su punto más alto de producción aproximadamente a los doce años, y que la base firme para crear una riqueza de importancia nacional, como para sustentar al muy pobre Yucatán, se estableció con las grandes siembras efectuadas durante la bonanza de los años 1898 a 1905. En 1911 la producción alcanza la cifra de 680,990 pacas, aumentando en un año más de 100,000. En 1912 se producen 814,610 pacas; en 1914 llegamos a 964,862 y en 1916 se alcanza la más alta producción con 1.191,433.

La baja en el precio mundial de las fibras en 1906; quiebras el mismo año de casas comerciales y particulares de las que aun se habla, desconfianza e inseguridad a partir del comienzo de la revolución, que aun no termina, y otros factores, van contribuyendo para la disminución de las siembras, y la producción de henequén va bajando. Es injusto culpar a la revolución de toda la baja habida, porque la falta proporcional de siembras comenzó en 1906. La producción aminora y durante quince años sigue bajando hasta el año de 1931 en el que se producen 414,553 pacas. En 1932 se producen 505,853 y en 1933 subimos a 541,475. ¿Por qué esta reacción favorable? A partir de 1920 y a pesar del muy bajo precio de la fibra, el hacendado acepta los cambios políticos, reacciona y con su inquebrantable fe, hace toda clase de esfuerzos y sacrificios para incrementar sus siembras. No importa el precio bajo de la fibra. Posiblemente se tuvo en cuenta el fenómeno siguiente: Parece que los precios de las fibras tienen su ciclo y por lo general resulta que el henequén que se siembra a precios altos, se vende luego a precios bajos; pero el que se siembra durante las crisis, casi siempre su mayor rendimiento es en las épocas de buenos precios. ¿Será por este fenómeno y lo impracticable de hacer números respecto al futuro, aun inmediato, por lo que ninguna persona   de otra región   nacional o extranjera, hubiese invertido capital en haciendas henequeneras? Los pocos que las tuvieron las adquirieron por matrimonio.

Lentamente va subiendo la producción y en 1936, año anterior al del reparto agrario que hizo el Gral. Cárdenas, se producen 594,878 pacas, pero en 1939, año que siguió al reparto baja a 427,450. No encuentro explicación para esta baja, salvo que se deba a cualquiera de estas dos causas: fuerte sequía que hubiese obligado a suspender la desfibración o dificultades en la nueva organización en los equipos al ocuparlos el gobierno local para encargarse de su administración. Si la dotación ejidal de henequenales tuvo lugar en 1937, después de la época de las siembras, las efectuadas por los ejidatarios comenzaron en 1938 y los resultados afectan en forma decisiva la producción a partir de 1950. El aumento de producción que se inicia en 1932 continua para producirse en 1948 un total de 603,042 pacas, luego vienen altas y bajas con tendencia a baja para que en 1955 la producción fuese de 402,730, la más baja desde 1901. Nuevamente reacciona la producción y en 1961 se producen ya 765,087 pacas.

Los datos de producción corresponden al total producido en el Estado. Están en ellos incluidos tanto el producto ejidal como el de las pequeñas propiedades asignadas a los antiguos hacendados. Juzgándolo conveniente, solicitamos a la Unión de Productores Henequeneros los que corresponden a la pequeña propiedad. De las 427,450 pacas producidas en 1938, los ex hacendados produjeron 129,000. Este grupo tuvo sus incertidumbres durante los años de 1938 a 1942, en los que el gobierno tomó la administración de los equipos, y fue al terminar este periodo cuando nuevamente comenzaron a sembrar en todo espacio de terreno disponible. Así vemos que con altas y bajas la producción de las pequeñas propiedades es de... 126,000 pacas en 1954 para ser en 1960 de 256,000 y llegar a la cifra de 279,000, en 1991.

Teniendo a la vista el cuadro de producción del folleto a que nos hemos venido refiriendo, podemos determinar que por unos tres años el nuevo sistema ejidal todavía no se organizaba en sus siembras, aunque desde un principio se hablaba de ellas para aumentar la producción. Pero se sabía que la efectividad por mecate de siembra (400 metros cuadrados) sería más baja de lo normal debido a que se redujo el número de matas por mecate, de lo acostumbrado, y luego se descuidaban las resiembras que debían hacerse los primeros tres años. Aunque los opositores al nuevo sistema decían que las siembras y los procedimientos continuaban igual que los primeros años, hoy podemos decir que con buenos o malos trabajos, las siembras que se han venido haciendo han aumentado positivamente la producción.

Para terminar con esta parte del folleto, únicamente nos falta ver cuanto llegó a producirse y el número de campesinos que entonces trabajaba, comparando estos datos con la producción actual y el número de ejidatarios. El mismo folleto nos dice, sin datos de 1915, que el año de 1937 los campesinos beneficiados eran 25,963 y en 1960 llegaron a 48,911. Esto explica la verdadera miseria que hay en el campo por la gran falta de trabajo. En Mérida no es tan notoria la diferencia debido a la industria cordelera. Una buena diferencia hay entre el precio de exportación del henequén en rama y su exportación ya industrializado. La diferencia favorece únicamente a Mérida, ciudad que las cordelerías han salvado de la miseria que hay en el campo de Yucatán.

Para concluir, en sus aspectos que más se relacionan con los propósitos de estas memorias, con los datos del muy interesante folleto al que nos hemos venido refiriendo, vamos a tomar algunos números que se refieren a la industria cordelera, tan íntimamente ligada a nuestra fibra. Los que tenemos a la vista comienzan en el año de 1940, en el que se produjeron…505,738 pacas y las cordelerías consumieron 123,000. Diez años después, en 1950 la producción fue de 488,508 pacas con un consumo local de 228,700. Pasan escasos cinco años, y en 1955 la producción baja a 402,730 cuando las cordelerías tuvieron necesidad de 487,300 pacas. En este año consumieron existencias almacenadas. El mayor consumo corresponde a 1959 en el que la industria cordelera adquirió 631,100 pacas de las 715,731 producidas. En el año de 1961 la producción fue de 765,087 pacas y el consumo local de 571,900. Como puede apreciarse por los datos anteriores, ya Yucatán prácticamente no concurre al mercado mundial de fibras. La lucha ha sido dura. El periodo medio para lograr el paso decisivo de exportadores de materia prima en forma de henequén en rama al de productores de artículos industrializados, estuvo bien manejado en su oportunidad por el Gobierno del Estado, como dijimos oportunamente, y ahora solo nos resta ver que pasará en el futuro. Considero que las cordelerías locales tienen suficiente capacidad para consumir la fibra que se produce y en dado caso pueden fácilmente adquirir la maquinaria necesaria hasta nivelar el consumo con la producción actual y futura. Sin embargo, como nuestros políticos locales van viendo que los equipos de desfibración están pasando a ser propiedad colectiva, ya comienzan a decir que los ejidatarios deben ser dueños de las cordelerías para así obtener toda la utilidad del negocio henequenero a través de sus diversos pasos. ¿Estarán conformes los obreros de las cordelerías (6).

Ya que este capítulo está dedicado, con datos tomados de publicaciones que tienen por origen elementos oficiales y semi oficiales, a confirmar lo que llevo dicho desde el comienzo de estas memorias, más algo que yo ignoraba, me parece conveniente reproducir, aunque de fechas posteriores al cierre de lo escrito por mí, dos aspectos que confirman lo asentado.

Tomemos de la publicación que en septiembre de 1962, hizo el Diario del Sureste con el título de "ASPECTOS DEL PROBLEMA AGRARIO EN YUCATAN", lo siguiente:"Texto del informe formulado por los señores Lic. Manuel Pasos Peniche y Carlos Loret de Mola, Diputados Federales por Yucatán adscritos a la Confederación Nacional Campesina, a solicitud del Presidente de esta Central Lic. Javier Rojo Gómez, acerca de la situación del agro yucateco, sus problemas, sus aspiraciones, y sus más apremiantes necesidades para la realización de la Reforma Agraria Integral, que es la meta del pueblo, interpretada y trazada por el Presidente de la República LIC. ADOLFO LOPEZ MATEOS". Este informe es una carta dirigida al Lic. Rojo Gómez con fecha 25 de septiembre de 1962.

En la parte que se publica bajo el título "PEQUEÑA PROPIEDAD", encontramos lo siguiente:"Acerca de esta Institución encontramos divergencias entre algunos de nuestros informantes".

"En tanto que la agencia del Banco de Crédito Agrícola y Ganadero opina a favor de la pequeña propiedad, tres señores diputados del H. Congreso del Estado lo hacen en contra".

"He aquí lo que dice el Banco:"La pequeña propiedad tiene casi las mismas facetas y modalidades que la parcela individual, solo que la pequeña propiedad, por el nivel económico y social de sus propietarios, cuenta con mejores elementos de producción y financiamiento...actúa como factor importante en la producción y, por lo tanto, del sistema tributario del Estado. Ha gozado y debe seguir gozando del apoyo y estimulo de las Instituciones gubernamentales".

"Los señores Diputados informantes, en su escrito adjunto, afirman:"La pequeña propiedad, en la forma en que esta incrustada dentro de la forma ejidal, es nefasta y debe desaparecer, pues debido a ella las conquistas enunciadas en los acuerdos y reformas de agosto de 1937 no se han llevado a la realidad en el Estado de Yucatán por el constante y solapado ataque de que ha sido víctima el ejido y el boicot y el sabotaje aplicado a las conquistas de la Revolución".

"Respecto a este tema tan importante, los suscritos recomendamos a la Confederación Nacional Campesina lo siguiente":

"PRIMERO.- Que en las zonas henequeneras de Yucatán como en cualquiera otra parte del país, se vigile que la pequeña propiedad esté sometida a los estrictos límites que señala la Constitución General de la República, para lo cual se hace inaplazable la medida, ya indicada, de los deslindes".

"SEGUNDO.- Que se eviten, con la fuerza del campesinaje organizado y de las autoridades, cualesquiera actos de ataque, boicot, corrupción y sabotaje por parte de elementos económicamente capacitados, contra la institución ejidal, que debe ser objeto de salvaguarda de sus propios sujetos de derecho y de todos los buenos mexicanos".

"TERCERO.- Como los hechos a que aluden los señores diputados entrañan la posible comisión de delitos, los elementos de la CNC deben, en cada caso concreto que se presente, denunciarlos a las autoridades penales correspondientes, cuya órbita caen".

Como puede verse en lo anterior, los elementos que corresponden a un organismo de carácter federal, alejados del aspecto político, opinan comercial e imparcialmente a favor de la pequeña propiedad, henequenales respetados por el General Cárdenas a los antiguos hacendados. Por otra parte, los señores diputados locales, insistiendo en su papel de políticos, atacan a la pequeña propiedad por actos penados que dicen realizan los pequeños propietarios contra los ejidatarios. Los señores Lic. Pasos Peniche y Loret de Mola se limitan a recomendar el cumplimiento de la ley como corresponde, sin opinar ni apoyar a parte alguna. Y así vemos que mientras los elementos del Gobierno Federal parece que vienen actuando ya en forma debida, nuestros diputados locales se empeñan en seguir revolviendo las aguas de un rio que podría ya estar tranquilo. (7).

Tomamos también del Diario del Sureste, de su edición del 15 de diciembre de 1962, parte de las palabras del Sr. Humberto Lara y Lara, que en representación del Gobierno del Estado y por sí, como Presidente actual del Partido Socialista del Sureste, dijo en la comida ofrecida el día anterior por el Colegio de Ingenieros Agrónomos de México A.C., la cual presidieron el gobernador del Estado y el Presidente de la Organización de Profesionistas citada. Esta publicación lleva por encabezado el título de "EL DRAMA ECONOMICO DE YUCATAN HA SERVIDO PARA SACIAR DESHAGOS POLITICOS Y AMBICIONES PERSONALES". Las palabras que el Sr. Humberto Lara y Lara deseamos reproducir son las siguientes que tomamos de la publicación indicada:"La suerte de nuestro pueblo se ha enfocado desde un punto de vista político: El drama económico de Yucatán en lo general, ha servido de pretexto para satisfacer ambiciones y para saciar desahogos políticos. Por eso quiero decir a ustedes, sin hipérbole, que han abierto un horizonte de esperanza y optimismo para los yucatecos". Y con la misma claridad con que canta un gallo, ha cantado el Presidente del Partido Socialista del Sureste.

CAPITULO XXIV - BREVES COMENTARIOS SOBRE LA HISTORIA POLITICA DE YUCATAN A PARTIR DE SU INDEPENDENCIA DE ESPAÑA

Nos hemos limitado a narrar aspectos relacionados con el cultivo y explotación del henequén, pero no queremos cerrar estas memorias sin presentar algunas consideraciones generales sobre puntos que siempre han sido tema de discusiones y conversaciones en todo el país.

Yucatán era en tiempo de la colonia una Capitanía General que abarcaba toda la Península de su nombre, comprendiendo hasta lo que actualmente son el Estado de Campeche y el Territorio de Quintana Roo. El capitán General era nombrado directamente por el Rey de España "SIENDO YUCATAN UNA COLONIA QUE SOLO DEPENDIA EN EL ORDEN JUDICIAL DE LA AUDIENCIA DE LA NUEVA ESPAÑA". (Eligio Ancona). Por lo tanto, constituía una entidad distante del virreinato.

Llegando el año de 1821 encontramos de Capitán General al caballeroso y digno mariscal de campo D. Juan María Echéverri. "SE HALLABA IMBUIDO EN LOS PRINCIPIOS MAS AVANZADOS DE LA ESCUELA LIBERAL ESPAÑOLA".

Continuamos transcribiendo frases tomadas de la Historia de Yucatán, escrita por el insigne historiador liberal D. Eligio Ancona:"Así, cuando el pensamiento de la Independencia surgió por primera vez en el cerebro de los SANJUANISTAS, el primer obstáculo con que tropezaron fue el carácter que debía asumir la Península después de alcanzada su emancipación de la Metrópoli. Yucatán, en efecto, así podía constituirse por sí solo en una nacionalidad independiente, como unir su suerte a cualquiera de las provincias limítrofes, a saber: México o Guatemala".

"Esta reunión, que será siempre memorable en los anales de nuestra historia, se verificó en las Casas Consistoriales de Mérida en el indicado día 15 de septiembre, (1821) undécimo aniversario de la proclamación de la independencia hecha en Dolores por el inmortal Hidalgo. Asistieron a ella el Capitán General, que la presidió, los diputados de provincia, los alcaldes, los regidores, los síndicos, el juez de letras, los empleados superiores de Hacienda, los jefes militares que residían en la plaza, el obispo, los canónigos, los cinco curas de la ciudad, el tesorero de Cruzada y un buen número de ciudadanos que no tenían ningún carácter oficial. Allí estaban representados todos los partidos políticos que en otro tiempo se habían hecho la guerra; pero que ahora estaban unidos en un solo sentimiento".

"La cuna de nuestra emancipación política estuvo rodeada de toda la grandeza y majestad que convenía a un acto semejante. Todo lo que allí aconteció fue digno, importante y elevado. No se dejó oír ninguna recriminación contra el sistema colonial, plagado, es verdad, de errores y desaciertos; pero representado en la junta por un hombre que se había captado las simpatías de toda la provincia. Ningún orador pronunció discursos huecos para acreditarse de patriota, y el bien público fue realmente el norte de todas las discusiones. El Capitán General abrió la sesión... que se tomase una determinación para fijar el porvenir de la Península, cualquiera que fuese su carácter, el estaba dispuesto a someterse a ella, sacrificando sus intereses propios en aras de la tranquilidad pública. Inmediatamente fue propuesta la proclamación de la Independencia… no hubo un solo miembro de la junta que se opusiese a esta proposición;…"

"… se acordaron los puntos siguientes:"

"1º…. Bajo el supuesto de que el sistema de independencia acordado en los planes de Iguala y Córdoba no estaría en contradicción con la libertad civil".

"3º…la libertad, la propiedad y la seguridad individual, que son los elementos de toda sociedad bien organizada, se observasen las leyes existentes, con inclusión de la Constitución Española, y se conservasen las autoridades establecidas".

"4º.- Que la provincia reconocía por hermanos y amigos a todos los americanos y españoles europeos que participaran de sus mismos sentimientos…"

"Se acordó por último, nombrar dos comisionados que pasaron a México a poner estos acuerdos en conocimiento de Iturbide y O'Donojú, y el nombramiento recayó…"

"Terminó el acto con una manifestación digna y caballerosa del Señor Echéverri. Dijo que, aunque se había acordado conservar a las autoridades establecidas en la provincia hasta que se organizase el gobierno provisional prometido en el plan de Iguala, el estaba dispuesto a despojarse inmediatamente de la jefatura política y capitanía general, si la reunión creía que su renuncia era necesaria para que el país marchase sin dificultad ninguna por el nuevo sendero que había adoptado. Todos los concurrentes apreciaron en lo que valía esta hidalga manifestación, y se apresuraron a suplicar al mariscal que continuase en el desempeño de sus destinos, porque tenía en el toda su confianza la provincia".

"Antes de disolverse la reunión se levantó un acta, que firmaron todos los concurrentes, con excepción de D. Mariano Carrillo, quien no fue nunca partidario de la independencia".

Y así hizo Yucatán su independencia de España el 15 de septiembre de 1821, sin un tiro, sin una muera y un caballeroso entendimiento entre yucatecos y españoles.

Llegamos a 1823 y seguimos tomando de D. Eligio Ancona:"... como Yucatán se había adherido al Imperio por un acto espontaneo de su voluntad, tenía entonces el indisputable derecho de apartarse de él, cuando se disolvía, o al menos de adoptar la marcha que conviniese más a sus intereses... el plan de Casa Mata...quedó pronto sin efecto con el ostracismo de Iturbide, y así como Guatemala aprovechó esta coyuntura para separarse de México, Yucatán pudo haberlo aprovechado también. Pero se tenían fuertes simpatías aun por la patria de Hidalgo, y el único objeto que llevaba la Diputación Provincial era el aguardar que los varios jefes pronunciados se pusiesen de acuerdo o se sobrepusiese uno a los demás para dar a conocer sus intenciones y adherirse a él, si el plan que proclamaba satisfacía a las necesidades y aspiraciones de la Península. La esperanza de que se proclamase la república federal, hacía más vehemente este deseo". Se perfila ya el propósito peninsular de formar parte de una república federal.

"Mérida y Guadalajara fueron las dos primeras ciudades de la nación mexicana que proclamaron la república federal. Ciertos hábitos de independencia y libertad contraídos en la Península durante los últimos tiempos del periodo colonial, habían hecho nacer en sus habitantes la aspiración de gobernarse a sí mismos".

"El día 29 de mayo de 1823, la Diputación Provincial se reunió en sesión extraordinaria… en todos estos escritos se pedía que se proclamase desde luego la unión a México, bajo las bases de una república federal, siempre que su gobierno fuera liberal y representativo, y reuniese además las condiciones siguientes":

"1ª.- Que la unión de Yucatán será a la de una república federal y no en otra forma, y por consiguiente tendría derecho para formar su Constitución particular y establecer las leyes que juzgue convenientes a su felicidad".

"Llegamos a marzo de 1824 y recibida oficialmente en Yucatán el Acta Nacional Federativa, "el Congreso (local) dispuso el 25 de marzo que inmediatamente fuese jurada y publicada en todo el Estado con las solemnidades acostumbradas". Así quedó Yucatán incorporado a la República Mexicana.

Solo diez años habían de pasar para que Yucatán, al igual que otras entidades de la nación mexicana, comenzase a tener dificultades con el gobierno nacional. Los problemas eran mayores que los de los otros estados, ya que al tratado de unión voluntaria había que agregar la distancia y el mar de por medio. Lo inestable de nuestros gobiernos nacionales justificaba el descontento de las entidades que no eran participantes en los movimientos y cambios políticos. Pero sigamos copiando a D. Eligio Ancona.

"Después de haber disuelto Santa Anna las cámaras de Diputados y Senadores el 31 de mayo de 1834… todo el mundo veía venir a grandes pasos el centralismo. Este no se hizo esperar mucho tiempo… en consecuencia…, se expidieron las bases de 15 de diciembre de 1835 y las leyes constitucionales de 1836, que establecieron y organizaron la república central".

"...Santa Anna fue reemplazado en la presidencia por el general D. Anastasio Bustamante, en virtud de las elecciones que se hicieron al principiar el año de 1837".

"Los puertos de la Península disfrutaban desde 1827 (por la pobreza de la región) el privilegio de no pagar más que las tres quintas partes de los derechos aduaneros,... se impuso a Yucatán la obligación de pagar íntegros los derechos establecidos. Aunque no faltará quien califique de justa esta igualdad, era contraria, por lo menos, a las condiciones con que el Estado había entrado en la Unión, pues... Se crearon impuestos de internación o alcabalas interiores que Yucatán nunca antes había pagado y no se tuvo respuesta alguna a las numerosas quejas presentadas al presidente de la república".

"Como si las disposiciones de que hemos hablado no hubiesen sido bastantes para desprestigiar al gobierno central, se expidieron..., que produjeron un gran número de descontentos, aun entre los mismos amigos y sostenedores de la administración,... la miseria comenzó a hacerles suspirar por un nuevo orden de cosas... llegaron a ser embarcados (como soldados) hasta dos mil quinientos hombres para no volver jamás a sus hogares... Hay en el pueblo de Yucatán una aversión profunda a la carrera militar. Fácilmente se encuentran soldados cuando se trata de un servicio temporal, y aun cuando se trata de promover una revolución que ha de durar un corto espacio de tiempo; pero desde el momento que se quiera hacer vestir el uniforme a ese mismo soldado, que acaso milita como voluntario, el instinto de libertad se revela en él, y no omitirá sacrificio de ninguna clase para no pertenecer al ejército".

"Carecía (D. Santiago) Imán, ciertamente, de las cualidades que se necesitaban para hacer cambiar las instituciones de un pueblo; pero no le faltaba audacia, gozaba de cierto prestigio en la región que debía insurreccionar y era, sobre todo, tan popular la revolución, que todo el mundo comprendía que bastaba una chispa para producir la conflagración general. Imán recibió instrucciones de Mérida y Campeche, y el 29 de mayo de 1839 se pronunció en Tizimin…"

"La ocupación de Valladolid,… El movimiento más importante que se verificó en la Península, después del de Valladolid, fue el que tuvo lugar en Mérida en la noche del 18 de febrero (1840). El coronel D. Anastasio Torrens reunió en la ciudadela de San Benito a los jefes y oficiales de la guarnición y a un gran número de individuos del partido federalista, y de común acuerdo levantaron un acta, que contenía en sustancia los mismos artículos que la de Valladolid,… Declaraba además terminantemente que Yucatán sería independiente de México, mientras no volviese a adoptarse en la república el sistema federal…"

"La Legislatura de 1834, restablecida por la revolución, abrió sus sesiones el 28 (febrero). El 4 de marzo (1840), expidió un decreto en que resumiendo los deseos expresados en todas las actas de pronunciamiento, declaraba restablecida la Constitución particular del Estado, la general de la República y todas las leyes que se hallaban vigentes antes del 1º de mayo del indicado año de 1834. Declaró además que mientras las instituciones federales no fuesen restablecidas en la república mexicana, Yucatán permanecería separado de la unión.."

En el año de 1841, tras nuevos movimientos en el centro del país, Santa Anna volvió a ocupar la presidencia de la república. Más de tres años transcurrieron entre la separación de la unión y los nuevos convenios de reincorporación. Durante este tiempo, comisionados fueron y vinieron, hechos de armas tuvieron lugar; pero al llegar el mes de diciembre de 1843 celebró con ellos (los comisionados) unos tratados que se diferenciaban muy poco de los que dos años antes había firmado su representante D. Andrés Quintana Roo…"

"Yucatán, en realidad, no hizo otro sacrificio que el de su Constitución de 1841; porque los artículos 1º, 2º y 3º de los tratados se comprometió a reconocer al gobierno provisional de la república en la plenitud de sus facultades…conforme a las bases orgánicas decretadas por la Junta Nacional Legislativa en 12 de junio de 1843".

"Por lo demás, se acordaron a Yucatán los privilegios siguientes:

Como encabezados del capítulo XII, del Libro Séptimo, años 1844-1846 de la historia de D. Eligio Ancona, encontramos los siguientes:………………." El Gobierno de México falta a los tratados de 1843.- Esfuerzos de los diputados de Yucatán para que sean respetados.- No acceden a sus instancias los varios gobiernos que se suceden rápidamente en la república.-la Asamblea departamental vuelve a proclamar la escisión…El gobierno mexicano reconoce los tratados de 1843, y Yucatán vuelve a la Unión". Al finalizar este periodo (1846), se había ya restablecido en México el sistema federal y la Constitución de 1824.

Conocido lo anterior, que ha sido tomado literalmente o resumiendo párrafos de la Historia de Yucatán por el insigne D. Eligio Ancona, llegamos a las siguientes conclusiones:

1ª.- Yucatán era en tiempos de la colonia una Capitanía General separada del Virreinato de la Nueva España.

2ª.- Yucatán realizó su independencia de España en un día, sin lucha armada y sin ayuda exterior.

3ª.- Yucatán se unió a la nación mexicana voluntariamente, mediante tratados especiales, y

4ª.- Yucatán se rebeló contra los gobiernos centrales únicamente cuando éstos faltaban a los pactos de unión voluntaria.

Las justificadas protestas de Yucatán tuvieron las siguientes consecuencias:

1ª.- Cargo de separatista a Yucatán, sin considerar las razones que le asistían para proceder como lo hizo en cada ocasión, que políticos del centro han logrado difundir en todo tiempo por el país.

2ª.- Ha habido gobiernos nacionales que considerando como carente de justificación el proceder de los yucatecos, y quizás pensando en la posibilidad de desintegraciones nacionales futuras, parece que se propusieron que el estado de Yucatán carezca de la fuerza económica y medios para poder lograr cualquier intento de separación de la nación mexicana. Es posible que el punto anterior pueda explicar lo siguiente:

1º.- Hace unos 100 años se agregó a Yucatán una buena parte de sus mejores tierras y con grandes riquezas naturales, para crear el Estado de Campeche. Quien se interese por conocer las bases falsas que sirvieron de justificación, debe leer al inteligente y culto historiador CAMPECHANO Lic. Luis F. Sotelo de Regil.

2º.- En 1902 se le agregó a Yucatán una porción de tierras, igual a la que se dio a Campeche, para establecer el actual Territorio de Quintana Roo. Estos terrenos, aunque no tan ricos como los de Campeche, son muy superiores a los que le quedaron a Yucatán. Quien desee saber los detalles, puede leer la correspondencia entre el Gral. Porfirio Díaz y el Gral. Francisco Cantón, cuando siendo gobernador del Estado de Yucatán de 1898 al 1º de Febrero de 1902 defendiera los intereses de nuestro estado. Esta correspondencia fue publicada no hace mucho en el Diario de Yucatán.

3º.- El estado de Yucatán quedó limitado aproximadamente a un 25% de su extensión original y en su parte más árida. Sin lagos, ni ríos, ni riquezas naturales en sus bosques como en los de Campeche y Quintana Roo, y

4º.- Yucatán, en su suelo de roca y gracias a la laboriosidad de sus habitantes, logró de la nada la riqueza henequenera para su sustento, en forma progresiva, desde la creación del Estado de Campeche y hasta 1905.

¿Qué ha pasado después? Si mi querido lector ha tenido la paciencia de leer este libro, no necesita respuesta alguna a esta interrogación.

Mérida, Yuc., Méx.- Año de 1962

(Complementamos las memorias anteriores con lo publicado en el Diario de Yucatán los días 25 al 29 de agosto de 1972)

EN YUCATAN - HISTORIA DE UNA FINCA HENEQUENERA I

No tratamos de escribir sobre aspectos políticos ni actos de gobierno alguno, aunque ocasionalmente estaremos obligados a algunas consideraciones, pues queremos limitarnos a relatar cómo se logró en Yucatán una de las más grandes haciendas, siguiendo su trayectoria hasta estimarla ahora con un valor de CERO PESOS CERO CENTAVOS, después de haber valido SIETE MILLONES DE NUESTROS ACTUALES PESOS.

Se trata de la hacienda San Antonio Sihó, del municipio de Halachó, lindando al sur y al oeste con el Estado de Campeche. Afortunadamente, con mis años y los noventa que vivió mi padre, creo ser de los pocos que pueden aportar para la historia de nuestro querido Estado los detalles que se irán conociendo en estos relatos.

Me contaba mi padre que las haciendas, entonces con ganado vacuno, denominadas Santa María Acú y San Antonio Sihó, al poniente del Estado, dependían de ,la hacienda Tankuché, actualmente del Estado de Campeche, propiedades entonces de un señor de la familia Peón. Que mi abuelo, el Dr. en leyes D. José García Morales, adquirió dichas propiedades rusticas pagando en conjunto un valor total de QUINCE MIL PESOS el año de 1857, pudiendo estimarse cada una en SIETE MIL QUINIENTOS PESOS.

Ignoro el valor de nuestra moneda de aquel entonces, en relación con el valor de la actual moneda mexicana o el dólar. El pago se convino para treinta plazos semestrales de a quinientos pesos. Se trataba de cerca de ocho mil hectáreas de tierra con once corrales o anexas con ganado vacuno. En la hacienda Sihó, de cuya historia nos ocuparemos, había sembrados los primeros seiscientos mecates de henequén, UNAS VEINTICUATRO HECTAREAS. En Acú no había henequén alguno.

Mi abuelo era más de la ciudad que del campo, y nombró administrador de sus fincas a D. Juan Rivero, de Maxcanú, quien fue sembrando henequén tanto en Acú como en Sihó. Las primeras tres motoras de vapor que llegaron a Yucatán para impulsar las Ruedas Solís, que se emplearon para la desfibración, fueron para el Dr. D. José Palomeque, el Lic. D. Olegario Molina y la otra para la hacienda Acú de mi abuelo.

D. José García Morales falleció el día 2 de junio de 1885, y sus haciendas que pasaron a ser de mi abuela, fueron administradas por mi tío político D. Manuel Fernández Alpuche, hasta el año de 1894, en el que mi padre, que entonces era comerciante, vendió su establecimiento y se hizo cargo de la administración de los bienes de su madre, Dña. Sofía Fajardo Vda. De García.

Las siembras de henequén continuaron su forma creciente, como venía aconteciendo en todo el Estado. Mi padre compró en lo personal, por el rumbo de Maxcanú, la finca Santa Rosa, entonces de los hermanos Urcelay Martínez, que está a 12 kilómetros de Acú.

El precio de la fibra del henequén nunca ha dependido de la política estatal ni nacional. Siempre ha variado de acuerdo con los mercados internacionales. A fines del siglo pasado la guerra de independencia de Cuba provocó la guerra entre los EE. UU y España, haciendo que el precio del henequén se elevara considerablemente. Cuando el efecto de esta guerra seguía sosteniendo los precios altos, vino el conflicto ruso-japonés de 1904, que trajo como consecuencia el alza de la fibra hasta CINCO PESOS LA ARROBA (once y medio kilos), con pesos a cincuenta centavos de dólar, precio nunca tan alto. El descenso de estos precios ocasionó el descalabro económico de Yucatán en 1906, con la quiebra de la casa de Escalante y todas sus consecuencias.

Pero si los hacendados fueron a Europa y enviaron a sus hijos a estudiar a otros países, como tanto se ha dicho, en primer término invertían sus utilidades inesperadas en sembrar más y más henequén hasta en forma desproporcionada, creciendo así rápidamente lo que llegó a ser la principal riqueza de Yucatán, hasta llegar a ser llamada "EL ORO VERDE".

El periodo de 1900 a 1905 fue el de mayor crecimiento de las haciendas henequeneras. Tuve a la vista cuadros estadísticos de siembras ordenadas por mi padre en las haciendas Acú, Sihó y Santa Rosa. Los años de 1902, 1903 y 1904 fueron los de mayores siembras, de trece a diecisiete mil mecates por año, que corresponde a 1902 la siembra más baja y a 1904 la de los diecisiete mil mecates, que son seiscientas ochenta hectáreas en un solo año. Esto es más de cuatro veces la extensión de ciento cincuenta hectáreas que como máximo cultivado se consideró suficiente para una pequeña propiedad y un cultivo que tiene un ciclo de unos treinta años. Las siembras relacionadas se efectuaron en su totalidad en tierras que nunca antes habían sido sembradas con henequén.

Esta explosión de siembras debió haber sido casi general en todo el Estado. Pero deseo decir, en memoria de mi padre, que en los años veintes hizo una relación de siembras de henequén ordenadas por él, tanto en las fincas ya citadas, como en otras que fueron de la familia y luego vendidas, así como en otras que administró siendo socio de grupos que compraron, mejoraron y vendieron haciendas, desde fines del siglo pasado hasta 1910. Con esta relación me mostraba que después de D. Augusto L. Peón, que había sido quien mayor extensión de henequén había dispuesto se sembrara en el Estado, a él le correspondía el segundo lugar, pues muy lejos estaba quien fuera el más cercano a lo que bajo su administración se hubiese sembrado en Yucatán.

Próximamente seguiremos la historia de la finca Sihó.

EN YUCATAN - HISTORIA DE UNA FINCA HENEQUENERA II

Continuamos narrando la historia de la hacienda San Antonio Sihó, que de un precio de siete mil quinientos pesos en 1857 alcanzó en 1916 un valor en nuestra actual moneda de más de seis y medio millones de pesos (unos quinientos cincuenta mil dólares). Después aumentó la extensión sembrada en cinco mil mecates más, entre los años de 1922 y 1936, para luego ir perdiendo valor hasta estimarla actualmente en cero pesos cero centavos. Continuaremos en el punto que terminamos la publicación anterior.

En determinado momento las haciendas Acú y Sihó, de mi abuela, pasaron a formar la Compañía Agrícola García Morales, S. A., con mi padre como administrador y apoderado general, conservando el en lo particular la hacienda Santa Rosa.

Cuando posteriormente, en 1916, se puso en liquidación la Compañía Agrícola García Morales S.A., Acú y Sihó fueron avaluadas por un grupo de peritos con D. Manuel Peón Zetina como el principal de ellos. Tanto la una como la otra finca tenían unos cuarenta mil mecates de henequén cada una, que son mil seiscientas hectáreas. Aquellas dos haciendas que comprara mi abuelo en 1857 en solo quince mil pesos y con menos de veinticinco hectáreas con henequén sembrado, tenían ya en 1916 tres mil doscientas hectáreas con plantío de henequén, sumando la extensión de ambas. Cada una fue avaluada, con muy poca diferencia, en unos quinientos cincuenta mil dólares aproximadamente. De más de siete mil hectáreas que de tierras había comprado mi abuelo en 1857, casi el 50% estaba ya cultivado con henequén.

En la liquidación de la Compañía Agrícola García Morales S.A, a mi padre le correspondió una cuarta parte de la hacienda Sihó, cuya historia estamos narrando. Seis años después, mi padre permutó con sus socios, dando la hacienda Santa Rosa por las partes de Sihó que no tenía, y así quedó desde el año de 1922 como único propietario de esta finca, y sin interés alguno en otra propiedad rustica.

El año de 1917 comencé a trabajar con mi padre, haciendo viajes semanales a las fincas Santa Rosa y Sihó. En 1922 concentré toda mi atención a la hacienda Sihó. Hecho entonces un estudio resultó que cuando se siembra mucho henequén sin poderse conservar el ritmo, al venir la decadencia de esas grandes siembras se origina un gran desnivel económico y de producción por falta de henequén proporcional en su periodo de máximo rendimiento. Fue por esto que determinamos aumentar la extensión sembrada en Sihó a cuarenta y cinco mil mecates, un mil ochocientas hectáreas, y hacernos el propósito de sembrar anualmente un mil quinientos mecates fijos para cerrar el ciclo en treinta años. Así se lograba una nivelación de quince mil mecates de henequén en cultivo y primeros Mateos, cero a nueve años; igual extensión en plena producción, de los diez a los diecinueve años, y otros quince mil mecates en decadencia y descanso, en el último periodo de los veinte a los veintinueve años. Logramos realizar este plan desde 1923 y hasta 1936, pues en 1937 vino el reparto agrario de las plantaciones de henequén.

La producción de fibra fue subiendo en Yucatán hasta alcanzar en 1916 un millón de pacas. Esto solo se logró un año. La alta producción se debió a las grandes siembras de los primeros años de este siglo, como dijimos en nuestro relato anterior, como resultado del alto precio de la fibra por las guerras de EE. UU. Con España y luego la ruso-japonesa.

Pero la producción fue bajando, debido a la baja de siembras por razones naturales y por haber comenzado la desconfianza en lo futuro, por las prédicas revolucionarias. Nosotros fuimos del grupo que siguió teniendo fe. La producción era ya en 1923 de medio millón de pacas aproximadamente, y con pequeñas variaciones se ha venido sosteniendo en esta cantidad. La hacienda Sihó fue sosteniendo una producción de cinco mil pacas anuales en el periodo que mi padre fue su único propietario y yo tuve contacto directo con los trabajos de esta hacienda. De esto resulta que un periodo de tiempo Sihó produjo el UNO POR CIENTO de la producción estatal. Lo anterior para quienes quieran hacer números generales sobre el henequén en Yucatán.

El rumbo del Poniente nunca ha sido considerado como muy bueno para el cultivo del henequén, y la hacienda Sihó llegó a ser la segunda o tercera en superficie sembrada, ya que seguían en forma paralela Lepán y Sihó, sin poder decir como terminaron. Por su producción ocupamos por bastante tiempo el octavo o noveno lugar, por mejores rendimientos en otras zonas. El primer lugar, por su extensión superior a los sesenta mil mecates, y su muy buen rendimiento, lo conservó siempre la hacienda San Francisco de los señores Manzanilla.

Ya hemos llegado a la cúspide de lo que llegó a ser Sihó en extensión de siembras de henequén, rendimiento y precio comercial, aunque esto último puede considerarse que debe elevarse setecientos cincuenta mil pesos, por los cinco mil mecates aumentados a la superficie sembrada con posterioridad al avalúo de 1916. Pero como se desee saber qué pasó con el ganado vacuno que fue lo que mi abuelo había comprado en 1857 en dos fincas ganaderas con once corrales distribuidos en diversos puntos de las tierras, diremos algo. Sihó y sus cinco anexas llegaron a tener más de mil cabezas de ganado. A partir de 1916, como resultado de predicas revolucionarias, la gente de la hacienda y de las poblaciones cercanas mataban una pieza para tomarle de 20 a 30 kilos de carne y el remanente se abandonaba para el alimento de zopilotes. Cuando ya mi padre llegó único propietario de esta hacienda, el ganado había reducido mucho, pero dejamos pasar unos años para ver si el mal tenía remedio; sin embargo, ante lo irremediable, resolvimos de una vez por todas vender el saldo de unas ciento cuarenta cabezas que aparecían en los estados semanales de cuentas y existencias. Vendimos el lote a precio alzado, y considerando al comprador, que lo era el propio encargado de la finca, que más o menos debía saber lo que había, todos pensamos que haría un buen negocio, aunque con algún riesgo. Al terminar sus ventas en un plazo corto, nos demostró que muy cerca estuvo de perder dinero, porque creo que solo pudo reunir unas cien piezas como únicas existentes después del último recuento de dos meses antes.

En nuestra siguiente publicación iniciaremos el descenso de la que fuera una de las más grandes haciendas henequeneras del Estado de Yucatán

EN YUCATAN - HISTORIA DE UNA FINCA HENEQUENERA III

Comencemos por las afectaciones   de tierras incultas, aunque con corrales, ganado y huertos con frutales en los parajes llamados San Pedro, al oriente; San José, al Sur; San Diego, al noreste; Kankalás, al norte, y al poniente, Kanchaltún. Pero pasamos por alto estas inversiones. El caso es que cuando comenzaron las afectaciones agrarias en Yucatán, alrededor de los años veintes, a la hacienda Sihó le tomaron unas setecientas cincuenta   hectáreas de terrenos incultos para el pueblo de Halachó, al oriente y sur de los henequenales, incluyendo los parajes S. Pedro, S. José, S. Diego y Kankalás.

Poco tiempo después hicieron una afectación   de unas novecientas hectáreas por la parte poniente, incluyendo Kanchaltún; pero para el pueblo de Nunkini del ESTADO DE CAMPECHE. Por la afectación para los de Halachó hicimos gestiones y viajes a la ciudad de Campeche, pero alegaron que las afectaciones eran por el gobierno federal y por lo tanto no se consideraban los líderes estatales. Dijimos que no nos parecía natural lo que se había hecho, pero existe una gran diferencia de población por kilometro cuadrado entre Yucatán, bastante poblado y Campeche con muy poca población y grandes extensiones de tierras sin cultivar por los cuatro puntos cardinales. Todo resultó inútil y la afectación para Campeche quedó en pie.

Con relación al reparto de tierras incultas, siempre he pensado, con respecto a las tierras no cultivadas, que está bien dárselas a quien posiblemente las cultive, aunque deberían pagarse ; pero si no se pagan, como acontece en México, siempre pienso que es mejor que pasen a quienes procedan a incrementar la riqueza nacional con su trabajo. En tierras buenas, posiblemente el resultado ha sido satisfactorio; pero en tierras pobres, como las de Yucatán, salen sobrando los comentarios.

Sihó había quedado reducido a una superficie de dos mil cien hectáreas, de las que en 1936 habían con henequén unas mil ochocientas. En el pasado siempre se había procurado tener en tierras sin cultivo el doble de la extensión cultivada, para tener donde obtener leña para las calderas de vapor y para facilitarlas sin pago alguno para la siembra de maíz a los trabajadores radicados en las haciendas. Cuando las dotaciones de tierras incultas, ya Sihó tenía maquinaria de combustión interna movida con petróleo crudo, y los que vivían en la hacienda lograban permisos para hacer sus siembras en terrenos ejidales. Como puede verse, en realidad, hasta aquí, no había habido perjuicios de importancia.

Toda defensa dentro de la ley está perfectamente justificada, y con esta base, cuando vimos perfilarse lo que el Gral. Cárdenas haría en Yucatán, tratamos de defendernos. Con fecha 18 de julio de 1935 hicimos un fraccionamiento de la hacienda Sihó ante el notario Lic. Emilio Lara Zorrilla, registrado en el Registro Público de la Propiedad del Estado de Yucatán, con fecha 23 de julio del mismo año de 1935. Se formaron once tablajes de unas doscientas hectáreas cada uno, con once propietarios diferentes.

Pero de nada sirvió este recurso, pues cuando el propio Gral. Cárdenas vino a Yucatán en 1937 para el reparto de henequenales, haciendo uso de las facultades legales de que gozaba, decretó que cuando varias propiedades desfibrasen su henequén en una misma planta desfibradora, todos aquellos predios fuesen considerados como uno solo para los efectos agrarios que se venían haciendo.

Y así, con algunos detalles que daremos a conocer en posteriores publicaciones, la hacienda Sihó quedó reducida en Agosto de 1937 a trescientas hectáreas exactas, de las cuales. De acuerdo con la ley en vigor, ciento cincuenta hectáreas debían estar cultivadas con henequén y ciento cincuenta de terrenos incultos. Pues todavía debemos dar las gracias, porque lo cultivado resultó con una extensión doscientas veinte hectáreas y ochenta sin cultivar. Todavía así las cosas, sembramos las ochenta hectáreas incultas, la huerta, el cercado anexo y una ancha calle, respetando únicamente lo que es la planta y sus construcciones.

Continuaremos dando a conocer otros datos relacionados con la historia de la hacienda Sihó.

EN YUCATAN. - HISTORIA DE UNA FINCA HENEQUENERA IV

(Suprimimos los dos primeros párrafos de este artículo, ya que se limitan a exponer brevemente lo expuesto en los tres artículos anteriores, para quienes no los hubiesen leído)

No queremos entrar en detalles respecto a las afectaciones de henequenales, máxime que los resultados son ya bien conocidos. Pero así como ya expresamos nuestra aceptación al reparto de tierras incultas, si hay posibilidad de ser cultivadas, también queremos opinar respecto a los repartos agrarios de tierras cultivadas que representan riqueza nacional, impuestos y divisas extranjeras, con una interrogación por delante al repartirse.

Personalmente creo que las dotaciones a nuestros campesinos se deben hacer en parcelas debidamente documentadas a cada campesino, para que se sientan verdaderos propietarios, y así ser responsables y los verdaderos beneficiados en relación a su esfuerzo personal. Para esto, deben poder dedicar sus tierras a cultivos intensivos de rendimiento a corto plazo. Pero si se les dota de tierras con cultivos extensivos, con ciclos largos de cultivos con inversiones y explotación, como el henequén, cuyo ciclo es de veinticinco a treinta años, según la zona, y en cuyos trabajos necesariamente hay que emplear el trabajo colectivo, nunca podrían sentirse propietarios y responsables directos. De esto resulta un trabajo malo y deficiente. Esta es la razón del pago de trabajos no realizados, los llamados chapeos prematuros, el bajo rendimiento por corte de matas sin su total desarrollo para así acortar las pencas y hacer que su condición a canto de vías resulte más liviano, los rollos con menos de cincuenta hojas, etc. Etc. Todo lo cual en cada cambio de administración se achaca a tolerancia y manejos sucios anteriores, con ofertas de enmiendas que nunca podrían realizarse.

Así como en la siembra de hortalizas y otros cultivos intensivos nunca la empresa privada podrá lograr un buen rendimiento, con jornales pagados, ni siquiera cercano al que logra el que trabaja directamente su propia tierra; en cultivos extensivos y de trabajo colectivo como el henequén, nunca el gobierno como empresa y los ejidatarios, considerando que trabajan para el gobierno y nunca como propietarios, podrán lograr los resultados que obtenía la empresa privada. Compárese como ha venido bajando desde 1937 el rendimiento en kilos por millar de pencas desfibradas, cuyo resultado sorprenderá a cualquiera. Y hasta aquí las consideraciones generales.

Ahora pasemos a otro periodo de Sihó, comprendido de 1937 a 1962. Los precios de las fibras en los mercados internacionales no fueron ni para hacer el negocio incosteable, ni subieron con la segunda guerra mundial, como aconteció con la primera y a principios de siglo por otras guerras.

Si la hacienda Sihó hubiese tenido que limitarse a desfibrar únicamente el producto de la pequeña propiedad, mejor hubiese sido prenderle fuego. Una planta con equipo de maquinaria, mulas que mantener y gran acopio de elementos de trabajo para mil ochocientas hectáreas cultivadas, nunca hubiese podido sostenerse con el trabajo de solo doscientas veinte hectáreas. Pero a partir de 1942 (8) se hicieron arreglos y con el equipo industrial se organizo el trabajo del henequén ejidal. En Sihó hay dos grupos: el de los que viven en la hacienda que son unos ciento ochenta jefes de familia, y el grupo de Halachó. Cada grupo tiene sus plantaciones bien demarcadas e ignoro si alguna vez alguno de los grupos ha trabajado para el otro. Las extensiones son casi del mismo tamaño; pero no hay propiedad individual, y por lo tanto, el rendimiento en kilos por millar de hojas, que en 1936 era de un promedio anual de casi veinticinco kilos, alguien de la propia hacienda me ha dicho que el henequén ejidal ha bajado a trece kilos por millar de hojas y hasta se está pensando no volver a sembrar henequén por lo malo del terreno. Qué culpa tiene el pobre terreno; pero como NO habla...

Con el entendimiento habido hasta 1962, y por los precios aceptables de la fibra, aceptamos sin reparo los resultados obtenidos en estos años. En 1962 le vendimos el equipo de desfibración al gobierno federal... que para beneficio de los ejidatarios, quienes seguirían pagando la maquila cuyo importe o utilidad debe ser abonado al pago del equipo para que los campesinos se conviertan luego en propietarios de todo. Bello plan para nuestros modestos campesinos.

Seguiremos a partir de la venta del equipo y demostraremos lo falso que es el que los ejidatarios son explotados por los dueños de equipos, porque pagando nosotros maquila, al igual que nos la pagaban, siempre ganamos buen dinero, pagando todos los trabajos, hasta que bajó el precio de la fibra a límites que ya hicieron el negocio incosteable.

EN YUCATAN - HISTORIA DE UNA FINCA HENEQUENERA V

En la historia de la hacienda Sihó hemos llegado al año de 1962. Quedaban trescientas hectáreas de superficie de las que todo lo posible de ser cultivado estaba sembrado con henequén, inclusive la huerta que tuviera árboles frutales. Así era nuestra fe en esos momentos en el negocio del henequén.

Pero viene el periodo del Lic. López Mateos como Presidente de la República y surge en Yucatán un movimiento organizado para que los ejidatarios henequeneros clamaran que, explotados por los dueños de equipos de desfibración, querían tener sus propios equipos, pero con instalaciones nuevas y modernas. Tengo la impresión de que había elementos políticos interesados en lograr manejar los millones que significaban estos nuevos equipos. Hubo una comisión intersecretarial para hacer un estudio que llegó a la conclusión de que sobraban equipos en buenas condiciones y lo indicado era hacer una concentración de trabajo adquiriendo hasta cien de los equipos existentes para establecer centrales.

Combinando el estudio realizado, lo político y lo económico, se ha procedido a comprar algunos equipos de particulares, y en puntos llamados estratégicos se han hecho nuevas instalaciones como hicieron pedir a los ejidatarios.

Muerto mi padre en 1956, mi hermano y yo pasamos a ser los propietarios de Sihó y fuimos de los primeros en venderle el equipo al gobierno de la nación. Comenzamos a tratar, y el 10 de julio de 1961 presentamos un inventario y avalúo que se dividió en tres partes: Edificios para maquinaria y anexos, la maquinaria y equipo para transportación de productos, estimado el conjunto de $1,018,000.00; otras construcciones e instalaciones que comprendían casa principal, edificio de escuela y   oficinas, huerto, casas de empleados y casas de jornaleros, en el bajo precio de $337,000.00, y la pequeña propiedad cultivada a su máximo con henequén   en $900,000.00.   El total sumaba $2, 255,000.00.

Los trámites continuaron hasta llegar a un acuerdo, concertando la operación por solo el primer renglón del avalúo, una casa para el encargado y los corrales para tener las mulas de trabajo. La operación se cerró en $737,500 netos para los vendedores. Actuó como notario el Lic. Fernando Castilla Centeno con fecha 6 de abril de 1962, vendiéndose una superficie muy cercana a las seis y media hectáreas.

Entonces pasamos a estar en las mismas condiciones que los ejidatarios, pues de cobrar maquila, comenzamos a pagarla nosotros en las mismas condiciones y sin preferencia alguna sobre los ejidatarios.

No me explico los resultados ejidales desde 1937 ni las quejas de los ejidatarios que se sienten EXPLOTADOS POR LOS DUEÑOS DE LOS EQUIPOS. Nosotros, ya pagando maquila, corte de pencas, acarretos, siembras y limpieza normal de las plantaciones, con precios aceptables dentro de lo normal, seguimos teniendo utilidades. Del 6 de abril de 1962 al 31 de diciembre de 1964, dos años y nueve meses, tuvimos una utilidad de $262,081.92, muy aceptable considerando el avalúo de los henequenales de la pequeña propiedad en julio de 1961 por $900,000.00. Ya en 1965 comenzó a sentirse la baja en el precio de la fibra y se perdieron $575.49; en 1966 las pérdidas fueron de $1,800.44, y en 1967 alcanzan las pérdidas la suma de $18,607.51.

Por acuerdo entre los propietarios se resuelve suspender todo trabajo a partir de enero de 1968. Antes de esto, traté con el Banco de Crédito   Ejidal para ver si la institución   o los ejidatarios, manejados por el Banco, se hacían cargo de continuar la explotación del henequén, sin responsabilidades y sin la obligación de sembrar o reponer. No logré que alguien se hiciera cargo de lo que restaba de Sihó.

Ahora, en agosto de 1972, el esposo de mi nieta se interesó por tener abejas en la pequeña propiedad de Sihó. Le indiqué que por mi parte podía disponer libremente sin pago alguno, pero necesitaba tratar con mi hermana que es dueña del 50% de la finca. Habló con ella y le hizo oferta por su parte al precio que se compran tierras incultas en el Estado. Ante cifra tan reducida, resolvió mi hermana obsequiarle a mi nieta su parte de Sihó, y yo hice igual cosa. Están por firmarse las escrituras. Sabe mi nieta la oferta de obsequio de sus casas a quienes viven en la hacienda, y puede procederse a esto cuando pueda llevarse a cabo. Y así termina la historia de la hacienda Sihó, con un precio de CERO PESOS CERO CENTAVOS.

Desgraciadamente ahora soy pesimista y pienso que nuestro henequén seguirá el mismo camino del palo de tinte de Campeche y el chicle en la península, así como el salitre de la República de Chile. Ojalá yo me equivoque son mis mejores deseos.

DE "EL ECO DEL COMERCIO"

Al publicarse los cinco artículos anteriores, un viejo amigo me obsequió el número   1,892 del año XVIII del periódico "EL ECO DEL COMERCIO", publicado en Mérida de Yucatán el jueves 3 de junio de 1987, que en su primera plana y con el retrato de mi abuelo D. José García Morales. Se refiere a su muerte y dice lo siguiente:

Sr. Dr. D. JOSE GARCIA MORALES

Doce años hizo ayer que bajó a la tumba el distinguido ciudadano con cuyo nombre encabezamos este artículo.

El Sr. GARCIA MORALES nació el 30 de enero de 1824, siendo sus padres de origen español.

Se dedicó a la carrera de la abogacía, recibiendo el titulo correspondiente en julio de 1849.

Dos años antes, en Agosto de 1847 siendo todavía estudiante, ingresó al 18º Batallón de Guardia Nacional del Estado, como Capitán de la 2ª Compañía y Capitán Cajero de todo el Batallón.

Esto pasaba en la época luctuosa de la guerra de castas, cuando se (*) iniciaba la tremenda lucha que sembró la desolación y el exterminio en la Península.

En dicho Batallón prestó importantes servicios el Sr. GARCIA Y MORALES, siendo ascendido a Mayor y no dejando de pertenecer a ese cuerpo hasta Octubre de 1853, en que se disolvió por la nueva organización del Ejército, dispuesto de orden del Presidente Gral. Santa Anna.

Fue diputado al Congreso del Estado, de Septiembre de1849 hasta el mismo mes del año de 1853.

Durante el Gobierno del Gral. Rómulo Díaz de la Vega, tuvo a su cargo nuestro biografiado la Jefatura Política de esta capital hasta Noviembre de 1854, en que se encargó de la Secretaría de la Comandancia general, puesto que dejó al concluir la administración del Presidente Santa Anna.

Estando en Veracruz el Presidente Juárez, fue nombrado el Sr. GARCIA Y MORALES, Agente del Ministerio de Fomento en Yucatán, empleo que desempeñó dos años.

Durante la administración del Gral. D. Martín Francisco Peraza, fue componente del Tribunal Superior de Justicia como Magistrado de número y D. Liborio Irigoyen, en su gobierno lo nombró administrador de los bienes de monjas.

Durante el Imperio tuvo a su cargo la Prefectura Política de esta ciudad, desempeñándola con notable prudencia y discreción.

Fue colaborador activo y laborioso del Jefe Político de Mérida D. Antonio García Rejón, en el año de 1848, ayudándole eficazmente en las atenciones de aquella oficina, que por las circunstancias criticas en que se hallaba el estado, eran sumamente complicadas.

En 1854 recibió al mismo tiempo que su íntimo amigo D. Fabián Carrillo y Suaste, el título de Doctor de la Universidad del Estado.

Tan distinguido ciudadano que ora fue como soldado, defensor de la causa de la civilización, y ora como Magistrado, defensor integérrimo de la justicia y del derecho, fue también un obrero de la prensa, un periodista honrado y patriota, siendo en los albores del periodismo yucateco, uno de sus más firmes y prestigiosas columnas.

EL ECO DEL COMERCIO tuvo el honor de contarlo entre sus redactores fundadores, y por eso y por merecimientos intrínsecos, que enaltecen tan distinguida personalidad, cree cumplir un deber consagrado a la memoria del Sr. Dr. D. JOSE GARCIA MORALES, el homenaje que encierran estas líneas.

Y así he querido presentar a uno de los pioneros del cultivo del henequén en Yucatán.

(Diario de Yucatán del 1º de mayo de 1961)

EUROPA Y EE. UU. DE NORTEAMERICA

Cuando se cruza el océano y se está algún tiempo en otro continente es muy posible sentir una desorientación respecto a los acontecimientos mundiales. Para nosotros, al encontrarnos en Europa e irnos enterando de informaciones que difieren del concepto que tenemos, llegamos a pensar que nuestro criterio se ha formado por noticias en su casi totalidad procedentes de las agencias de Estados Unidos de Norteamérica.

Aun cuando no soy periodista ni dedico bastante tiempo para estudiar los sucesos y llegar a conclusiones definitivas, siempre, como la mayoría de las personas, me entero de las principales noticias de nuestra prensa local y escucho informaciones transmitidas por radio. Las noticias radiadas de Europa nos sorprenden y desorientan en ocasiones; pero las impresiones que tuve en el viejo mundo en 1960 no solamente afirmaron las que tuve en 1957, si no que, llegué a conclusiones que posteriormente he venido confirmando. Al conversar sobre estos aspectos con diversas personas, y en vista de noticias últimas en apoyo a mis puntos de vista, algunos amigos me han sugerido escribir estas líneas.

Tiempo hace que sabemos de visible ingratitud hacia los Estados Unidos, pues con frecuencia hemos leído noticias de países Europeos que después de haber sido salvados o cuando menos ayudados para inclinar la balanza en la segunda guerra mundial, y auxiliados económicamente con posterioridad, daban a conocer manifestaciones y demostraciones populares solicitando la salida de las tropas norteamericanas, con muestras de antipatía. Esto que visiblemente resulta un mal pago, tuvo explicación muy humana durante una estancia de más de tres meses en Europa en el año de 1957.

Nuestro recorrido comenzó por el Sur de España. Poco tiempo hacía que en este pañis había civiles y posiblemente militares, encargados de las obras que ya se realizaban con ayuda norteamericana. Una tarde, en la "barra" del Hotel Alfonso XIII de Sevilla, notamos la mala voluntad con que le sirvieron una copa a un ingeniero americano, por haberse presentado sin saco ni corbata, el cuello de la camisa abierto y las mangas arrolladas. Luego se nos dio una excusa por haberle servido en nuestra presencia. En Madrid supimos que era rara la semana que no surgía un problema entre la Secretaría del Interior y la Embajada Americana por algún incidente provocado por norteamericanos en estado de embriaguez. Lo mismo por insistencias molestas a españoles que declinaban invitaciones para beber, que por atropellar un puesto de frutas con un automóvil, aunque después se pagaban a muy buen precio los perjuicios. La antipatía por los americanos se iba generalizando. Y esto nos lo contó un caballero madrileño muy amigo de los EE. UU. Y con relaciones en las oficinas del gobierno, y quien generalmente era llamado para intervenir.

Los casos de España se fueron repitiendo en todo nuestro recorrido; unos narrados y algunos vistos. Recuerdo de uno en Roma provocado entonces por una señora italiana. Estando en una mesa del café instalado en la acera del Hotel Excélsior acompañado de uno de los atachés de la Embajada Americana en Roma, quien para bien de Italia tenía ya varios años en el país y se había hecho totalmente a la vida romana, una señora pasó cerca de las mesas que portaban banderitas de diversos países, y al pasar junto a la que tenía la americana, la tomó, la tiró al piso con rabia y continuó su camino. El mesero recogió la bandera, la limpió y la volvió a su sitio. Con este motivo tuvimos el ataché y yo un largo cambio de impresiones en el que ambos nos expresamos con entera franqueza y todo tiempo estuvimos de acuerdo. Algo de lo que me dijo el ataché fue lo siguiente: "Es a Italia a uno de los países que más hemos ayudado. Antes de la última guerra no podían trabajar en industria pesada, y ahora por nosotros ya pueden hacer de todo. Sin embargo, lo que hemos presenciado me lo explico. Lo reciben, pero siempre creando malas voluntades en lugar de agradecimiento. Los que estamos aquí decimos como deben hacerse las cosas, pero nunca nos hacen caso. Y esto es lo que recogemos". Otro caso categórico fue el de Viena. A persona culta, seria y de cierta edad, le preguntamos qué impresión habían dejado las tropas de ocupación. Su respuesta fue la siguiente:"Todo ocupante es desagradable para el ocupado; pero respondiendo con franqueza, debo decirles que no tenemos queja de los franceses ni de los ingleses. Desgraciadamente todas las humillaciones, choques y contrariedades fueron provocadas por el alcohol y los rusos y los norteamericanos son muy borrachos".--- (Textual en español).

El alcoholismo, su forma de presentarse y otras prácticas mal vistas en Europa, hacen antipático al norteamericano. Y lo peor es que se piensa que lo hace intencionalmente por su alarde de dinero. Esto es un error, porque los norteamericanos individualmente son sencillos y muy poco hacen alarde de riqueza. Lo que pasa es que no tienen el don de adaptación y desconocen el refrán que dice:"Al país que fuereis haréis lo que viereis".

Hasta aquí nuestras impresiones recogidas en 1957; pero las conclusiones a que llegamos después de cuatro meses en 1960, son más serias. Nuestra estada coincidió con el fracaso de la reunión de los "Cuatro Grandes" en Paris, debido al avión espía que los rusos derribaron y de cuyo vuelo el Presidente de EE. UU declaró tener conocimiento previo, provocando esto el que Rusia diera media vuelta sin iniciar la reunión. Por otra parte, poco tiempo después el mismo "IKE" suspendió ya en camino su visita al Japón, por causas que hicieron reír a los europeos. Comentados estos dos hechos por la prensa en forma muy desfavorable para los EE. UU., fuimos viendo que Europa dejaba de comentar los acontecimientos y se limitaba a dar a conocer los telegramas procedentes de Washington y de Moscow, sin comentarios. En conversaciones pudimos darnos cuenta de un disgusto general contra la política norteamericana, a la que desgraciadamente se encontraban ligados.

Había que buscar una salida para actuar en alguna forma por separado. Llegamos a escuchar de más de un comerciante establecido con capital propio, y después de hacer una seria declaración de filiación totalmente anticomunista, que consideraba más sincero en sus propósitos de paz al primer ministro ruso que a los EE. UU. En diversos editoriales fuimos viendo ideas y planes para la salvación de Europa y del mundo. Ignorando a EE. UU se escribía sobre aspectos europeos. Concentrando los editoriales que leímos, puede decirse que toda la Europa Continental de Occidente piensa lo siguiente: Alemania y Francia han llegado a un buen entendimiento. Posteriormente Italia, Holanda, Bélgica y la mayor parte de las naciones continentales de la Europa Occidental se han sumado formando un solo "block". En población ya constituyen un núcleo que puede compararse al de Oriente y al de EE. UU; pero sin armas atómicas seguirán siendo en todo tiempo potencia de segundo orden. Ahora bien, si Inglaterra que pertenece al "Club Atómico" abandonase a EE. UU y se uniese a la Europa Continental, entonces, ya con armas atómicas, pasarían a potencia de primer orden para imponerse hasta lograr la terminación de la guerra fría y establecer un "modus vivendi" para comerciar libremente y sin más avances del comunismo; pero Inglaterra ha estado por tanto tiempo ligada a EE.UU, que se consideraba sumamente difícil que se acoplara al grupo Continental. No quedaba más remedio que trabajar en pruebas atómicas, hasta lograr que algún país continental fuese aceptado en el "Club Atómico".

Ahora nos toca pasar revista a informaciones que hemos obtenido del DIARIO DE YUCATAN y de las estaciones de radio inglesa y suiza. El año pasado Inglaterra informó de un tratado con Francia mediante el cual se reuniría una comisión de los mejores técnicos franceses e ingleses para estudiar todas sus respectivas armas, con el fin de determinar cuáles son las mejores en sus respectivas clasificaciones o fabricar nuevas, que serían las únicas para el uso de ambos países. En febrero de este año, Inglaterra anuncia un nuevo pacto con Francia para que una comisión mixta estudie un pequeño avión inglés, que sin ser helicóptero, se eleva y aterriza en forma vertical, para ver si se logra un avión COMERCIAL (?) carguero de gran tamaño, que pueda elevarse y tocar tierra verticalmente. (Ahí está el Concord franco-inglés).

Se hace cargo el Gral. De Gaulle del gobierno de Francia, y uno de sus primeros pasos es notificar, con su habitual altanería e independencia de criterio, a los EE. UU para que sus bases militares en territorio francés pasen a control y manejo de militares franceses o las retire de Francia. EE. UU retira sus instalaciones militares. Visita Paris el primer ministro de Alemania. De Gaulle paga la visita, el Primer Ministro de Italia va a París, otros ministros visitan a De Gaulle, se va formando la unidad de la Europa Continental. De Gaulle hace viaje a Londres, y mientras tanto, Francia comienza a anunciar sus pruebas nucleares en el Sahara.

Hace la primera prueba con éxito. Rusia y EE. UU censuran estas pruebas y las siguientes; pero De Gaulle sigue de frente sin hacer caso de las protestas. Este hombre es el jefe visible de la política europea. Francia pide ya ser aceptada en el "Club Atómico" porque se siente con derecho, pero no se le da entrada todavía. Si EE. UU está al tanto del pensamiento europeo de querer obrar por su propia cuenta, no ha de ver con buenos ojos las pruebas nucleares que se vienen haciendo. Sin embargo, Rusia, que sigue todos los hilos, a sabiendas de la oposición norteamericana, culpa a este país malévolamente, de fomentar y ayudar a Francia en sus pruebas nucleares. ¿Inglaterra ayuda a Francia?

Inglaterra conoce el pensamiento continental europeo y va jugando su papel. Coquetea con Europa y Mac Millán hace viaje a Paris para sugerir ciertas medidas convenientes al "block" y sigue su alianza inquebrantable con EE. UU. A la larga puede llegar a recuperar su papel de directora de la política mundial. No hay que olvidar que las obras de Maquiavelo son libros de texto en la escuela de la diplomacia inglesa, mientras que si al Gral. Eisenhower alguien le hubiese recomendado leer El Príncipe de Maquiavelo, seguramente le hubiese hecho la mayor de las ofensas. Desgraciadamente en la política internacional, y más con Rusia que no hay medio reprobable que deje de emplear, hay que conocer de memoria al político florentino Nicolás Maquiavelo. Su error fue dejar escrito lo que tantos y tantos han dicho privadamente y todavía más quienes han pensado lo que escribió el genial toscano, que como tal, está enterrado en Florencia en el mismo sagrado recinto que Dante Aligheri, Leonardo Da Vinci, Miguel Ángel, Galileo, Rossini y otros grandes cerebros toscanos.

Viene luego el cambio de Presidente en Estados Unidos, y yo pienso: Si Kennedy triunfó teniendo como base de su campaña los fracasos del gobierno anterior en su política internacional y desprestigio en que han caído en el mundo, principalmente en Europa, quizás con una visión práctica y de menos responsabilidad, solicite la opinión inglesa y aprobada o modificada con la intervención de Francia, Alemania e Italia, respaldar el punto de vista europeo con toda la potencialidad de su país. Son países viejos que han vivido juntos en pequeños territorios. De Inglaterra no hablemos por conocida; Francia tiene un pasado glorioso, está en el centro de las principales potencias europeas y con De Gaulle a la cabeza sigue siendo una nación respetable; Alemania es el país más militar del mundo hasta desarmada, e Italia hila muy delgado. No en vano se dice que Italia pierde las guerras y gana la paz. Ahí están sus relaciones con Yugoeslavia. Fronteras comunes. Triste italiana enclavada en Yugoeslavia, tanques y soldados en la frontera, pero intercambio constante de personas y productos comerciales. Todo tranquilo. Nosotros estuvimos al viajar de Venecia a Viena a menos de cinco kilómetros de la llamada cortina de hierro, e invitados, sin aceptar, para ir a Yugoeslavia.

Lleva Kennedy escasos tres meses en el poder. MacMillan, Primer Ministro de Inglaterra, está tres días en Washington. Del primer día nos informa la prensa diaria que hay un franco desacuerdo entre las dos figuras centrales (¿busca MacMillan la confianza de Europa?). Siguen las pláticas y en todo parece que se ha llegado a un buen entendimiento.

¿Habrá aprovechado el inglés para hablarle a Kennedy de los puntos de vista europeos? Ojalá. Ya con Kennedy en el poder, se trata el caso de Laos, y es Inglaterra la que tiene la palabra de tratar con Rusia. El primer Ministro de Alemania Occidental visita al Presidente Kennedy y parece que todo es satisfactorio. Alemania no grita mientras no esté bien armada. No se habla de la visita de De Gaulle a Kennedy, ni creo que se pueda realizar pronto, si es que existe tal proyecto, porque podría venir un serio choque. Un artículo del DIARIO DE YUCATAN con motivo de la visita del Presidente de Italia a la Argentina nos hace saber que el Presidente Gronchi dijo que el futuro del mundo es buscar una forma para que pacíficamente puedan convivir con él y en paz, las naciones comunistas y las democráticas, para lograr un intercambio comercial beneficioso para todos. Yo creo que no fue una opinión personal. Creo que habló por Europa.

Con una visión que no se limite a las informaciones de fuentes norteamericanas, buscando pequeñas noticias en la prensa y escuchando las noticias de la radio europea, principalmente los serenos noticieros ingleses y los neutrales de Suiza y Holanda, podemos, desde este rincón del mundo, seguir el caso de los acontecimientos, para no tener sorpresas que en ocasiones pudieran ser desagradables.

(Diario del Sureste los días 27 y 28 de junio de 1967)

A LA VERSUS MOISES I

Tratándose del problema que en estos momentos atrae la atención del mundo, la lucha entre árabes y judíos, existen mucho y variados puntos de vista para analizar y presentar las causas que han llevado las cosas a la situación actual y hacer sugerencias para la solución, cuidando de apegarse lo más posible a un espíritu imparcial y justo. Con algún conocimiento basado en lecturas, e impresiones recogidas al visitar Egipto, Jordana, Siria y Líbano, me lanzo para ser uno más de los muchos que sobre el tema van escribiendo cuartillas. No pude visitar Israel por problemas de visado, como consecuencia del celo de los hijos de Alá.

He deseado hacer el estudio desde el punto de vista de dos grupos dominados por tremendos fanatismos religiosos, que las circunstancias que han mediado en los últimos cincuenta años, han hecho de ellos enemigos irreconciliables por problema de territorio. Un grupo es creyente de Alá y el otro de Moisés. No sabemos cuál sea más intolerante.

Hace más de dos mil años, los antepasados de los actuales israelitas, tan férvidos creyentes del antiguo testamento y sus otros libros sagrados como sus descendientes actuales, eran los habitantes y dueños del territorio conocido como Palestina. Pero conquistadores pasaron sobre esa región, y así griegos, romanos, turcos y otras razas, lograron ahuyentar a los seguidores de Moisés que se instalaron en todas partes del mundo, y Palestina, al igual que extensos territorios que la rodean, resultó habitada desde hace varios siglos, en su inmensa mayoría, por árabes adoradores de Alá, con menos de un veinte por ciento de viejos palestinos que permanecieron.

Los judíos, nombre genérico con el que son más conocidos los seguidores de Moisés, son en su casi totalidad trabajadores, ambiciosos y absorbentes. Siempre conviven unidos donde quiera que estén. Los resultados fueron que cuando formaron grupos grandes y se hicieron sentir, fueron perseguidos y vilipendiados. Esto les pasó en Rusia, Polonia, Francia, España, Portugal y muchos otros lugares, hasta el conocido caso de Alemania bajo el gobierno de Hitler. Sólo de América no han sido expulsados, o perseguidos oficialmente a partir de la creación de nuestras naciones independientes; pero aun en este continente saben que no son vistos con simpatía. Han sabido crear buenas fortunas y se dice que son actualmente los dueños de la mayor parte del oro.

Las constantes persecuciones y fijo el pensamiento en el retorno a La Tierra Prometida, Palestina; tan pronto terminó la primera guerra mundial y ésta región se convirtió en un mandato inglés, confiaron en la tolerancia y cultura inglesa para comenzar poco a poco a retornar al suelo de donde los habían expulsado dos mil años antes. Fueron comprando tierras a los grandes terratenientes y jefes árabes, tierras que por cenegosas, salitrosas o desérticas, los atrasados e incultos árabes no cultivaban, como acontece en la mayor parte de los países de los adoradores de Alá. Primero los infelices y miserables árabes trabajaban para los judíos; pero cuando los seguidores de Moisés ya fueron haciendo número, resolvieron trabajar personalmente las tierras, surgiendo los "kibbutzim" en un principio y luego surgió el primer "moshav" para seguirle otros. La transformación de tierras antes inservibles se fue realizando para convertirse en las tierras de cultivo que ahora sorprenden al mundo. Hasta aquí, parece que Moisés y Alá se van tolerando con los recelos naturales por parte de Alá, y un plan firme y sistemático por parte de Moisés. Va comenzando el problema de los refugiados árabes salidos o sacados de Palestina que ya pasan del millón.

Hitler mata más de seis millones de judíos, muchos otros se salvan y se encuentran famélicos en campos de concentración. Surge el problema. Todos los supervivientes quieren y hacen lo posible por ir a Palestina; Inglaterra vislumbra lo que puede pasar, y para no mal quitarse la voluntad de Alá que ya teme ser desposeído de lo que considera, con toda razón, como territorio árabe, para formarse una nación judía, comienza a poner toda clase de obstáculos para la entrada en cantidad de judíos a su mandato de Palestina. Los intereses petroleros en tierras de Alá, ponen a los ingleses en verdaderos apuros. Yo creo que los árabes tenían razón hasta aquel entonces. El haber sido los dueños hace dos mil años no constituye un derecho actual. ¿Podemos y debemos hacer que los descendientes de quienes ocupaban y gobernaban el mundo hace dos mil años vuelvan a sus respectivas zonas constituyendo naciones en los tiempos actuales? Lo de la Tierra Prometida, Palestina y los judíos no es más que un fanatismo bíblico que no tiene por qué afectar a quienes no sigue sus mismas creencias. Inglaterra o Francia tenían suficientes colonias en islas para ceder algo mayor, mejor y poco habilitado a los judíos. Pero estos no hubiesen aceptado nunca. ¿Qué culpa tenían los países afectados?

Con tenacidad, burlando las disposiciones inglesas y con apoyo de judíos de América y otros lugares, la fe inquebrantable logró crear para Inglaterra un serio problema que ya no pudo solucionar ella sola. Entonces endosó el caso a las Naciones Unidas, y ésta, en votación legal de las dos terceras partes de los votantes, crea en noviembre de 1947 una nueva nación denominada Israel, con el ochenta por ciento del territorio de Palestina, pasando el restante veinte por ciento como MANDATO a Jordania. Esta proporción es la que se consideró que había entonces de judíos y árabes en todo el territorio de Palestina. A Jordania, EN MANDATO, correspondió la ciudad de Jerusalén y una parte al oeste del río Jordán, actualmente en poder de Israel. Judíos y árabes quedaron revueltos en ambas zonas de Palestina. Se tomó una base muy forzada.

ALÁ VERSUS MOISES II

Es aquí donde pienso que los creyentes en Alá comenzaron a fallar. Justa o injusta la determinación de las Naciones Unidas, los países árabes estaban obligados a respetar el acuerdo del organismo del que todos ellos son miembros. Pero todo lo contrario. Hasta hoy se niegan a aceptar a Israel como nación y desde 1947 vienen haciendo todo cuanto es humanamente posible y hasta lo imposible, justa o injustamente; malévolamente y falseando todo hecho e información, para hacerles a los judíos más, si fuera posible, de lo que Hitler les hizo.

Tampoco los judíos son unos angelitos; pero han obrado en defensa propia. ¿Qué ellos dispararon primero para barrer con los árabes? Aceptémoslo sin asegurarlo. Pero el ataque certero no es solamente con balas. Les cierran desde hace once años el Canal de Suez, un paso que debe ser para todos los países. Pero se resignan porque les queda un puerto para salir al Mar Rojo rumbo a Asia. El señor Nasser, principal culpable de todo el problema actual, cierra ésta vía con alarde de fuerza y poder. Israel espera más de diez días para ver si las Naciones Unidas pueden hacer desistir a Nasser, y es cuando antes de ser dominados, proceden en la forma que hemos visto.

¿Qué cabe hacer ahora? Ya no debe permitirse la conquista de territorios por el empleo de las armas. Esto es posible porque se trata de una nación con menos de tres millones de habitantes. ¿Qué haría Rusia viéndose triunfadora como está Israel? ¿Devolvería todo suelo ocupado? Pero afortunadamente Israel es pequeño. Eso SI tiene derecho a toda clase de seguridades para no seguir viviendo en un estado de zozobra, como lo ha venido haciendo desde su creación como nación. FUE CREADA POR LAS NACIONES UNIDAS Y AHORA...

Hay que comenzar por hacer que los países árabes reconozcan a Israel como nación constituida. En bien de la paz del mundo, el Canal de Panamá en América, los pasos del Báltico al Mar del Norte en Europa, el Estrecho de Gibraltar entre Europa y África, el canal de Suez en África, el Golfo de Acab en Asia y otros pasos similares, deben quedar en alguna forma bajo el control efectivo y seguro de las Naciones Unidas, garantizando el paso a todas las naciones. Mientras a Israel no le puedan garantizar una existencia como nación sin problemas con sus vecinos y el libre tránsito por los pasos de agua que le interesan, no cabe exigirle que vuelvan las cosas a como estaban el día tres del presente mes de junio.

El fanatismo de los israelitas está a toda prueba. Han hecho de las pésimas tierras de Palestina un vergel. Han creado un ejército sin diferencias de sexos, y están resueltos, y sin duda lo cumplirán, a morir hasta el último judío antes de salir nuevamente de La Tierra Prometida que han recuperado.

Los creyentes de Alá son igualmente fanáticos; pero son más de cincuenta millones de analfabetos e impreparados para constituir una fuerza proporcionalmente tan poderosa como la judía. Y aún hay algo más. Entre los países árabes hay uno que constituye una excepción, y es Líbano. Es el jardín de los países árabes; pero no es el Jardín de Alá. El setenta por ciento de su población es CRISTIANA; su suelo es fértil; su pueblo tiene un grado mucho más alto de cultura que el de los otros países árabes. Tiene un poco más de 10 000 kilómetros cuadrados con una población aproximada de millón y medio de habitantes. No es un pueblo de borregos como los otros. Su grado de cultura y religión dominante los ha hecho aceptar en el fondo la existencia de Israel como nación. No lo dicen, por solidaridad de raza. Dicen contribuir a formar un frente común con los otros árabes. Pero en Jordania y Siria me presentaron a los libaneses como amigos de Israel, por el beneficio recibido al desviarse hacia Beirut todo el movimiento que anteriormente se hacía por Haifa, actualmente Siria pidiendo que fueran destruidas las instalaciones petroleras extranjeras, volaron los depósitos ingleses de petróleo (nada contra Israel), el gobierno cuidó de las embajadas de EE. UU y de Inglaterra. ¿Tiros? Ni uno solo en la frontera Líbano-Israelí, ni un soldado judío en territorio libanes. ¿Cultura? ¿Espíritu cristiano de la gran mayoría dominando a Alá? Treinta por ciento para Cristo y el setenta por ciento para Alá. En los otros hay muy pocos cristianos. Entre los otros países árabes tampoco hay una franca unidad, porque están divididos entre derechitas e izquierdistas, según sus respectivos gobiernos.

Como están las cosas en estos momentos, ¡Dios salve a Israel y al mundo de una nueva guerra general!

(Diario de Yucatán del 20 de junio de 1968)

EDWARD KENNEDY NO DEBE ASPIRAR A SER PRESIDENTE

Robert Kennedy pudo haber sido asesinado por un fanático árabe, o bien, como resultado de un complot. Pero tratemos de dar a conocer algunos datos que pueden tener relación con las tragedias de la familia Kennedy.

Vamos a transcribir algunos pocos párrafos de dos libros que parecen muy interesantes: EL IMPERIO DEL PETROLEO, Harvey O'Conner, edición de la editorial América Nueva, México, D.F. 1956 y ¡ESTOS MARATON A KENNEDY!, de Robinson Rojas, periodista chileno, publicado por Ediciones Martínez Roca, Barcelona, España, Quinta Edición (1967), obra escrita en enero de 1964.

Comencemos con EL IMPERIO DEL PETROLEO:

"Según tabulación reciente del First National Bank de la ciudad de Nueva York, publicado en su Carta Mensual de agosto de 1955, existen en Estados Unidos no menos de treinta corporaciones no financieras con un activo de más de un billón de dólares cada una".

"En Estados Unidos, una de cada tres corporaciones billonarias es una COMPAÑÍA PETROLERA. LAS COMPAÑIAS PETROLERAS POSEEN EL TREINTA POR CIENTO DE LOS ACTIVOS DE TODAS LAS CORPORACIONES BILLONARIAS".

"El predominio del petróleo es apabullante: existen diez compañías petroleras billonarias con un activo de 21.1 billones de dólares, en comparación con nueve compañías igualmente billonarias, con un caudal de 18.7 billones en todos los restantes campos de la industria combinados".

"El ingreso anual de la Jersey, de casi seis billones de dólares, es mayor que el del gobierno de Canadá, y seis veces más alto que el de su opulenta dependencia latinoamericana: Venezuela. Sus beneficios anuales de medio billón de dólares son mayores que las rentas, no de todos, pero si de un puñado de países. Y sin embargo, la Jersey no es sino una de las compañías de la ESTÁNDAR OIL......"

Piensen en el dinero disponible para lograr los propósitos de las empresas petroleras norteamericanas.

Ahora veamos lo que el petróleo es para Texas, y como consecuencia, el poder de Texas para el logro y la defensa de sus intereses. A John F. Kennedy lo mataron en Texas, y mucho ha dado que hablar el caso. El procurador de Nueva Orleans dice saber mucho; pero no logra atar la telaraña, posiblemente por falta de testigos (temerosos de hablar). Sigamos.

"Texas es el principal Estado petrolero, con cerca de la mitad de la producción total y más de la mitad de las reservas comprobadas de la nación". Parece cuento de hadas. Texas representa más del 25% de la potencialidad industrial de los EE.UU.

"Robert W. Calvert, presidente del Partido Demócrata de Texas en 1947, y tan conservador como la mayor parte de los políticos de la Estrella Solitaria, expresó sin amagues la cuestión cuando presentaba a un miembro de la Comisión

Ferroviaria de Texas ante el Club de Leones de Hillsboro:-
Puede no ser muy edificante que lo diga, anunció, pero la
industria petrolera tiene el dominio completo del gobierno del
Estado. La industria petrolera ha llegado a ser tan poderosa,
que controla la vida económica, política y social. Sus ingresos
son tan grandes y las vías y conductos de su influencia tan
numerosos y extensos, que la industria del petróleo puede
llevar a cabo cualquier programa gubernativo al cual se
adhiera, y derrotar cualquier otro programa que se le oponga.
Valiente y franco Mr. Calvert ¿verdad?. "Nadie en Texas
discute la autenticidad de esa declaración. Seis de las
empresas producen o compran mas del ochenta por ciento del
manantial de oro negro de todo el estado".

"De acuerdo con la teoría de que cuanto más saque
usted de un pozo, menos tiene, se ha desarrollado una
ingeniosa política impositiva para asegurar la producción de la
más grande y estridente cosecha de millonarios que ha visto la
nación, desde la época en que florecieron los magnates
ladrones en la última parte del siglo XIX".

"La triquiñuela se llama CONCESION DE
AGOTAMIENTO. El Departamento del Tesoro dice que ésta
es la mayor de todas las trampas o puertas de escape que
tienen las leyes fiscales: representa una pérdida anual de
impuestos de más de quinientos millones de dólares,
solamente en materia de petróleo. Cuando de los ingresos
brutos de los pozos en producción se puede descontar un
27.5%, y se pueden rebajar las pérdidas de los pozos secos,
el Tío Sam se halla en algunos casos en la imposibilidad de
arrancarles un solo centavo a estos flamantes nuevos ricos".

"No conozco en las leyes fiscales vía de escape más
injusta que ésta de las excesivas exoneraciones por

agotamiento, de que ahora gozan los petroleros...-decían el Presidente Truman en su mensaje de presupuesto de 1950".

Creo que fue en el segundo trimestre de 1963, cuando un Diario local, en página interior y a una columna, publico poco más o menos, la siguiente noticia: El Presidente Kennedy ha manifestado que tiene el firme propósito de hacer una revisión de la legislación fiscal del petróleo. Como esto afectaría grandemente al estado de Texas, el Vice-presidente Johnson, tejano, hará cuando esté de su parte para evitar cualquier modificación. –Yo conocía el libro de O`Conner y le di a la noticia una importancia que no parecía tener.

En noviembre del mismo año citado (1963), el señor Kennedy dio el primer paso para obtener su reelección como presidente. Esto fue en Texas, y no salió vivo del Estado, por haber sido asesinado el día 22.

Ahora tomemos algunos datos del libro: ¡ESTOS MATARON A KENNEDY!.

"Al comienzo de la segunda guerra mundial ocurrió una desinteligencia entre el grupo del gran dinero y el Departamento de Estado. En verdad, la desinteligencia venia de antes, porque gobernaba Franklin D. Roosevelt, hombre difícil de comprar o de chantajear por la General Motors o la Standard Oíl".

"En 1939, el grupo del gran dinero estuvo a punto de cometer un terrible error: dar la cara. Los Morgan, los Rockefeller y los Dupont estaban tan desesperados porque Roosevelt era totalmente antinazi, es decir, contrario al gran socio comercial, que pensaron en un golpe de estado: derrocar a Roosevelt. Agentes de la Bolsa de Nueva York hablaron con el general de división Smedley Butler, y le

ofrecieron tres millones de dólares por encabezar el golpe de estado. Butler dijo no. Butler no identifico a los implicados. Butler tenía restos de conciencia. Porque él era GENERAL DE LOS ESTADOS UNIDOS, y sin embargo, como lo confeso años después, estaba al servicio de ELLOS, y no de su patria. Esta es parte de su confesión: -pertenecí treinta y tres años a la Infantería de Marina, y durante casi todo ese tiempo no fui más que un gangters a sueldo de los grandes consorcios…"

"¿En los Estados Unidos, cuánto vale elegir un presidente? No se sabe. Se presume. La campaña de Dwight Eisenhower costó cien millones de dólares. Sesenta millones los pusieron los petroleros, para poner AL HOMBRE JUSTOEN EL LUGAR PRECISO".

"El 15 de agosto de 1955, el ex presidente Truman, que tiene explosiones de cólera a veces, dijo esto: -El gobierno de Eisenhower está dedicado a los grandes negocios. Este gobierno simulador está pasando por dificultades a causa de la corrupción".

"En 1930, mister James W. Gerard, embajador en Alemania, publico una lista de las sesenta y cuatro personas que gobernaban en los Estados Unidos. Era presidente Herbert Hoover, el ingeniero con sueldo de la Dupont. Pues bien, NO FIGURABA HERBERT HOOVER porque, decía el Gerard: -el señor presidente no participa en los actos concretos de gobierno".

Tratemos de resumir en un párrafo lo que Robinson Rojas dice en casi tres páginas.

"En abril de 1962, dos agentes del FBI entraron en la oficina del gerente de la Bethlehem Steel Co. (de la casa Rockefeller y Kuhn and Loeb), y le dijeron: -Tenemos órdenes de interrogarle… aquí está la firma de Robert Kennedy. Esta *misma labor hacían otros agentes del FBI en las oficinas de la United Steel (la más grande industria de acero yanqui), y de siete compañías más. Por primera vez en la historia de los Estados Unidos en este siglo, los BUSINESS MEN, estaban siendo tratados como delincuentes. John F. Kennedy había comenzado su primera batalla contra los monopolios privados norteamericanos, que han gobernado esa nación desde casi siempre. Los hechos comenzaron una semana antes que los del FBI hollaran las oficinas de los grandes de la mafia. El presidente de la U. S. Steel, Roger M. Blough, pidió audiencia a John Kennedy, en la primera semana de abril de 1962. Entro sonriente. Cincuenta minutos más tarde, salía pálido y con el rostro tenso. Cuando abrió la puerta, se escucho a Kennedy cómo decía iracundo: -¡Que se han imaginado estos hijos de perra! (S.O.B.). Blough había ido a comunicar al presidente, que subirían el precio del acero en seis dólares la tonelada. Kennedy respondió: Si lo hacen, los aplasto. Blough respondió: Lo veremos. El alza del precio resultaba una doble traición para Kennedy. Primero, por su concepto liberal de la economía, y segundo, porque Kennedy, personalmente a través de su ministro de trabajo, había arreglado la huelga del acero en forma satisfactoria para las empresas. Los obreros solo obtenían diez centavos por hora en beneficios laterales. Los obreros aceptaron solo porque confiaban en John Kennedy".*

"Las Instituciones gobernantes de los Estados Unidos, en orden de importancia, eran éstas: La Standard Oíl, la International Telephone and Telegraph, la General Electric, la United Steel (que fue escupida en la cara por Kennedy en 1962, firmando así su sentencia de muerte), la Bethlehem Steel, la American Tabacco, la Electric Bond and Share…"

"Entre los multimillonarios norteamericanos -dice en 1957 la revista Fortune- están a la misma altura Joe Kennedy (padre del asesinado presidente), Irenne y William Dupont, Howard Hughes y Sid Richardson, calculando su fortuna en unos doscientos cincuenta millones de dólares. La suya, la de Joe Kennedy, ¿es una de las escasas fortunas mundiales de verdadera importancia, que no deben su origen mundial al petróleo, o que no hayan sido heredadas. Joe Kennedy hizo su fortuna especulando en la Bolsa de Valores durante la administración de Calvin Coolidge. El periodista Joe McCarthy, dice: Kennedy se convirtió en maestro en las combinaciones para especular con valores bursátiles en Wall Street".

Hagamos ahora unas consideraciones. Los Kennedy no necesitan del dinero de los petroleros para sus campañas. A los Kennedy, como a Roosevelt, no se les puede comprar. Bob Kennedy hubiera seguido la misma política que su hermano John, y Edward seguiría la de sus hermanos. Los Kennedy no son miembro del S.O.B. Club (club de los hijos de perra), pues es fortuna independiente. Robert inicio su campaña con éxito, tuvo un tropiezo en Oregón, y luego vino su enorme triunfo en California, abriéndole un ancho camino a la presidencia. Pero no salió vivo de Los Ángeles.

Es de suponerse que la policía de California sea menos mala que la de Texas. Ruby mato al asesino Oswald delante de la policía y la televisión dos días después de la muerte del Presidente John F. Kennedy, y cabe pensar que Ruby, que murió de cáncer antes de ser sentenciado, hubiese sido contagiado o algo parecido por alguna rata cancerosa también por descuido de la policía de Dallas. (?) La prensa de todo el mundo ha hecho la mar de comentarios de todas clases, distinguiéndose la prensa francesa.

Después de asesinados John y Robert Kennedy, uno siendo Presidente de los Estados Unidos y el otro en camino de serlo, con grandes probabilidades de lograrlo, ¿debe Edward Kennedy aspirar a la Presidencia? Sinceramente; un consejo conservador a Edward Kennedy, sería el que no debe nunca tratar de ser Presidente de los Estados Unidos, si juzgamos por los asesinos materiales de John y Robert, el de Edward podría ser un norvietnamès. Mejor permanece como Senador por tiempo indefinido, y que Dios tenga en su gloria a sus nobles hermanos, dignos de mejor suerte. [9]

(En el Diario de Yucatán, del 15 de agosto de 1970 al 31 de enero de 1971, se publicaron los veinte artículos que siguen)

DICEN QUE PASO... HACE MAS DE CINCUENTA AÑOS I

Pasan los años, y para quienes vimos la primera luz a fines del siglo pasado, nos queda relatar a las actuales generaciones anécdotas y sucedidos de hace más de media centuria. Nuestro propósito se debe a la afectuosa sugerencia de nuestro buen amigo Mario Menéndez Romero, a quien en frecuentes conversaciones le hemos relatado algunos casos que él estima deben recogerse en letras de molde, para salvarlos del olvido. Lo que sabemos se debe, en primer lugar, al constante contacto que tuve con mi padre, que alcanzo la avanzada edad de noventa años y fuera mi mejor amigo. Especialmente en nuestros viajes semanales a la hacienda, me contaba de todas estas cosas. Por otra parte, mucho pude escuchar en forma de comentarios   y recordaciones en nuestra mesa familiar, en esta ciudad de Mérida. Mi padre era muy afecto al buen comer, y con frecuencia invitaba a la casa a quienes sabía que disfrutaban de una buena mesa. Es así como se sentaban a la nuestra amigos íntimos de mi padre, entre los que recuerdo a D. Rafael Peón Losa y su hijo Rafael, D. Enrique Cámara Zavala, D. Elías Espinoza, D. Manuel de Arrigunaga y otros de la misma época.

Pero creo que ya es tiempo de entrar en materia. Comenzaremos por el contacto del Gral. Salvador Alvarado con el entonces numeroso, adinerado y para mi siempre muy respetable gremio de hacendados henequeneros. Todavía no comenzaba la liquidación sistemática que los autollamados revolucionarios han venido haciendo de este gremio, hasta dejarlo actualmente muy reducido, pobre y tan insignificante, que ya no cuenta como fuerza productiva de importancia, situación agravada por el actual precio de nuestra fibra en el mercado mundial.

El Gral. Alvarado llegó a Yucatán en la segunda docena de marzo de 1915 y se hizo cargo del Gobierno del estado el día 19, investido de facultades extraordinarias, como que se trataba del llamado periodo preconstitucional. En el mes de septiembre de ese mismo año partí para un colegio de los Estado Unidos y retorne en los primeros días de junio de 1917, cuando el Gral. Alvarado gobernaba en su época de mayor auge, que se debió en su mayor parte a la gran demanda y alto precio que tenía el henequén con motivo de la Primera Guerra Mundial. Ya en vigor nuestra constitución de 1917, el 1º de febrero de 1918 inicio su periodo de gobierno D. Carlos Castro Morales, terminando así un régimen que habiendo durado poco menos de tres años, tuvo tan enorme trascendencia, que a pesar de transcurrido más de medio siglo, sigue teniendo repercusiones en nuestro ambiente político.

El caso es que -durante su gobierno- el Gral. Alvarado solía llamar al grupo de hacendados henequeneros, cuyo número era de unos quinientos poco más o menos, para cambiar impresiones, dar instrucciones o delinear asuntos relacionados con su administración. Ya sea por temor, por falta de facilidad de palabra o por cualquier otra razón, eran solo unos cuantos, y siempre los mismos, los que algo decían en aquellas reuniones. Pude asistir a unas pocas de ellas. Hablaban D. Joaquín Peón y D. Faustino Escalante, con frases agudas que provocaban risa. Los hermanos Gerardo y Lorenzo Manzanilla Montore, siempre a la defensiva, con gran sentido práctico y mucho valor civil. A estos les hacia tercio el

Lic. Enrique Aznar Mendoza, que aun vive, hacendado de poca importancia como tal; pero que por su cuenta o asesorando a los Sres. Manzanilla, generalmente opinaba como ellos y participaba como abogado legalista en las discusiones. Otro que hablaba era D. Humberto Peón, que también vive, y quien al diferir generalmente de la opinión de los demás, y también con mucho valor civil, se oponía tenaz e insistentemente a casi toda idea del Gral. Alvarado. No hay que olvidar que este comandante militar, era, puede decirse, dueño de vidas y haciendas, ya que se vivía en un régimen sin constitución que otorgara derechos a los ciudadanos.

Conocido el ambiente y las circunstancias, relatamos ahora el caso que deseamos narrar. Se celebraba una de estas juntas en la época de la temporada veraniega en Progreso. La cita era para las tres de la tarde en el salón de actos del Palacio de Gobierno. Alvarado pasea la mirada y luego pregunta si está presente D. Joaquín Peón, a lo que alguien le contesto que no asistiría por estar en Progreso. El Gral. Alvarado indico que los circunstantes podían conversar y cambiar impresiones, pero sin abandonar el local, mientras llegaba el señor Peón, y envió un automóvil de vía a Progreso, con tres o cuatro de los elementos que tenia a sus órdenes, para "invitar" a D. Joaquín a concurrir a la reunión. Tres horas más tarde llegaba el "invitado" y el Gral. Comenzó a tratar los puntos que se proponía; pero se hizo tarde y aun quedaba algo pendiente. Ya entraba la noche, el general invito a todos para continuar la reunión dos días después, y dirigiéndose a D. Joaquín Peón le pregunto que si él creía que todos los presentes asistirían a la siguiente junta. Y dicen que D. Joaquín le contesto: -con la forma de invitar tan convincente que Ud. tiene, puede Ud. estar seguro, General, de que no faltara ninguno de los aquí presentes—Y cuentan también que Alvarado fue el primero en reírse de la respuesta.

El Gral. Alvarado y el Pbro. Pablo Ortiz llegaron a ser, a pesar de su muy distinta ideología, buenos amigos. Sobre esta amistad me ocupare en próxima ocasión.

DICEN QUE PASO... HACE MAS DE CINCUENTA AÑOS II

En nuestra próxima narración anunciamos ocuparnos ahora de la amistad que existió entre el Gral. Salvador Alvarado, cuando fue Gobernador y Comandante Militar del Estado y el Rev. Padre D. Pablo Ortiz, entonces Cura Párroco del Sagrario y encargado de la Catedral. Del Gral. Alvarado dimos ya algunos rasgos, pero en esta ocasión ampliaremos un poco nuestra información anterior. Era abiertamente anticlerical. Durante su gobierno tuvieron que salir de Yucatán todos los sacerdotes españoles, que entonces había un buen numero, y entiendo que hasta el Sr. Arzobispo tuvo que expatriarse, a pesar de ser mexicano por nacimiento.

El Padre Ortiz, como sencillamente le llamábamos todos, era originario de Umàn, bajo, gordo, muy trigueño, cuarentón, acercándose más a los cincuenta y de pelo negro muy lacio, con unas pocas canas. Tenía un carácter jovial, muy campechano, y con el don de caerle bien a quien lo trataba. En aquella época todo sacerdote vestía invariablemente con el traje negro completo, pantalones sin bajos, camisa blanca, corbata negra y sombrero de fieltro negro suave. El P. Ortiz era el único que constantemente estaba de pantalones negros, levita cruzada y sombrero alto de pelo. Solo se le veía sin levita y el sombrero de copa cuando estaba de sotana en la Catedral o el Sagrario, y cuando cruzaba la calle para ir a la Casa Cural, situada en la calle 61 frente al Sagrario con entradas una frente a la otra. Estaba terminantemente prohibido al clero usar sotana en la calle y hasta en los atrios cercados de los templos, pero el P. Ortiz era el único en todo el Estado, que cruzaba la calle con su sotana puesta y sin recogérsela. Nuca alguien lo molestó por esto, y podía ser visto desde el balcón del despacho del Gral. Alvarado.

Según el propio General, la gran simpatía que tenia por el P. Ortiz no se debía a su carácter o su manera de ser. Cuentan que con frecuencia decía que el P. Ortiz le caía muy bien, porque era el único indio que él conocía que había llegado a usar levita cerrada y sombrero de pelo. Aquella característica muy particular del P. Ortiz servía de pretexto o en realidad era verdad, para que el Gral. Alvarado tuviera frecuente contacto con él. Siendo cura del Sagrario, su centro de trabajo estaba precisamente a un paso del Palacio de Gobierno, y parece que cuando Alvarado no estaba muy ocupado o necesitaba descansar un poco la mente, mandaba por el P. Ortiz y tenían amenas charlas durante unos ratos. Se cuenta que estas entrevistas eran por lo general entre las tres y cuatro de la tarde, la hora de un buen café.

El objetivo de esta narración es relatar un dialogo que tuvo lugar en una de estas invitaciones hechas al P. Ortiz para trasladarse a Palacio. Según se propaló entonces por la ciudad, el Gral. Alvarado se hizo de una forma de las que se consagran para dar la comunión, y cuando el P. Ortiz ya estaba en su presencia, le dijo:

-Mira. Ortiz, dicen que Dios está aquí. Yo rompo esta hostia en varias partes y no encuentro a Dios.

En aquel entonces, la Comisión Reguladora del Mercado de Henequén, órgano oficial del Estado, manejaba toda la producción henequenera, que solo entonces alcanzo el millón de pacas al año, y era vendida a los precios más altos que nuestra fibra ha tenido en su historia.

La Comisión emitía papel moneda cuyos billetes decían muy acertadamente PESOS ORO NACIONAL, canjeable a la vista al tipo de dos pesos por un dólar, mientras en el resto del país las monedas revolucionarias andaban por los suelos y cada día valiendo menos. El desastre de la

Comisión Reguladora fue después de terminarse inesperadamente la Primera Guerra Mundial. Le toco a D. Carlos Castro Morales y no al Gral. Alvarado.

Pero para terminar, demos la respuesta oportuna y sagaz que el P. Ortiz, sin inmutarse y con su siempre fácil sonrisa, dio al Gral. Alvarado. Tomo de su bolsillo un billete de UN PESO ORO NACIONAL y haciéndolo pedazos le dijo al General:

-Mira Salvador, es como esto. Tú dices que esto es oro. Lo rompo también en pedazos y no encuentro el oro. ¿Dónde está?

Otro día relataremos algunos detalles de un banquete y su respectiva "vaquería" en una hacienda henequenera, con un costo de DOSCIENTOS MIL OLARES. Naturalmente que esta suma no se gasto en comida y licores. Los gastos incluyen arreglos y obras en la finca, que sin los festejos que tuvieron lugar no se hubiesen realizado, o cuando menos, en un periodo de tres a cuatro meses como sucedió entonces.

DICEN QUE PASO... HACE MAS DE CINCUENTA AÑOS III

Terminaba el año de 1905. El Gral. Porfirio Díaz, Presidente de la república, visitaría Yucatán en 1906. Todavía se estaba en el periodo de bonanza económica como consecuencia del alto precio de la fibra del henequén por las pasadas guerras: la hispanoamericana de los últimos años de la década anterior, ligada íntimamente a la guerra de Independencia de Cuba, y la ruso-japonesa de 1904. Don Olegario Molina iniciaría su segundo término de gobierno estatal y mostraría ante los ojos del centro una nueva ciudad de Mérida con todas sus calles del centro perfectamente pavimentadas, así como algunas cintas asfálticas que conducían a los principales puntos de la periferia. Gigantesca labor llevada a cabo en solo cuatro años de su primer término como Gobernador del Estado.

Entre las fiestas presidenciales tendría que figurar la visita a una hacienda henequenera para dar a conocer su organización y pudiera el Gral. Díaz percatarse del procedimiento de la "raspa", realizada con maquinaria hecha e inventada en Yucatán. D. Olegario conocía muy bien el medio y a sus hombres. Entre los hacendados había dos que siempre se habían distinguido por su competencia y buen gusto para organizar fiestas, así como su caballerosidad y esplendidez en todo aquello en que intervenían. Estos eran D. Rafael Peón Losa y D. Eulalio Casares, cariñosamente llamado don Boxol Casares. ¿Qué motivos tuvo D. Olegario para darle la preferencia a D. Rafael, aun estando mucho más cerca de Mérida la hacienda de D. Boxol? Lo ignoramos. Quizás una casa principal mas grande, más moderna o más bonita; pero es el caso que la visita a una hacienda henequenera se llevo a cabo en viaje por tren y tranvía a la finca Chunchucmil, de D. Rafael Peón Losa, festejo que costó más de DOSCIENTOS MIL DOLARES. El viaje se inicio temprano una mañana para retornar a Mérida avanzada la tarde, después de un gran banquete para unas cien personas y una "vaquería" con cincuenta bailarinas seleccionadas por todo el Estado, que unían al atractivo físico gran conocimiento de nuestros bailes típicos de tres por cuatro, seis por ocho, el torito y el degollete.

Pero antes de hablar de todo lo que D. Rafael hizo, por su sola cuenta y sin aceptar ayuda económica alguna, deseamos dar a conocer los rasgos característicos de los dos caballeros que hemos mencionado: D. Boxol y D. Rafael.

Estos dos grandes señores y D. Augusto L. Peón eran casi siempre los presidentes del Liceo de Mérida, sociedad a la que pertenecía la "crema" de las familias meridianas y organizaba algunos de los festejos durante los carnavales que tanta fama dieron a Mérida hasta terminar con el del año de 1914. El Liceo de Mérida celebraba cinco bailes las noches del viernes al martes, el bando de carros alegóricos de los sábados en la mañana y la batalla de flores de los martes, también en la mañana. Para después de la batalla de flores, don Boxol invitaba cada año y por su cuenta a un "lunch" en su quinta, que ocupaba toda la manzana circundada por las calles 50, 37, 52 y Avenida Pérez Ponce. "Lunch" que terminaba entre cinco y seis de la tarde. Don Boxol presentaba sin límite tacos de diversos platos regionales, acompañados de "marquiz de champaña", ofreciendo como postre merengues, mazapanes de almendra y otros dulces regionales.

La presidencia del Liceo de Mérida costaba mucho dinero. Se invitaba a los considerados como socios a cubrir determinada cuota en cada carnaval; pero si surgía algún problema, los deseables asistían como invitados del presidente, y además, las tres personas indicadas pedían generalmente a Europa obsequios para las damas que asistían a los bailes, que consistían en pequeñas polveras, figuritas de "biscuit" o cosas similares.

Don Rafael Peón era también dueño de la ganadería de reses bravas Sinkeuel y tenían fama sus tientas anuales de la vacada, por la esplendidez en la atención a sus invitados. Nuestra hacienda Santa Rosa estaba cerca y mi padre me llevo a algunas de estas tientas. Fue ahí donde aprendí a disfrutar del caviar ruso y el "paté de foiegras truffé", así como hueva, ostiones, camarones y cangrejos frescos que venían de su rancho Venecia, situado a la entrada de la ría de Celestún. Lo anterior como botana, acompañada de unas copas de aperitivos, para prepararse a un suculento almuerzo.

Mi padre, siempre invitado al palco del ganadero, me llevaba y me sentaba en las bases de las columnas que sostenían las gradas del Circo Teatro Yucateco. Así puede ver torear a Fuentes (creo que Antonio), Machaquito, Minuto, nuestro gran Rodolfo Gaona y otros toreros de primer orden, cuyos nombres se han borrado de mi memoria. Los caballos no usaban protectores y se veían hasta diez y doce ya muertos en el ruedo.

Pero hemos cubierto nuestro espacio y aun no hablamos de la fiesta en honor de D. Porfirio. Sabiendo ya algunas de las características de D. Rafael Peón, dejaremos lo relativo a su fiesta presidencial para la próxima ocasión.

Para terminar hoy con don Boxol Casares, diremos que murió este buen viejo solterón, arruinado y con muchos acreedores; pero no fueron sus gastos lo que lo arruinaron. Tenía una magnifica hacienda. Fue víctima de su bondad. Nunca pudo negarse a sus amigos que le pedían su firma para garantizar prestamos, y la crisis, al terminar la Primera Guerra Mundial fue para él funesta, porque ni sus amigos ni él pudieron hacerle frente a la situación. Pero eso si, por su bondad y caballerosidad, nunca sus acreedores lo molestaron, y hasta su muerte vivió bien y contento de su hacienda. Fueron sus herederos los que nunca pudieron ver un centavo de la herencia de don Boxol.

DICEN QUE PASO... HACE MAS DE CINCUENTA AÑOS

Ahora si vamos a narrar la fiesta campestre que D. Rafael Peón Losa ofreció en 1906 al entonces Presidente de la República Gral. Porfirio Díaz en su hacienda Chunchucmil, y que costó al propietario más de DOSCIENTOS MIL DOLARES, o sea, más de cuatrocientos mil pesos de aquellos de balanza, muy grandes.

El tren especial conduciendo a unas cien personas, todas del sexo masculino, salió temprano en la mañana para llegar, rumbo a Campeche, hasta la estación de Granada, situada en el kilómetro 64 poco después de la población de Maxcanú. La estación de Granada daba servicio a unas diez, o más haciendas y después de Motul llegó a ser la segunda estación de F. C. por donde afluía nuestro henequén al puerto de Progreso. Todas estas fincas estaban comunicadas entre si por líneas férreas de 50 cms. de ancho, y esto hizo posible que todos sus tranvías estuviesen aguardando la llegada del tren para conducir hasta Chunchucmil a D. Porfirio y acompañantes. Desde luego, el tranvía de D. Rafael Peón, especial para el Presidente, era nuevo y, aunque no era costumbre, estaba tirado por dos mulas en tándem y con todos sus arreos en flamante cuero, en lugar de modesto henequén como era lo acostumbrado.

A los cuatro kilómetros de Granada pasó la comitiva por la hacienda Santa Rosa, entonces de mi padre, bajo un arco de naranjas ya amarillas, con un indio y una india con modestos trajes de trabajo en la parte superior del arco, y un lienzo con naranjas verdes que decía: "Gloria al mérito".

Dos kilómetros después pasaban los tranvías por la hacienda Santo Domingo, que erigió también un arco, y a cuatro kilómetros seguía el arco de la hacienda Kochol de los hermanos Juan y Felipe Lara y Lara. Todavía se recorrieron cuatro a cinco kilómetros más para llegar a los terrenos de la hacienda Chunchucmil y avanzar el ultimo kilometro del viaje.

Al entrar el tranvía en el que iba el Gral. Díaz a los terrenos de D. Rafael, se incorporo una escolta de cincuenta caballos blancos en sus sillas vaqueras nuevas y cabalgados por "vaqueros" portando coletos, botas y sombreros de cuero totalmente nuevos. El kilometro de la entrada a la finca había sido nivelado en su totalidad, con cercas nuevas a lado y lado. Al llegar a las casas de los trabajadores todo era nuevo con sus techos de fresco y acogedor huano. Al entrar a la planta se veían bellos y modernos jardines circundados por alambrado ornamental. En el interior de estos parques había fuentes y pequeños lagos con cisnes y gallardos flamencos con su plumaje rosa. El edificio del "tren de raspa", motoras, calderas y prensa, era todo nuevo, al igual que una parte de la maquinaria. Cien parejas de albañiles con sus correspondientes peones habían trabajado por tres o cuatro meses hasta en domingos y horas extras de labor, para poder terminar todas las construcciones llevadas a cabo en la hacienda. A la hermosa y amplia "casa principal" se le cambiaron los pisos con nuevos mosaicos, y está por demás decir que toda fue pintada, arreglada y amueblada convenientemente. Un cuarto se acondiciono especialmente como nevera para que, con marquetas de hielo llevadas de Mérida en varias partidas, pudieran refrigerarse los pescados frescos procedentes del rancho Venecia de D. Rafael, la carne y otros comestibles que se servirían en el banquete.

Para la mesa de cien personas fue pedida telegráficamente a Paris toda la vajilla, así como juegos de cubiertos y cristalería para los líquidos. No hablaremos de todo lo que se sirvió antes y en el banquete, porque ya puede suponerse.

Para presentarle al Gral. Díaz una "vaquería" digna de su rango, D. Rafael comisionó con un buen sueldo a D. Miguel Gómez Bolio, con el objeto que durante tres meses recorriese el Estado para reunir un grupo de cincuenta buenas bailadoras que además tuviesen un físico atractivo, ofreciéndoles todos sus gastos para ellas y dos familiares a cada una para hacerles compañía, mas una cantidad de compensación. A las bailarinas hubo que buscarles a sus correspondientes bailarines con todos sus gastos pagados y una suma por la ausencia de su trabajo. Tanto a las unas como a los otros, D. Rafael les compro los trajes para la fiesta.

Don Porfirio fue enterado de que ya sea las respectivas parejas de las bailarinas o cualquiera de los presentes, podía "ponerle gala" a la bailarina que más le agradase, es decir, ponerle su sombrero, para luego rescatarlo mediante dinero o cualquier otro obsequio. Don Porfirio quiso hacer uso de esa costumbre poniéndole su sombrero a la bailadora Justina Novelo, que posiblemente aun viva, y para rescatarlo le dio una moneda de oro de diez pesos, o sea, un hidalgo. Para el baile regional se hizo un enorme embutido contiguo al corredor donde fuera el banquete, que fue techado con una primorosa palizada de mangles que soportaba miles de palmas de huano.

A hora conveniente se inicio el retorno a Mérida, después de esta fiesta, quizás la más cara que haya tenido lugar en Yucatán. Pero D. Rafael tuvo una gran satisfacción. En aquel entonces estudiaba en Inglaterra su hijo Rafael, y el Gral. Díaz, desde Chunchucmil, por teléfono a Granada y luego por servicio del F.C. entroncado al sistema telegráfico nacional e internacional, le envió un telegrama a Londres, saludándolo y felicitándolo por tener por padre a un gran caballero. Este telegrama, puesto en cuadro, estuvo siempre en la oficina de D. Rafael hasta su muerte. Tuve oportunidad de verlo muchas veces, cuando por las mañanas acompañaba a mi padre para tomar una copa al despacho de D. Rafael. Considero que el mensaje de unas quince palabras, ha sido el telegrama más caro del mundo.

Pero el anfitrión de D. Porfirio no tenía dinero efectivo para hacer la fiesta. Al contrario de lo que los políticos han venido diciendo de que los hacendados siempre tuvieron grandes cuentas en dólares, en realidad las reservas en países extranjeros comenzaron en Yucatán, por desconfianza a los gobiernos, a partir de 1915. Antes de esto, lo que el hacendado ganaba en épocas de buenos precios, era empleado primero en nuevas siembras de henequén para agrandar las fincas, luego vivir muy bien y educar a los hijos lo mejor que podían. Para nueva maquinaria o viajes a Europa, hacían lo que hoy hacen todos: VIAJE PRIMERO Y PAGUE DESPUES. Esto se hacía con créditos a interés bajo que luego se iban pagando. Don Rafael hipoteco su hacienda Chunchucmil en CUATROCIENTOS MIL PESOS de los de dos por un dólar. Pero este financiamiento, su larga historia y hasta su pago total, será el tema de nuestra próxima narración.

DICEN QUE PASO... HACEMAS DE CINCUENTA AÑOS V

Ofrecimos en nuestra narración anterior ocuparnos hoy del préstamo de CUATROCIENTOS MIL PESOS que con cambio de dos por un dólar hizo D. Rafael Peón Losa para la fiesta que en su hacienda Chunchucmil le ofreció al Gral. Porfirio Díaz en su visita a Yucatán en 1906.

Varios años se estuvo comentando en diversas formas las relaciones comerciales entre el Gobernador del Estado, Lic. D. Olegario Molina, y D. Rafael, con motivo de esta fiesta.

Los mas decían que D. Olegario había demostrado una vez más su inteligencia y conocimiento de las personas, porque mientras procuro que la visita de D. Porfirio a una hacienda henequenera estuviese a cargo de D. Rafael Peón, él había tomado para sí el festejo en honor a la esposa del presidente, misma a la que asistió lo más selecto de Mérida y que tuvo lugar por la noche en la hacienda Sodzil, a ocho kilómetros de Mérida, propiedad entonces del mismo D. Olegario.

Se comparaba lo que ambas fiestas pudieron haber costado pues cada quien sin ayuda alguna había costeado su invitación, y se decía que mientras D. Rafael había botado la casa por la ventana, como sabia hacerlo, en la fiesta nocturna de Sodzil pudieron limitarse a pintura ligera, con muchas alfombras arrendadas para proteger los vestidos largos de las damas, y abundantes foquitos de colores que daban un aspecto feérico al agasajo. Naturalmente que en ningún momento fue D. Olegario quien le indico a D. Rafael cómo y qué debía hacer, y como ejemplo, bien pudo éste alquilar vajilla, cubiertos y cristalería, como seguramente se hizo para el banquete en el local de la Lonja Meridana y a la misma fiesta de Sodzil, elementos que como muchos otros se trajeron especialmente de la ciudad de México para usarse donde fuese necesario, en lugar del pedido que se hizo a Paris por cien personas y una sola comida.

Lo cierto del caso es que D. Rafael, al ser invitado por D. Olegario para dar la fiesta en su finca, contestó que con gusto lo haría; pero que su problema era la falta de dinero y con tal motivo declinaba la invitación. Parece que D. Olegario le ofreció a D. Rafael el dinero necesario, terminando los tratos con una hipoteca de CUATROCIENTOS MIL PESOS sobre la hacienda Chunchucmil, dando el dinero el mismo D. Olegario al cinco o seis por ciento anual, con toda clase de facilidades de pago. Es así como pudo tener lugar la fiesta que narramos en días pasados.

Pero pronto comenzaron las dificultades. El henequén bajo de precio y aun así D. Rafael calculaba poder cumplir. Lo trágico fue que un año después de la fiesta presidencial hubo en la hacienda Chunchucmil un gran incendio en el que más de la mitad de las plantaciones de aquella gran finca fueron pasto de las llamas. Nunca más esa propiedad volvió a su antigua categoría de gran productora de fibra, aunque se sostenía limpia y relativamente cuidada la bella planta, preparada y en gran parte construida para recibir a D. Porfirio.

Naturalmente que D. Rafael no tenía acreedores de importancia fuera de D. Olegario, pero su cruz y preocupación hasta su muerte fue esta deuda que nunca pudo solventar. Dejó de dar fiestas. No sabría decir cuando se suprimieron por ley las corridas de toros, que fue otro golpe para D. Rafael, por su ganadería de reses bravas; pero las grandes fiestas con motivo de las tientas fueron suprimidas, y desde 1907 D. Rafael vivió sencillamente, mas sin poderle cumplir a D. Olegario el compromiso adquirido.

Don Olegario por su parte, parece que nunca molesto a D. Rafael ni hizo uso de sus derechos de acreedor hipotecario. Posiblemente obró así por su participación en la fiesta que fuera motivo del crédito. De todas maneras, como hombre de bien (y también de bienes), hizo del crédito con su actitud, un negocio más moral que legal entre dos perfectos caballeros.

D. Rafael dejó al morir su casa de Mérida, contigua a la que fuera residencia de D. Francisco de Montejo, en la actual calle 63; la hacienda Chunchucmil, cuya hipoteca iba subiendo por falta en el pago de intereses, y su quinta con un gran terreno ocupando todo el frente del costado norte del actual Circulo Deportivo Bancario, o sea, en la calle 33 entre Montejo y la Glorieta de San Fernando, con un fondo proporcionado al frente.

Don Olegario nunca cancelo la hipoteca, pensando quizás, que el sólo intentarlo podría ofender a D. Rafael y dar motivo a un disgusto que nunca hubiese querido tener. Sin embrago, aun siendo D. Olegario siempre fiel al Gral. Díaz, de quien fue Ministro de Agricultura y Fomento desde 1906 y hasta su caída, y sabiendo cómo se expresaban de ambos exgobernates los hombres de la revolución, D. Olegario legó a su muerte la hipoteca en cuestión al Gobierno del Estado de Yucatán, destinado el producto a obras de beneficencia.

El Gobierno de Yucatán tampoco promovió acción alguna contra D. Rafael; pero la deuda llego a ser pagada en su totalidad, como veremos a continuación.

Una de las hijas de D. Rafael Peón se caso con el Lic. D. Enrique Manero, quien, con sus actos políticos, habilidad e inteligencia, supo hacer brillante arreglo para dar termino al problema que comenzó en 1906. De la quinta de D. Rafael, de que hemos hablado anteriormente, se segregaron un buen numero de metros que aún conserva la familia Manero-Peón; pero la mayor parte fue escriturada al Gobierno del Estado a cambio de la cancelación de la hipoteca sobre Chunchucmil, que en ese momento entiendo que se acercaba o llegaba a los ochocientos mil pesos, o sea, el doble de la cantidad tomada en préstamo, a pesar del interés bajo del adeudo. El terreno fue fraccionado para construir casas que se sortearon de acuerdo y para la Lotería de Beneficencia del Estado. Ofreceremos otra narración para dentro de algunos días.

DICEN QUE PASO... HACE MAS DE CINCUENTA AÑOS VI

El primer caso de los que ahora narramos, más bien correspondería a Ripley en sus aplicaciones de "Aunque usted no lo crea". Pero entremos en materia.

Era un domingo de toros entre los años de 1905 a 1907, que para el caso es lo mismo. Salimos mi padre y yo por el zaguán de nuestra casa, que era entonces la marcada con el número 535 de la calle 64, para esperar en la banqueta a que pasase un carruaje de alquiler para irnos a la corrida de toros, que esa tarde tendría lugar en el Circo Teatro Yucateco.

En forma inesperada comenzó a llover fuertemente a unos treinta metros al sur de donde estábamos parados, lluvia que llegaba o posiblemente pasaba del Parque de San Juan. Pero esto no fue todo. Al norte nuestro y como a veinte metros, otro aguacero se presento al mismo tiempo, pasando desde luego de la calle 65. Quedaba seco, y sin siquiera llovizna, un espacio como de cincuenta metros. Recuerdo perfectamente a Casianita Zavala parada en la acera de enfrente, comentando el fenómeno con mi padre. Casianita vivía en la casa No. 520 de la misma calle 64.

Calculo que lo que contemplamos habrá durado unos diez minutos para luego dejar de llover e irnos tranquilamente a los toros. No podría decir si el sol brillaba o no en el espacio seco, pues esto no lo recuerdo.

Todavía tengo fresca la impresión que me causó aquel raro fenómeno y siempre que trato de explicármelo llego a la misma conclusión. Se trataba dedos nubes bien cargadas y muy cerca la una de la otra. Las dos descargaron al mismo tiempo, y la carencia absoluta de aire en esos momentos hizo que ambos aguaceros tuviesen una precipitación vertical perfecta, de manera que el espacio que separaba a las nubes en lo alto, quedaba en el suelo terrestre sin lluvia alguna. Esto en Yucatán es más raro que en otras partes, porque si tantos años se pudo depender en Mérida del agua que proporcionaban nuestros molinos de viento, es por el mucho aire que siempre sopla por la completa carencia de montañas.

Lo anterior parece muy sencillo y me dirán que carece de interés para ser publicado; pero yo pegunto: ¿Es esto frecuente? ¿Alguien ha tenido la oportunidad de ver lo que tres personas vimos a principios de este siglo? Viajando por carretera con frecuencia puede notarse que una fuerte lluvia se presenta para dejar antes y después espacios secos totalmente; pero no espacios intermedios reducidos.

En narraciones anteriores hablamos de la ganadería de D. Rafael Peón Losa y las "tientas" de sus reses bravas. Y ya que hoy hemos mencionado una tarde de toros, trataremos de ponerle un poco de sal y pimienta a lo simple de lo ya relatado, con dos casos relacionados con Antonio de Andaluz.

Don Rafael tenía como "conocedor" en la deheza de reses bravas, a un andaluz alto y fuerte, no mal parecido, que se llamaba Antonio. Era quien dirigía las separaciones del ganado y personalmente montaba a caballo para tentar con la vara de puya muy pequeña las vaquillas y toretes. A las vaquillas, luego de la prueba de varas, se apeaba del caballo y las probaba con el capote. A los toretes no se les mostraba un capote ni de lejos. Contra el caballo, Antonio levantaba la vara y no tocaba el animal.

Siempre había un grupo de unas veinte personas invitadas para las "tientas". Como invitado de Rafael, hijo, concurrió varios años el Dr. Mariano Correa Espinoza.

Comenzó a ir cuando era estudiante de medicina. Mariano era muy alto, posiblemente pasaba del metro noventa, siendo sumamente delgado, y se distinguía por sus piernas largas. La primera vez que fue a una "tienta", al bajar del tranvía y verlo Antonio, sorprendido al ver a Mariano, no pudo contenerse y prácticamente dirigiéndose al mismo joven estudiante dijo: "Mire usted, si este amigo será de una pieza o será empalmado". Naturalmente que hubo motivo de risas y bromas durante los tres días que duraron las pruebas del ganado.

El mismo Antonio tuvo en otra ocasión otra expresión muy simpática que se hizo popular en aquel medio, motivada por su condición de hombre de campo y lejos de serlo de letras.

También sucedió en una "tienta", en la que, como en todas, Antonio personalmente, calaba al ganado y D. Rafael, también personalmente hacia en el libro respectivo las anotaciones con las clasificaciones de 1ª., 2ª., y 3ª., y rastro, que Antonio le indicaba. Una vez se dio el raro caso de que una vaquilla aguanto treinta y cuatro varas "recargadas". Eran estas aquellas en las que el animal se iba contra el caballo, y al lograr Antonio separarlo, insistía acto seguido nuevamente en embestir a la caballería. Ya puede pensarse en la calidad de aquella vaquilla que llego hasta el agotamiento en esta forma, hasta que Antonio, sumamente entusiasmado con la vaquilla, quiso darle una categoría muy especial y a voz en cuello le grito a D. Rafael: "-D. Rafael, una CE muy grande, pero que muy grande; SUPERIOR". Primero hubo un pequeño suspenso; pero en corto tiempo tanto D. Rafael como los que escucharon a Antonio, se dieron cuenta de que para Antonio la palabra superior comenzaba con CE.

En nuestra próxima narración nos ocuparemos de dos figuras yucatecas, consideradas por muchos como los dos hombres más simpáticos que ha habido en Mérida.

DICEN QUE PASO... HACEMAS DE CINCUENTA AÑOS VII

Como anunciamos en nuestra narración anterior, ahora vamos a ocuparnos de dos caballeros que en el medio en el que se movieron mis padres, fueron considerados como los más simpáticos de Mérida. Se trata del Dr. D. José Patrón Correa y D. Enrique Cámara Zavala.

Como D. Enrique Cámara vivió un buen número de años más que el Dr. Patrón Correa y hubo tiempo para mayor número de casos interesantes que abarcarían el espacio de varias narraciones, vamos a tratar primero al Dr. José Patrón.

Era D. Pepe Patrón, como cariñosamente le llamábamos sus clientes de corta edad, bien alto de estatura, y aunque grueso, no llegaba a la obesidad. Lo recuerdo perfectamente. Estando enfermo, a la edad de siete a ocho años, se presento D. Pepe al cuarto, caminando con mis altos zancos. Los había visto al entrar a la casa, y recordando seguramente sus mocedades, camino con ellos hasta donde yo estaba. Algunos años después, cuando inicio sus labores la Escuela Modelo, el año escolar 1910-1911, D. Pepe, como miembro prominente de la Liga de Acción Social, organismo que fundó la citada escuela, fue el médico oficial para cuidar de la salud de los alumnos.

Invariablemente estaba en el colegio de lunes a viernes unas dos horas en la mañana. Desde los primeros días se ocupo de ir haciendo un detallado examen de cada uno de los alumnos del plantel, hasta tener las hojas clínicas completas, y luego con gran cariño, atendía los casos de enfermedades que se presentaban. Estos son los últimos recuerdos que tengo de D. Pepe, por lo que calculo que su muy sentida muerte ocurrió poco más o menos el año de

1912. (Según nota al pie del Diario de Yucatán, el Dr. Patrón Correa nació el 3 de octubre de 1862 y falleció el 18 de agosto de 1913).

D. Pepe Patrón tenía una inteligencia muy clara, se le consideraba el mejor clínico de su tiempo y su memoria era privilegiada. Sobre esta última característica, vamos a relatar algo que dicen que tuvo lugar.

Por un motivo que no recuerdo, tuvo lugar un banquete en la hacienda Calketoc, al que concurrió un grupo como de veinte personas. Entre los asistentes estaban D. Pepe y el también doctor D. José Peón Contreras, nuestro distinguido e insigne poeta, que eran íntimos amigos, como veremos a continuación. Cuando el banquete estaba para terminar, algunos de los presentes insistieron ante el Dr. Peón Contreras para que recitara algo suyo. Dicen que acepto la invitación y les anuncio un sonetoque había compuesto el día anterior, y que serian los primeros en conocerlo. Terminando Peón Contreras, D. Pepe se levanto de su silla y le dijo a su gran amigo el vate, que había algo raro que no se explicaba, porque él ya conocía el soneto recitado, y como prueba de ello procedería a repetirlo, lo que hizo sin fallarle una palabra. El Dr. Peón Contreras quedó perplejo y sin saber y sin saber que pensar. Aseguro que no era ningún plagio y que afirmaba haberlo compuesto precisamente el día anterior y no se explicaba lo que estaba pasando. El Dr. Patrón lo dejo sufrir un rato, y luego pidiéndole perdón a su amigo por la broma, manifestó que nunca antes había conocido la poesía y todo lo que había querido era hacer una demostración de su memoria.

En el caso que sigue, mi madre no sale muy bien librada, pero únicamente repetiremos lo que ella misma contaba con frecuencia. Todo lo explica el amor de madre y la gran fe en el médico.

Mi padre había comprado la hacienda Santa Rosa. Debió ser por el año 1900. Yo era hijo único entonces. D. Pepe Patrón era medico de la casa, en el que mi madre tenía fe ciega y una gran confianza por lazos de amistad. Cuando se trato de hacer la primera temporada en la hacienda, de donde el médico más cercano estaba en Mexcanú, a una distancia de diez kilómetros por tranvía y ferrocarril o a caballo desde Santa Rosa, mi madre pensó mucho en que su pequeño y único hijo podía enfermarse, y resueltamente ocurrió al médico de la familia para preguntarle si podía darle algo para el caso de que yo me enfermara. D. Pepe inmediatamente le contesto que con todo gusto; pero que… necesitaba que antes le dijeran qué le iba a dar al niño. Naturalmente que mi madre debió de haberse quedado como el Dr. Peón Contreras cuando escucho al Dr. Patrón recitar su soneto.

Era tan grande la fe que sus numerosos clientes tenían en D. Pepe, entre estos mi madre, que siempre conservo una serie de recetas del Dr. Patrón, para fiebre, dolor de garganta, resfriados, reumatismo, cólicos de niños, etc., etc. Recurría a ellas con frecuencia y las farmacias siempre se las despachaban con la receta de Dr. Pepe ya muerto. Cuando mi madre falleció a fines de 1946, encontramos en su ropero un legajo mercado: Recetas de Pepe Patrón. En cada receta estaba anotada su aplicación. Todavía era época de formulas y los medicamentos de patente no se había generalizado tanto.

Estoy seguro que otras personas sabrán muchos más casos narrados del Dr. Patrón; pero yo he tenido que limitarme a lo que recuerdo.

En nuestra próxima narración comenzaremos a ocuparnos de D. Enrique Cámara Zavala.

DICEN QUE PASO... HACE MAS DE CINCUENTA AÑOS VIII

Iniciamos hoy las narraciones relacionadas con D. Enrique Cámara Zavala, simpatiquísimo caballero meridano, que calculo falleció en los treinta.

Don Enrique hizo sus estudios secundarios en los mejores centros educativos de Inglaterra, donde tuvo la oportunidad de tener como discípulos a miembros prominentes de la nobleza británica. Se distinguió toda su vida, al igual que sus hermanos, por su refinada educación. Nunca alguien podrá quejarse de alguna falta de cortesía por parte de alguno de los señores Cámara Zavala. Pero D. Enrique se distinguió por su carácter violento que dejaba ver su mortificación; más esto precisamente, aunque parezca paradójico, lo hacía más simpático. Su educación lo hacía controlarse, en forma tal, que mientras más mortificado estaba, mas se disfrutaba de su compañía. El atractivo de D. Enrique era tal, que en este aspecto de su personalidad me limitaré a una ligera cita.

Era amigo de chicos y grandes, fanático aficionado a la pesca deportiva. En el verano de 1916, yo tenía 17 años, nuestras familias se reunían en la ciudad marítima de Asbury Park, EE. UU., y D. Enrique se pasaba unas dos o tres horas diarias, en las mañanas, en el muelle de pescadores, con su caña acompañada de toda clase de carnadas y artefactos de pesca. Me invitaba a acompañarlo y le aceptaba, aunque la pesca nunca ha sido algo por lo que yo me sacrifique. Sin embargo, con tal de estar con D. Enrique esos ratos, a pesar de ser 38 años mayor que yo, compré un cordel, plomada y anzuelos. En realidad, no recuerdo de ninguna hazaña de nuestra pesca; pero cada que "picaba el peje", y no mordía el anzuelo, D. Enrique se mortificaba, y yo a disfrutar de todo lo que pasaba y decía mi compañero de ya los inocentes pececillos.

Referiremos ahora otra de las características de D. Enrique. Tenía una memoria pésima, se distraía con facilidad y cambiaba de una cosa a otra sin darse cuenta. Involuntariamente se durmió más de una vez cuando no debía hacerlo, y por lo que hoy diremos, parece que no era muy afecto al trabajo.

El padre de D. Enrique, que lo era el Capitán de Milicias don Camilo de la Cámara y Zavala, tenía hace cerca de un siglo un negocio comercial importante. Según se comentaba, sus ventas cubrían hasta la colonia británica de Belice, enclavada en la Península de Yucatán y con conexiones marítimas irregulares con Progreso con canoas de dos a trescientas toneladas. Pues bien, en cierta ocasión le llegaron a deber una cantidad de importancia, cuyo cobro no lograba por los medios normales. Entonces D. Camilo comisionó a su hijo Enrique para hacer viaje a Belice y gestionar el pago de la cuenta. Don Enrique se embarcó en Progreso en una canoa que navegó rumbo al Caribe y no sabemos cómo llegó nuestro cobrador a la ciudad de Belice, pero llegó. El caso es que después de algunos días D. Camilo de la Cámara recibió un telegrama de su hijo Enrique que decía: SALGO PARA MERIDA VIA LONDRES Y NUEVA YORK. Nunca supimos si la cuenta se cobró o no; pero nuestro amigo resolvió regresar en forma más cómoda, sin importarle distancia, tiempo y costo. En algún barco ingles de alguna importancia se traslado   Londres, y luego viajo cómodamente de Londres a Nueva York, para en este lugar embarcarse por la Ward Line, compañía que semanalmente comunicaba en viaje de ida y regreso Nueva York, Habana, Progreso y Veracruz, retornando por la misma ruta.

Relatemos otro caso de D. Enrique. Dicen que era muy amigo de un señor Aznar a quien sus amigos llamaban El Chino Aznar, y que un día D. Enrique le pregunto al Chino que como podía hacerlo para nunca haber tenido la más leve intención de trabajar. Y según se cuenta, la respuesta fue: -"Ganas de trabajar las tengo; pero como me he propuesto ser hombre de carácter, cuando siento ganas de trabajar, me acuerdo de que debo tener carácter y me aguanto las ganas. Pero... y tú, Enrique, de que hablas? ¿Cuándo has trabajado en algo?"

A lo que dicen que D. Enrique repuso: -"Mira, Chino, en una ocasión fui a Belice a cobrar una cuenta de mi padre. Y luego, cuando vine a Londres, traje un muestrario de telas para dedicarme a las ventas en comisión. Lleve mis muestras a la tienda de Ramón Losa para venderle, nos pusimos a conversar y olvidándome de las muestras me marché a mi casa. Ya te das cuenta, Chino, yo cuando menos lo he intentado".

En próxima ocasión, D.M., seguiremos recordando a nuestro simpático amigo D. Enrique Cámara Zavala.

DICEN QUE PASO... HACE MAS DE CINCUENTA AÑOS IX

En esta ocasión vamos a relatar algunos casos en los que D. Enrique Cámara Zavala está ligado a su hermano D. Ernesto.

Fue D. Ernesto Cámara Zavala quien construyo la bellísima residencia particular, conocida en esta ciudad como Casa Cámara, situada en nuestra principal avenida. Los palacetes de D. Ernesto y su hermano D. Camilo fueron proyectados por un famoso arquitecto francés, quien con los planos completos de estas dos casas iguales obtuvo un Primer Premio en un concurso en Paris el año de 1907. El arquitecto diseño hasta las manijas de las cerraduras de las puertas, pudiéndose observar en una sola cerradura, que la manija que está del lado del "hall" es estilo Luis XVI, igual que el artesonado de esta parte, y la que está del lado del Gran Salón es de estilo Luis XV, como el propio salón y cuanto en él estaba.

Estas dos construcciones, una contigua a la otra, tuvieron un mismo estilo en todos sus detalles; pero en la de D. Camilo quedó sin terminar el techo superior cerrando lo que debería ser teatro y otros anexos como se termino en la de D. Ernesto. D. Ernesto encargó en Paris todos los muebles de su casa, siempre diseñados por el mismo arquitecto, que en su mayor parte llegaron y lucieron en sus respectivo sitios, menos los de "hall" y parece que los del comedor, que estando en Hamburgo listos para ser embarcados, fueron destruidos por un incendio que hubo en los muelles durante la Primera Guerra Mundial.

El salón principal de la casa de D. Ernesto tenía dos juegos de cinco piezas, estilo Luis XV; y aunque los dos eran muy buenos, uno era muy superior, pues tenía gobelinos con escenas con figuras de ángeles y personas, características que lo hizo no haber estado su venta en establecimiento alguno, y que D. Ernesto pudo lograr por medio de su hermano Enrique, gracias a sus contactos, como veremos a continuación.

La fábrica francesa de gobelinos es o fue siempre del gobierno francés, y al público en venta solo los dibujos de flores y otras alegorías; pero nunca los de ángeles o seres humanos, que el propio gobierno se ha reservado para hacer obsequios especiales a personajes de otros gobiernos. Ignoramos si esto subsiste.

En narración anterior dijimos que D. Enrique había estudiado en Inglaterra en los mejores colegios y siempre conservo el contacto y amistad con sus condiscípulos, entre los que muchos llegaron a ser personajes después. Pues bien, cuando D. Ernesto se encontraba en Paris viendo lo relativo a su futura residencia, también se encontraba su hermano Enrique y de Embajador de Inglaterra en Francia, un caballero que había sido condiscípulo de D. Enrique. Fue por estos conductos por los que logro D. Ernesto lo que tanto anhelaba. Un juego de sala Luis XV con figuras de personas y ángeles de los que solo el gobierno francés disponía para obsequio a extranjeros distinguidos.

Pero algo más hubo en Paris entre D. Ernesto y D. Enrique. D. Ernesto tenía una ronquera crónica. No sabemos la causa ni desde cuándo. Estando en Paris resolvió ver a un médico para tratar de lograr su curación. Se hizo acompañar de su hermano Enrique, que hablaba el francés también como el inglés. El médico, después de hacer un minucioso examen, le dijo a D. Enrique que había podido notar que su hermano seguramente hablaba mucho en su trabajo diario y su receta era simplemente que descansara de su trabajar algún tiempo, hasta recuperar la voz normal. La reacción de D. Enrique no se hizo esperar, y en el acto le dijo al médico: -"Doctor, a no ser que le recete a mi hermano el DESCANSO ETERNO, no veo que pueda ser otro porque en su vida se ha ocupado de trabajo alguno". Naturalmente, que D. Ernesto Cámara murió ronco... cabe aclarar que los hermanos Cámara Zavala que eran seis varones y una mujer, según recuerdo, heredaron una fortuna grande y su negociación era administrada por D. Augusto Cámara Zavala como apoderado general.

Ya hemos visto donde y en qué ambiente vivió D. Ernesto Cámara Zavala. En su palacete no podía faltar una buena biblioteca, y en esta había un pequeño libro de pasta roja, cuyo título y contenido ignoramos; pero sabemos que D. Enrique Cámara deseaba mucho leerlo. Su hermano Ernesto no se lo quería facilitar por conocerlo algo distraído. Tanto insistió y ofreció D. Enrique, que al fin pudo llevarse el libro a su casa. Pocos días después D. Enrique lleno la tina de baño con agradable agua calientita y se dispuso a leer el libro de pasta roja mientras se remojaba. Fue una de las veces que D. Enrique se durmió, sin poderlo evitar, y el libro se fue al fondo de la tina.

Doña Julia Peón fue la esposa de D. Enrique y era la que contaba los percances de su marido, siempre muerta de risa, y los llamaba "las ocurrencias de Enrique". En esta ocasión, al ver que su esposo dilataba mucho en el baño, se le ocurrió ver qué pasaba y cuál no sería la sorpresa de Dña. Julia la ver a D. Enrique como inconsciente, en un verdadero charco de sangre. A pesar del susto no perdió la entereza y se procuro en poco tiempo un medico para que viera el caso. Pronto se dio cuenta el doctor de lo que había pasado, y el caso se convirtió en motivo de risa. El libro de pasta roja se destinó y esponjo aumentando considerablemente su grosor.

Fue puesto al sol por varios días y ya D. Ernesto lo pedía, y el libro no terminaba de secarse. Mas al fin, pudo D. Enrique devolverlo a su propietario. Cuando D. Ernesto vio su libro, se quejo con su hermano por el estado en que se lo devolvía. Pero D. Enrique, sin inmutarse por el reproche, le contesto: -"Que mas quieres; me lo facilitaste pequeño y te lo devuelvo grande".

Algunas de las muchas hazañas de D. Enrique en su afición por la pesca, serán el tema de nuestra próxima narración.

DICEN QUE PASO... HACE MAS DE CINCUENTA AÑOS X

Continuando con "las ocurrencias de Enrique", como las llamaba su esposa, la simpática doña Julia Peón, vamos a narrar ahora algunas de las pescas de D. Enrique Cámara Zavala. Trataremos de relatar en orden cronológico los casos que presentamos hoy.

Debemos situarnos en las playas de Progreso en los años del once al trece. Hacíamos temporada en el rumbo de Xculukiá, en una de las casas con corredores frente al mar, y D. Enrique Cámara en la de su propiedad, que era la primera en las dos cuadras que todavía ocupa ese sector de Progreso. No recuerdo el caso en todos sus detalles, aunque varias veces oí hablar al propio D. Enrique sobre la falta de pericia del Dr. D. Víctor Rendón, como navegante en barco de vela. El caso es que nuestro pescador, acompañado siempre de su chofer japonés, que llego a ser, o ya lo era desde Japón, un experto manejando la vela, salía casi todas las mañanas para disfrutar de su deporte favorito.

En una ocasión estando en Yucatán el Dr. Rendón, que radicaba en la ciudad de México, fue invitado a una pesca por D. Enrique, pues parece que también era amante del anzuelo y el cordel. Contaba D. Enrique que D. Víctor se le presento demasiado vestido para la pesca, equipado hasta con sombrero de corcho como los que se usan en África para protegerse del sol. La pesca comenzó, y en un momento dado, el Dr. Rendón le pregunto a D. Enrique si alguna vez navegando a la vela había realizado un "viraje en redondo". Al escuchar la negativa, D. Víctor indico que al regreso a tierra se encargaría de la dirección de la embarcación y enseñaría a su anfitrión como se hace para "virar en redondo". El caso es que parece que el doctor era más técnico que práctico y, a la hora de realizar la maniobra, el bote se volcó, quedando con la quilla para arriba, y los tres navegantes se fueron al mar. Había que oir a D. Enrique contar las peripecias que pasaron, pues resulta que no veía s D. Víctor, quien había logrado asirse del bote por el lado contrario a donde estaba D. Enrique; pero, viendo éste el sombrero de corcho, pensó que debajo estaba el Dr. Rendón, que no sabía nadar, y que se estaba ahogando. Desesperadamente recurrió D. Enrique al japonés para que lo salvara y cuando al fin pudo el nipón llegar al sombrero de corcho comprobaron que D. Víctor no estaba debajo. Paso un rato de angustias D. Enrique, hasta que se dieron cuenta de que el doctor estaba sano y salvo, como ya dijimos antes, asido al bote. Esta fue la lección que para "virar en redondo" recibió D. Enrique. Pero lo cómico era escuchar el relato de los labios de nuestro pescador.

Seguimos en la misma época del viraje en redondo. D. Enrique, no contento con pescar únicamente en las mañanas, solía en las noches ir a pescar al entonces nuevo muelle de piedra, situado casi frente a su casa. Hacia toda clase de pruebas con sus equipos, pues siempre pedía a los EE. UU. Todo lo que veía para pescar en las revistas que recibía. Una noche, sintiendo algo que pesaba mucho más de lo ordinario, pensó que en el anzuelo venia un enorme pez. Para no perder el pescado reventando el cordel, fue maniobrando lentamente. Tuvo tiempo de hacerse oír de quienes estaban cerca y como media hora después ya tenía cerca a varios temporadistas y hasta personas del puerto. Al fin pudo lograr D. Enrique sacra su pesca; pero esta resulto ser, en lugar de un pescado, un gallo muerto. D. Enrique pensó disgustado que le habían puesto el gallo para darle una broma, para él, de muy mal gusto. Creyó que cuando dejo su cordel en el agua unos momentos para ir a su casa a una diligencia, le habían puesto   intencionalmente el gallo, y culpaba de esto a D. Joaquín Peón. Este, también de temporada en el mismo rumbo, siempre negó ser el autor; pero el D. Enrique nunca creyó en su inocencia.

Hay algo que agradecerle mucho a D. Enrique: el que se obtengan calamares en Progreso. Antes de esos años a que nos venimos refiriendo, nunca se pensó que frente a Progreso hubiese calamares y más en cantidad suficiente como para llegar a ser un negocio lucrativo para un regular número de personas. Entre los artefactos de pesca que recibía D. Enrique había unos anzuelos de tres o cuatro puntas con sus plumitas para sustituir la carnada. Eran anzuelos especiales para calamar. Había que ir por ellos de noche, con una luz fuerte para atraerlos. No podemos decir si con este equipo con otro, pero es el caso que D. Enrique insistió, a pesar de que le decían que estaba perdiendo el tiempo, y por fin los temporadistas comenzamos a comer calamares frescos de Progreso, en lugar de los enlatados en España por Isabela. La pesca de calamares fue tomando auge hasta ser ahora un negocio comercial.

Otra broma a D. Enrique fue la que le dio D. Rafael de Regil, quien fue el creador del informe "turístico" de quienes viven en la casa que está en lo que fuera el solar de D. Francisco de Montejo son descendientes directos del conquistador, muy lejos de ser verdad. Estando D. Enrique que el verano de 1916 en Asbury Park, EE. UU., recibió una postal de D. Rafael con un gran pez, en la que lo invitaba para pescar piezas como las de la foto enviada, en la región canadiense de Mil Islas, al comienzo del Rio San Lorenzo, donde el Sr. Regil pasaba una temporada. Y allí se fue D. Enrique con todos sus avíos de pesca. No había tal facilidad de pesca y todo fue una broma por la foto vista y la afición de

D. Enrique. Este retornó pocos días después, como para disfrutar al oírlo.

Terminamos con las pruebas de pesca que D. Enrique hizo en la hacienda de mi padre. Invitados D. Enrique y Dña. Julia para estar unos días con nosotros en la finca, se presento con un rifle para pescar, que había recibido el día anterior. Pienso que era algo como lo que ahora se emplea en el Caribe para pesca submarina, es decir, un rifle para pesca submarina. Pero entiendo que D. Enrique desconocía el uso apropiado, pues creo que murió sin haberse puesto alguna vez un visor para estar bajo el agua. El caso es que ya en la hacienda, se tiró a la piscina un tronco de plátano. Por medio de cuerdas y pesas se situó el tronco a diversas profundidades para que D. Enrique hiciera toda clase de disparos, pero ni una sola vez clavo el arpón en el tronco de plátano. Estimo que los fabricantes le habían "tomado el pelo", como vulgarmente decimos. Los que estábamos en la hacienda no éramos muy duchos en física y ahora vemos usar estos rifles en el Caribe donde tanto peces como pescadores están bajo el agua y ahora pienso, que estando D. Enrique fuera del agua en la orilla de la piscina y el tronco bajo el agua, nunca pudo haber atinado un tiro por el ángulo de refracción que no le permitió a nuestro hombre lograr el clavar el arpón de su nuevo juguete.

En nuestra próxima narración nos seguiremos ocupando de "las ocurrencias de Enrique". [1]

(1) Este artículo fue publicado el 8 de noviembre de 1970, y al morir el 10 de mismo mes el Gral. Charles de Gaulle, publicamos el día 16 unas líneas en su honor, que llevaban su nombre; pero lo hemos situado al terminar con esta serie de veinte publicaciones.

DICEN QUE PASO... HACE MAS DE CINCUENTA AÑOS XI

Vamos a narrar ahora nuevos incidentes de los que en su pintoresca vida le ocurrieron a D. Enrique Cámara Zavala, destacado miembro de la sociedad de Mérida, y de quien con anterioridad hemos dicho que en el círculo de sus numerosas amistades fue siempre considerado como un caballero muy simpático.

Era nuestro conterráneo persona de mucha vida social, siempre recibiendo invitaciones y correspondiéndolas con toda gentileza. También hemos dicho que D. Enrique tenía una educación refinada, adquirida como estudiante en los mejores colegios de Inglaterra, en donde tuvo condiscípulos muy distinguidos con los que procuro hasta el final de su vida conservar aquellas amistades de la juventud, que generalmente son las más firmes y sinceras.

Vamos a relatar ahora un percance que le aconteció con motivo de su pésima memoria, característica de la que también hemos hablado antes. Muy amigo de D. Pablo Castellanos, quien radicaba en la ciudad de México, al saber que se encontraba por unos días en Mérida, D. Enrique procuro verlo e invitarlo para cenar en su casa. Fijaron el día y la hora en que D. Pablo seria esperado en la residencia de su anfitrión; pero a éste se le olvido completamente comunicarle a su esposa la invitación y tampoco él volvió a pensar en tal cosa, que se le había borrado de la memoria como otras muchas cosas antes y después del caso que venimos narrando.

Ocurrió que D. Enrique adquirió un compromiso que coincidía con la invitación a D. Pablo, y precisamente cuando

D. Enrique salía de su casa para acudir a la otra cita, llegaba D. Pablo Castellanos. Al verlo aquel, sin recordar la invitación, saludo a D. Pablo y con toda naturalidad le pregunto a donde iba, a lo que el interrogado, sin perder el control, seguramente reconociendo la fragilidad de la memoria de D. Enrique, le contesto que iba de visita a casa de un amigo que vivía por ese rumbo. D. Enrique, muy quitado de la pena, se despidió de él y se fue a su nuevo compromiso. Pasaron unos días y D. Enrique supo que D. Pablo estaba resentido contra él por lo ocurrido. Al fin recordó lo que había pasado; y sumamente apenado, se apresuro a darle una cumplida satisfacción que D. Pablo acepto, pero aquella vieja amistad no volvió a ser la misma anterior a la invitación para la cena.

Narraremos ahora lo que le paso a D. Enrique y a su esposa Dña. Julia Peón, al recibir la visita de un inglés, que había sido condiscípulo de D. Enrique, y a quien acompañaba su esposa. El matrimonio llego a Yucatán para conocer la región, y el señor procuro comunicarse con su amigo para anunciarle una visita para esa noche. Dña. Julia estaba sin servicios por esos días, es decir, únicamente tenía esa noche a una chiquilla de unos doce años, y le suplico a D. Enrique que se abstuviera de ofrecer algo a los visitantes.

Pero al buen D. Enrique se le olvido la recomendación de su esposa y en el curso de la charla le brindo un café a sus visitantes, invitación que fue aceptada. Dña. Julia se fue a la cocina, prendió el fuego, puso la cafetera con agua al fogón y le indico a la muchacha que tan pronto estuviera el agua ben caliente, le avisara. Dña. Julia se retiro a su habitación a esperar el aviso y se durmió. La muchacha se durmió también junto al fuego. Cuando Dña. Julia despertó ya comenzaba a aclarar el día. Su memoria no era tan mala como la de su esposo, y sin pensarlo dos veces se fue a la sala y encontró allí a D. Enrique bien dormido, sin el matrimonio británico naturalmente, y la puerta de la calle bien cerrada. D. Enrique espero una hora prudente para presentarse al hotel y excusarse con sus amigos visitantes. Fue recibido con franca risa y demostraciones de amistad, celebrando lo acontecido la noche anterior. La amistad que se inicio en el colegio no se alteró en lo más mínimo.

Al hablar de la visita de un condiscípulo ingles al matrimonio Cámara, hemos recordado la que los Cámara hicieron a otro condiscípulo de D. Enrique, en Inglaterra. Cuando la familia Cámara se encontraba en Europa, fueron invitados para pasar un fin de semana en un castillo ingles por uno de los condiscípulos de D. Enrique, y ahí se fueron.

La noche del sábado hubo una cena de manteles largo en el castillo. Fueron invitados algunos vecinos. Como entonces se acostumbraba en Inglaterra, los señores estaban de "frac" y las señoras de trajes largos. A la hora del pavo, le hicieron el honor a D. Enrique de pasárselo para que fuera él, como invitado de honor, quien lo cortase y sirviera. No había problema, porque D. Enrique sabía hacer esto perfectamente. Pero aquel día había tenido necesidad de tomar un laxante, y sucedió que cortando el pavo se corto el dedo. Ver su sangre y hacerle efecto el laxante fue instantáneo; pero D. Enrique, que era hombre de muchos recursos, fingió un desmayo y dejo que las cosas siguieran su curso. En vilo lo condujeron a su recamara, etc., etc. Cuando ya estuvo solo con Dña. Julia, le dijo que tenían que irse del castillo sin que los anfitriones se dieran cuenta, pues no quería volverles a ver la cara. En la madrugada, valiéndose de la servidumbre, lograron salir del castillo sin que los propietarios se percataran de ello. En esta ocasión pudo más la pena y la vergüenza que la esmerada educación de D. Enrique.

Pero lo anterior no termino allí. Algún tiempo después, estando los Camara-Peon en Madrid, cuando menos lo esperaban, vio D. Enrique venir en dirección contraria, a su condiscípulo acompañado de sus dos guapísimas hijas. Ya no podían escapar, y siguiendo indicaciones de D. Enrique, él y Dña. Julia se pararon como distraídos frente a una vidriera. Pero el inglés y sus hijas los sorprendieron y muertos de risa hubo abrazos e intercambios de frases de afecto, y todo termino con un almuerzo en uno de los mejores sitios de Madrid.

Todavía seguiremos con D. Enrique Cámara.

DICEN QUE PASO... HACE MAS DE CINCUENTA AÑOS XII

Ahora vamos a referirnos, no solo a nuestro ya bien conocido, el simpático D. Enrique Cámara Zavala, sino también su distinguida esposa Dña. Julia Peón, tan simpática como su esposo. Era Dña. Julia una gran dama que después de vivir varios años en Europa, procuraba, hasta donde le era posible, continuar con los usos y costumbres del viejo continente, con los que se había identificado tan bien. Aunque no era costumbre local, siguió usando sombrero diariamente, como la cosa más natural, casi hasta su fallecimiento. No se piense que era por pretensión, pues era la sencillez personificada. Bastaba unos instantes para sentir la atracción que ejercía por su gracia y simpatía. Unas palabras más: Dña. Julia era sumamente piadosa, fiel cumplidora de todos los preceptos de la Iglesia Católica, y fue la fundadora y siempre presidenta hasta su muerte, del consultorio infantil gratuito llamado La Santa Infancia, que por muchos años funciono en forma eficiente, mitigando el dolor de la niñez desvalida, meritoria obra en que colaboraron con ella otras damas, entre ellas mi madre.

Si hemos hecho referencia al punto religioso, es por el hecho de que nuestro D. Enrique no fue creyente de religión alguna. Los señores Cámara Zavala a que nos hemos venido refiriendo, nunca fueron instruidos en materia religiosa, y por consiguiente, no tenían creencias de ninguna clase. Como se comprenderá, por esta circunstancia debió haber habido una barrera entre D. Enrique y Dña. Julia. Y sin embargo, sus amigos pudimos ver que por el cariño que se tenían y su gran educación, nunca se observo entre ellos la más leve diferencia o discrepancia en su forma de actuar y expresarse. Decimos todo esto, porque a continuación vamos a referir dos casos en los que se pone de relieve la diferencia de creencias, sin que ello fuera causa de la más ligera mortificación por parte de alguno de ellos. Hecha esta necesaria aclaración, podemos entrar ya en materia.

D. Enrique deseó durante sus últimos años borrar la única barrera que existía entre él y su esposa. Para esto, se propuso conocer a fondo la religión católica. La estudio; pero no logro tener la fe que él estimo necesaria. Ya encauzado en esta materia, siguieron sus estudios sobre otras religiones cristianas, y el resultado fue el mismo. Procuro conocer de la Teosofía, practico el espiritismo, y en fin, toda filosofía que se ocupara del Mas Allá, para después de la muerte. En sus estudios y prácticas, paso por el manejo de lo que se conoce como la tablita mágica, que por algún tiempo encaprichó a D. Enrique. Cuando Dña. Julia lo veía con la tablita, le decía a su esposo que la dejara, que eran cosas del diablo. Y contaba Dña. Julia que un día estando D. Enrique en sus prácticas con la famosa tablita, le pregunto a ésta cual era la mejor entre todas las religiones, y la respuesta fue: la CATOLICA. D. Enrique dejo en el acto la tablita, y se fue a donde Dña. Julia y le dijo en voz alta y lleno de júbilo: "Julia, Julia, enciéndele dos velas al diablo". A lo que ella le respondió preguntándole que le pasaba (Dña. Julia ignoraba la causa), que si ya había perdido la razón; pero D. Enrique replico: "Nada de eso, enciende las velas que te digo. Siempre me has dicho que mi tablita es el diablo, y acaba de decirme que la mejor religión es la católica".

Vamos a ver ahora como me las arreglo para relatar un caso que recuerdo que Dña. Julia le conto a mi madre, muerta de risa, estando de visita en mi casa. Vivía D. Enrique con toda su familia en Paris. Ignoro si su larga estancia en esta ciudad se debió a la medicación de su hijo Héctor, sin lograr alivio alguno, o estaba en Francia únicamente por placer y aprovechaba que los mejores médicos vieran al hijo enfermo. De todas maneras, no se logro alivio alguno para Héctor.

Un buen día Dña. Julia supo de los milagros que estaba haciendo el Santo Niño de Praga. Llena de fe y esperanza, le pidió a D. Enrique que fuese a Praga ´para pedirle al santo milagroso por la salud de su hijo. D. Enrique le recordó a Dña. Julia que él no creía en esas cosas; pero su esposa le contesto preguntándole si no haría un sacrificio para ver si lograban el restablecimiento de su hijo. D. Enrique acepto hacer el viaje, porque por su hijo enfermo haría cualquier cosa. Y a Praga se fueron. Dña. Julia le pidió a su fiel compañero, que como él no conocía de prácticas religiosas, se limitara a hacer todo lo que ella le indicara; repitiendo todo lo que ella dijese y procurando la mayor concentración y recogimiento posible. Llegaron al altar del Santo. Hagamos un paréntesis para decir que por informes que tengo de un sacerdote, que conoce al Niño de Praga, se trata de una pequeña imagen de cera sin atractivo alguno. Pues bien, los esposos Cámara Peón, ya en el templo, se arrodillaron, cruzaron los brazos, y D. Enrique fue repitiendo fielmente toda la petición de su esposa. Ella solo notaba que la mirada de su marido iba de la imagen al suelo y del suelo a la imagen. Todo salió como Dña. Julia quería, hasta el final.

Pero ya para salir del templo, D. Enrique tomo del brazo a su esposa y le pregunto que como se había portado; que si estaba satisfecha, que si había hecho las cosas como ella deseaba y si estaba contenta de su conducta. Naturalmente que Dña. Julia manifestó su agradecimiento, haciéndole presente que todo había salido a su gusto y como quería, y lo único que faltaba era esperar el milagro. Entonces D. Enrique, señalando al Santo Niño, le dijo a Dña. Julia:

"Bueno Julia, ahora dime con toda franqueza, ¿tú crees que pueda hacer algo el carajito ese?".

En nuestra próxima narración terminaremos con las "ocurrencias de Enrique", según las bautizara Dña. Julia, con algo muy simpático que paso entre D. Enrique y su hijo del mismo nombre.

DICEN QUE PASO... HACEMAS DE CINCUENTA AÑOS XIII

Se nos van agotando los temas de estas narraciones en lo que se refiere a D. Enrique Cámara Zavala, que nos han dado material para varios capítulos. Sin embargo, nos queda un caso que tuvo lugar entre él y su hijo Enrique, que entre otras cosas, heredó de su padre lo desmemoriado y distraído, como veremos luego.

Nos encontrábamos de temporada en Progreso a fines de la segunda década de este siglo. Progreso y Mérida únicamente se comunicaban por ferrocarril. Don Enrique Cámara era dueño en Mérida de la quinta en la que está (o estaba) la primera estación inalámbrica que se instalo en esta ciudad no lejos del actual hospital 20 de Noviembre. La ocupaban en aquel entonces, para la siembre de legumbres, unos súbditos del Celeste Imperio.

El caso es que una noche Enrique hijo le anuncio a su papá, que al día siguiente vendría a Mérida y regresaría a Progreso por la tarde. Don Enrique le recomendó muy especialmente a su hijo que fuese a la quinta de los chinos y se encargara de tal y cual cosa, insistiendo en que no se le fuera a olvidar porque era algo sumamente urgente y necesario. Dña. Julia, la esposa de D. Enrique, escucho en términos generales, pero sin fijarse en el encargo. Cuando regreso Enrique a Progreso, su mama le pregunto si había dado cumplimiento al encargo de su papá, a lo que respondió sorprendido y apenado, que se le había olvidado, pero que le dijese que era para cumplir el encargo al día siguiente, pues necesitaba volver de nuevo a Mérida. Dña. Julia le indico que no se había fijado cual había sido el encargo. No quedaba más que decirle a D. Enrique lo que pasaba, para que aclarada la situación, se pudiesen cumplir sus deseos al día siguiente. Dña. Julia acepto ser la intermediaria para explicarle el caso a su esposo. Este, como era natural, se disgusto, regaño a su hijo por la poca atención que ponía a sus encargos, etc., etc. Entonces Dña. Julia le hizo ver que nada ganaría con mortificarse. Que lo mejor era repetir el encargo para que se cumpliera al día siguiente. Pero a esto D. Enrique dijo: "Si eso es lo peor que ya ni yo me acuerdo de lo que le encargue a Enrique. Solo recuerdo que era muy importante y urgente". Nunca nadie se acordó de lo que los dos Enriques habían olvidado ese día.

Y ya que citamos a Enrique Cámara Peón, contemos algunos casos suyos. Aquí va el primero: Tenia D. Enrique dos haciendas, una cerca de Izamal y la otra cerca de Hunucmá. En uno de los viajes de Cámara Peón a la hacienda cercana a Izamal, llevo con él a su hijo Enrique III que tendría unos cinco o seis años. En el viaje de regreso cambio el papá de sitio en el tren para hablar con unos amigos, previa recomendación al niño de que no se moviese de su lugar. Al llegar a Mérida Enrique tomó el camino de su casa olvidando a su hijo. Al verlo su esposa le pregunto por el niño, y Enrique recordó haberlo dejado en el tren. Cuando ya se disponía a retornar a la estación del F.C. para localizarlo, llego a la casa el compadre Eduardo Robleda Calero, quien viajaba en el mismo tren y se había hecho cargo del niño olvidado.

Eduardo Robleda fue compadre de Enrique Cámara Peón y Amira Peón de Cámara en circunstancias simpáticas. Llamado para compadre acompañó primero a Enrique para presentar en el Registro Civil al niño cuyo nombre acordado entre los padres ya no viene al caso, porque al preguntarle al padre cual sería el nombre de su hijo, ya no se acordaba y entonces le puso EDUARDO porque así se llamaba el compadre. Al retornar a la casa y ver Amira en la boleta el nombre cambiado pregunto, y no le quedo más remedio que sonreír al saber porque su hijo se había llamado Eduardo.

Otro caso curioso fue cuando después de planear nuestro buen Enrique, un viaje a una de las haciendas, acompañado de su esposa y sus hijos, escribió a la hacienda que tuviesen comida preparada, leche para toda la familia, etc., etc. Al llegar a la finca se encontraron con que no los esperaban porque no se tenía ninguna noticia del viaje. Enrique recordaba y estaba seguro de haber escrito con tiempo suficiente. No se explicaba que había pasado; pero hechas las aclaraciones, resulto que donde los esperaban era en la otra hacienda. A una envió por distracción las instrucciones y el viaje lo hicieron a la otra hacienda.

Para terminar, aquí va el caso que debió ser el primero de Enrique Cámara Peón, porque es el primero en tiempo. Dicen que cuando tuvo lugar el casamiento civil con su prima Amira Peón Regil, invito como testigo al tío de la novia, D. Rafael de Regil (el mismo que invito a D. Enrique I para pescar en Canadá), también de pésima memoria. Y que estando Enrique en la Sorbeteria Colon tomando un helado, precisamente a la hora de la cita, paso por ahí D. Rafael y al ver a Enrique recordó el compromiso y se acerco para darle una explicación por haberse olvidado de concurrir a la boda civil. Pero Enrique le dijo en el acto: "no te preocupes tío, aun es tiempo, porque a mí también se me había olvidado y nos deben de estar esperando en casa del tío "Micho" para mi boda civil".

Este último caso me recuerda uno en que el protagonista fue D. Rafael de Regil Casares, y que narraremos en otra ocasión.

DICEN QUE PASO HACE MAS DE CINCUENTA AÑOS XIV

En nuestro relato anterior anunciamos algo que aconteció a D. Rafael de Regil; pero como esto tuvo lugar durante el gobierno de D. Felipe Carrillo Puerto, es decir, hace algo menos de cincuenta años, lo dejaremos para otra ocasión. Continuando hoy con otros casos curiosos y amenos que tuvieron como eje al ingenioso y simpático D. Juan Rivas Suarez. Algunas veces fui testigo y otros casos me los relataba mi padre, que era del grupo de D. Juan y con quien tenía frecuente contacto, por vivir el Sr. Rivas, precisamente frente a nuestra casa d la calle 64.

D. Juan Rivas era muy alto y delgado. Lo recordamos cuando miramos la casa que construyo para vivir, cerca de la iglesia de La Candelaria. De muy poco frente y de tres pisos de alto, construcción tan poco frecuente en nuestro medio, como las personas de la estatura de nuestro D. Juan.

Comenzamos con un sucedido entre el Sr. Rivas y mi padre. Este era de carácter alegre y siempre dispuesto a concurrir a cualquier fiesta. Basta decir que murió cumplidos los noventa años, y bailo hasta los ochenta, precisamente una noche antes del fallecimiento repentino de mi madre. Naturalmente que fue muy afecto a disfrazarse en aquellos carnavales famosos de antaño. El caso fue que durante todo un carnaval de hace cerca de ochenta o más años, mi padre escogió el cómodo traje de mestiza, y con él se paso todo el carnaval. Terminando éste, la primera vez que D. Juan Rivas y mi padre se vieron, aquel le dijo: "Oye Alberto García, si el carnaval dura dos días más, te viene la regla".

Parece que en uno de los departamentos de los bajos de la casa de Dña. Loreto Peón, situada en la esquina de las actuales calles 62 con 63 de Mérida, estaba la venta de las frutas de las haciendas de Dña. Loreto, a cargo de la señorita Joaquina Argüelles, que vivía en la pieza contigua y con puerta para la calle. Era el paso diario de D. Juan Rivas cuando se retiraba a dormir después de concurrir a la por muchos años famosa "tertulia del reloj", frente al reloj municipal en la "Plaza Mayor". La tertulia se disolvía entre las once y doce de la noche y a ella concurría a más del Sr. Rivas, D. Alberto de Zavala,   D. Víctor García, mi tío Fernando, mi padre y algunas personas más que no recuerdo.

Una mañana que nuestro amigo D. Juan paso frente a la puerta de Dña. Joaquina Argüelles, ésta detúvole para decirle que todas las madrugadas lo oía pasar porque su hablar alto se escuchaba muy bien en el silencio de la noche, y hasta distinguía sus malas palabras. Le aconsejó que se retirara más temprano, pues sus costumbres no eran las indicadas en personas decentes. Naturalmente que D. Juan rectifico la hora, explicándole que el error se debía a que ella se acostaba muy temprano, pero que cuidaría su lenguaje al pasar por su puerta. Entonces, desde aquel día y todas las noches, al pasar D. Juan por la puerta de Dña. Joaquina, tocaba la puerta: "Joaquina, soy Juan Rivas. Estoy camino a mi casa y son las… (La hora que fuera). Que duermas bien". Y la cosa siguió hasta la muerte de Dña. Joaquina, aunque ésta siempre respondía: "Muy bien, Juanito; pero no es necesario que me despiertes".

El carnaval se aproximaba, y un sábado por la noche tenía lugar un baile de cuota entre gente sencilla del barrio de San Sebastián. Estando reunidos los de la tertulia del reloj, D. Juan Rivas, enterado del baile le propuso al grupo acercarse al baile; pero a condición de que todos fuesen haciendo lo mismo que él. Su propuesta fue aceptada, y el grupo partió para San Sebastián. Al llegar a la entrada del baile, el portero los detuvo, pero al decirle D. Juan que eran invitados especiales del dueño de la casa, los dejaron pasar. Poco después se les acerco éste y les indico cortésmente que era un baile de cuota y que o pagaban o tuviesen la bondad de retirarse. Pero D. Juan le contesto que estarían unos momentos para bailar una sola pieza, y dirigiéndose a sus compañeros les dijo: "A ver muchachos, únicamente una pieza, busquen parejas". Y todos lograron bailar. Nuevamente el dueño de la casa se acerca para pedirles que se retiraran, y D. Juan le dijo: "Ya nos vamos, pero antes pasaremos al "ambigú" para comer unos panuchitos". A pesar de las protestas del "anfitrión", especialmente porque las damas no habían pasado al comedor, D. Juan y su grupo pasaron, comiendo alguna cosa y luego se retiraron, despidiéndose también cortésmente del dueño de la casa, dándole las gracias "por las finas atenciones recibidas".

Pero lo anterior tiene una segunda parte. La tertulia del reloj continuo, aunque los componentes fueron cambiando conforme el tiempo fue pasando. Entre los de la siguiente generación, en los tardes veintes, se encontraba mi primo D. Alfonso Vales García, que mejor que yo podría hacer el relato; pero lo intentaremos. El carnaval estaba cerca. Un grupo del suburbio de San Sebastián organizaba un baile de cuota. D. Alfonso, acordándose de lo que D. Juan Rivas y sus tíos habían hecho, propone a su grupo la repetición… pero ya las cosas habían cambiado. No pudieron entrar al baile, y a su insistencia, la cosa se puso fea y algunos de los del reloj retornaron a la tertulia con moretones y algunos golpes recibidos.

Una tarde de viernes Santo entre el diez y el veinte de este siglo, sin un solo vehículo por las calles de Mérida y todas las del centro llenas de gente con motivo de la "Visita a los Monumentos". "Qué tiempos aquellos, señor don Simón", como dice la vieja canción. Entre las iglesias más visitadas estaba La Candelaria, y la calle 64 frente a la casa D. Juan Rivas atestada de personas de todos los sectores sociales. D. Juan, ya paralitico, se sentaba todas las tardes y las noches a las puertas de su casa, y ahí se formaba siempre una alegre tertulia. Pues bien, en momentos en que mi padre y yo hacíamos compañía a D. Juan ese viernes, pasaron por la acera del frente las tres hermanas Baqueiro, solteras y amigas de la época de D. Juan y mi padre. Sin preocuparle a D. Juan la enorme concurrencia de personas, les grito: "A donde van, POLLITAS, que vengan a conversar un rato". Ellas, aparentemente disgustadas, pero sonrientes, contestaron: "Juan Rivas, eres muy grosero". Pero cruzaron t estuvieron con nosotros una media hora.

Noche de gala en el Teatro Peón Contreras. Temporada de Esperanza Iris. Lleno completo. D. Juan Rivas en el descanso de la escalera de mármol a la altura de las plateas para dominar la entrada, acompañado de D. Víctor García, y yo cerca disimuladamente, porque siempre esperaba algo de D. Juan. Asisten las Sritas. Baqueiro, vistiendo las tres en distintos tonos de verde, y al comenzar a subir la escalera, D. Juan le dice en voz alta a D. Víctor García: "Víctor, mira a las Baqueiro, todas de verde, están retoñando". Risa general y las Baqueiro, al pasar junto a su amigo, siempre sonrientes, repitieron: "Juan Rivas, eres muy grosero".

Posiblemente D. Juan Rivas Suárez nos puede dar los temas para nuestra próxima narración.

DICEN QUE PASO... HACE MAS DE CINCUENTA AÑOS XV

Vamos a continuar estas narraciones refiriéndonos, al igual que lo hicimos en la anterior, a cosas y casos muy simpáticos de D. Juan Rivas Suárez, siempre muy recordados por mi padre, que fuera participe o testigo.

El grupo de amigos a que antes nos hemos referido, compuesto por D. Juan, D. Alberto de Zavala, D. Víctor García, mi tío Fernando García, mi padre y otros que escapan a mi memoria, resolvió hacer un viaje a Campeche para disfrutar de sus siempre sabrosos mariscos y pescados. En aquella época no existía todavía el F.C. de Mérida a Campeche y el viaje se hacía en bolanes, volantas o calesas. El recorrido de las cuarenta leguas duraba de tres a cuatro días. No había hospedajes cómodos en el trayecto. En la ocasión a que nos venimos refiriendo estuvieron pidiendo posada a los señores curas de los diversos lugares; pero nuestros viajeros llegaron para pernoctar a una población en la que el párroco andaba de viaje. D. Juan soluciono el problema diciéndole al sacristán y a la vieja sirvienta, que eran invitados especiales del señor Cura, y seguramente por olvido no dejó instrucciones, pero que ahí estaban y no tenían donde dormir... Así se instalaron en el anexo de la parroquia. (Olvidé decir en lo publicado, que al llegar a Campeche se hicieron pasar como avanzada de una compañía teatral, cuyo representante era D. Juan Rivas. Recibieron en un principio numerosas atenciones e invitaciones, hasta que se fue descubriendo la broma).

A la mañana siguiente de dormir en la Parroquia y encontrándose en calzoncillos únicamente, como habían dormido por el calor, D. Alberto de Zavala y D. Juan Rivas fueron entrando al templo para conocerlo. A media iglesia, D. Alberto se da cuenta y le dice a D. Juan: "Juan Rivas, ¿ya te fijaste que estamos a media iglesia en estas fachas?. Me parece una irreverencia". A lo que D. Juan le replico: "No te preocupes Alberto, pensara Dios que somos indios".

Mas o menos, los que fueron a Campeche, eran los que formaban la "tertulia del reloj" (en la Plaza Mayor frente al reloj municipal), de que hemos hablado en narración anterior. Hace más de cincuenta años, los establecimientos principales de comercio estaban más bien concentrados en la Calle Ancha del Bazar, continuando por la actual calle 65 hasta el cruce de las ahora calles 62 y 65. Eran establecimientos de una o dos puertas, sin vidrieras y con rótulos casi uniformemente, de unos cuadros de madera, colgados en dos alcayatas. Haciendo siempre gala de buen humor, en más de una ocasión, los componentes de la tertulia del reloj, a iniciativa de D. Juan Rivas y bajo su dirección, se dedicaban a cambiar, hasta donde era posible, los rótulos comerciales, de manera que a la mañana siguiente el abarrotero aparecía como zapatero, el zapatero como lencero, etc., etc.

Pero no todo le salía a pedir de boca a D. Juan. En una ocasión un grupo de amigos hizo viaje a una hacienda (creo que fue Xucú, de los señores Cámara Zavala) para asistirá la fiesta del Santo Patrono de la finca. Después de un almuerzo, y mientras se celebraba uno de los bailes en los corredores de la "casa principal", nuestros amigos se retiraron a descansar en los cuartos a cuyo frente estaba el corredor donde se bailaba. D. Juan Rivas, siempre inquieto y travieso, fue dando bromas como falsear hamacas, detonar triquitraques, etc.; pero llego el momento de la calma y D. Juan como nota cómica, se encontraba únicamente con el chaleco puesto, sin otra prenda de vestir. En un momento en que entreabriendo un poco una de las puertas veía con un ojo el baile, dos de los compañeros abrieron la puerta, empujaron a D. Juan y cerraron nuevamente la puerta. D. Juan al comprobar que no podía entrar nuevamente al cuarto, usó de las manos como hoja de parra, y caminando recorrió el corredor donde se bailaba, hasta llegar y tirarse al estanque para el riego de la huerta, que estaba en un andén inmediato al corredor. No pudo salir del estanque hasta que le dieron una toalla para cubrirse.

Hasta aquí D. Juan, pero tenía a su hermano Antonio, tan alto como él, de complexión fuerte y de un carácter muy serio. Pero D. Antonio, como su hermano Juan, eran de los concurrentes a los bailes del Liceo de Mérida, durante los fastuosos carnavales de nuestra ciudad. Una noche de baile de mascaras, una simpática mascarita comenzó a darle bromas y algunas cosas intimas le dijo, al grado de que D. Antonio se dedico a bailar con la mascarita. Las bromas continuaron. La mascarita permitió que su pareja le besara las manos y hasta el brazo, pero nada más... fue hace más de cincuenta años. Así pasaron las horas, y al tiempo de retirarse la mascarita, D. Antonio le ofreció llevarla a su casa. D. Antonio extraño la aceptación, pero ella puso por condición el ser ella quien dirigiera al conductor del carruaje. Salieron del local del Liceo solos, y el recorrido debía ser muy corto por lo que la dama procuro hacerlo más largo. Por fin llegaron a una casa de la actual calle 67, entre las actuales 64 y 66, y al detenerse el vehículo, la mascarita se arranco la máscara y le dijo: "Gracias Antonio por haberme traído a mi casa. He pasado una noche muy divertida". Se trataba de su hermana doña Pilar Rivas de González, sumamente simpática y amiga de las bromas como su hermano Juan. Seguramente por ser hijos de la misma madre, D. Antonio se quedo callado y se fue a su casa.

Nuestro Yucatán ha dado entre sus hombres de muy elevada cultura a uno que podría catalogarlo como un sabio y quizás hasta como un genio. Me refiero a un tío político mío, D. Juan Martínez Hernández, de quien nos ocuparemos en el relato siguiente

DICEN QUE PASO... HACE MAS DE CINCUENTA AÑOS XV1

Vamos a ocuparnos ahora de un meridano sabio. Nos referimos a D. Juan Martínez Hernández, quien hasta su muerte, mas ahí de los ochenta años, siguió estudiando cada materia a la que se dedicaba, hasta lograr dominarla completamente. Cuando la muerte lo sorprendió estudiaba la pesca científica, haciendo sus prácticas en Telchac Puerto. Entiendo que fue quien cambio nuestra apicultura de aquellos viejos corchos con abejas de poco rendimiento hasta la adaptación de abejas italianas, miel de color claro y espesa en panales de cajas, como las que actualmente se emplean, pero nunca comercializo sus estudios. El primero que hizo uso de los progresos de D. Juan en apicultura, fue D. Diodoro Domingo, que presento pequeños panales en una exposición agrícola, para luego como novedad dedicarse a la venta de ellos para mascar la blanca cera y comerse una fina y rica miel. Como estudiante de floricultura, ayudado por la Srita. América Méndez, llego hasta lograr a base de injertos, producir una flor de la familia de los rosales, de color verde claro, para ya satisfecho de sus conocimientos obsequiar todo el equipo de trabajo a la Srita. Méndez, como al mozo de su casa le había obsequiado su equipo de apicultura.

Y así D. Juan fue músico, ejecutando al piano obras clásicas; crítico musical; gramático; matemático; astrónomo; notable mayista, dominando también otras ciencias que no recordamos. Como una demostración de los conocimientos de D. Juan en las ramas de saber humano, basta decir que uniendo sus conocimientos astronómicos, matemáticos y mayas, hizo un trabajo que llamo: "SIGNIFICACION CRONOLOGICA DE LOS CICLOS MAYAS" (del que conservo un ejemplar que él me obsequio), con el que probo en un congreso celebrado en Nueva York la exactitud del calendario maya, más preciso que el actual nuestro, corrigiendo errores cometidos por los científicos de la Carnegie Institución, entre cuyos miembros figuraba el sabio Dr. Morley. Este congreso tuvo lugar en 1928.

Pero D. Juan tenia, para los que lo tratamos, un carácter raro; pecaba de preciso y siempre corrigió cualquier error basado en la seguridad de sus conocimientos. Alguna vez hemos dicho (al referirnos al Gral. de Gaulle), que los sabios y los genios no se hacen simpáticos, porque resultan un poco duros al expresarse en forma tajante al emitir sus opiniones… Pero ya es hora de entrar en materia.

Hubo en nueva York una oficina de la Comisión Reguladora del Mercado de Henequén; organismo ya fundado en 1915 al hacerse cargo del Gobierno de Yucatán el Gral. Salvador Alvarado y que modificado por éste llego a ser la institución que manejaba toda la venta de la producción henequenera en sus años de mayor auge. Siempre hubo en las oficinas de Nueva York alguna persona capacitada y de toda la confianza del Gral. Alvarado, ya que en ella se trataba con los compradores y se formulaban los contratos. Pues bien, durante las postrimerías del gobierno del Gral. Alvarado, D. Juan Martínez Hernández estuvo al frente de la oficina en Nueva York de la Comisión Reguladora. Ignoramos como llego a este cargo, pues nunca fue político ni aspiro a puestos o empleos de gobierno. El caso insólito fue que después de tratar y cerrada una importante operación de venta de henequén, los compradores, como seguramente siempre y con todos hicieron, trataron de entregarle una cantidad, o comisión como se le llama, a D. Juan, suma que no figuraba en el contrato ni en documento alguno, D. Juan, siempre honesto y escrupuloso en materia de dinero, paralizo la operación y por telégrafo informo al Gral. Alvarado pidiéndole instrucciones. La respuesta no se hizo esperar, y poco más o menos decía: "Acepte comisión ingresando fondos a cuentas Reguladora. Felicitolo sinceramente por su acrisolada honestidad". También Alvarado era honesto según su proceder, cosa muy poco frecuente en casos similares.

Ya que estamos recordando a D. Juan Martínez, vamos a dar a conocer otras actitudes suyas, aun cuando tienen poco menos de cincuenta años. Fueron durante la visita a Yucatán del Gral. Abelardo Rodríguez, siendo Presidente de la República, y luego al venir el Gral. Lázaro Cárdenas, siendo también presidente.

Fue D. Juan comisionado del Gobernador del Estado para acompañar al Gral. Rodríguez en su recorrido por Chichén y Uxmal. Ciertas circunstancias me llevaron a las visitas a las ruinas. Camino a Uxmal por ferrocarril, vía Muna, la periodista Hortensia Elizondo me manifestó grandes deseos de conocer a D. Juanito Martínez, que viajaba en el mismo tren. Le hable de la posibilidad de presentarlos por ser tío político mío, y momento después ya estábamos juntos los tres. D. Juan siempre fue muy galante con las damas; pero el caso fue que la Srita. Elizondo manifestó admiración por un libro poético sobre tópicos mayas, y D. Juan le dijo: "Mire usted señorita; el autor es maravilloso como escritor y poeta, pero los conocimientos mayas son exactos y no se prestan a juegos ingeniosos de palabras. Para mi ese libro no es nada recomendable". Minutos después la Srita. Elizondo hablo de horticultura y algo dijo que no le pareció bien a D. Juan, pues éste también le enmendó la plana. Finalmente (para mí) algo dijo de gramática la periodista, que a D. Juan no le pareció correcto... pero no me entere del final porque me alejé y los deje solos. Siguieron conversando hasta llegar a Muna, pero ignoro como terminaron las cosas.

Ya en Uxmal mi esposa y yo estábamos en el grupo de la esposa del Presidente, y D. Juan se acerco para hacerle unas explicaciones a Dña. Aida sobre el Cuadrángulo de las Monjas, en el que estábamos. El Gral. Rodríguez, desde el Palacio del Gobernador, mando a un teniente, que llego corriendo a donde estábamos para preguntarle a D. Juan algo sobre el edificio en el que estaba. D. Juan contesto: "Dígale al Sr. Presidente, que Juan Martínez no envía respuestas sobre asuntos mayas, porque luego las cambian y mañana dicen que yo dije algo que no es verdad. Que en este momento voy para responderle personalmente".

Luego en Chichén, se dirigían solos el Presidente y D. Juan al Templo de los Tigres y al verme el tío Juan me llamo para acompañarlos. El Gral. Rodríguez era de muy poco hablar, sin embargo, en la parte alta de Los Tigres, mirando el juego de Pelota, hizo una pregunta que no recuerdo, a la que D. Juan contesto: "No es verdad, señor Presidente; esas cosas las inventan esas gentes que Uds. mandan para ayudarlos, costando mucho dinero al país, y que ignorantes de las cosas mayas, inventan…". Tampoco aquí escuche el final, porque directamente baje del edificio.

Posteriormente D. Juan me conto que el Gobernador lo había mandado llamar para acompañar la Gral. Lázaro Cárdenas, cuando vino a hacer el reparto de tierras con henequén, como años antes lo había hecho con el Gral. Rodríguez. Y que le dijo al entonces jefe del Ejecutivo que no aceptaba la invitación por la gran diferencia entre el uno y el otro, pues el Gral. Cárdenas estaba repartiendo lo que no era suyo, y a una persona así, no la acompañaría con gusto.

Consultaremos nuestros apuntes para resolver sobre el tema de nuestra próxima narración.

DICEN QUE PASO... HACE MAS DE CINCUENTA AÑOS XVII

Vamos a narrar algunas de las bromas que entre los elementos de nuestra sociedad se cuenta que tuvieron lugar durante los carnavales meridanos anteriores a 1915, año este en que hubo un cambio radical en muchas de nuestras costumbres. Pero antes de recordar las bromas que tratamos de relatar, nos parece muy conveniente dar a conocer el origen de aquellos carnavales de Mérida de que tanto se habla todavía.

Hasta donde sabemos por nuestras lecturas sobre cosas y personas de la época del Renacimiento, especialmente de Italia, y más que nada de Florencia, los carnavales más famosos de Europa como lo fueron los de Florencia, Venecia y Niza, tuvieron el mismo objetivo, cuando menos los de Florencia y Venecia. Era aquella época en que comenzaba a vislumbrarse la libertad de pensamiento y de palabra, y las clases trabajadoras no veían ya con buenos ojos el gran lujo y los despilfarros de los nobles y los gobernantes. Entonces, fijándose en fechas apropiadas para sus logros, los Médicis, los Ducs en Venecia y posiblemente en forma paralela en otros lugares, fueron preparando los días anteriores a la Cuaresma, grandes festejos públicos para entretener y divertir al pueblo. Se buscaba llegar al populacho en forma amena presentándole fiestas para lograr sus simpatías y como consecuencia su tolerancia para la vida que llevaban. Eran famosos los carnavales encabezados por Lorenzo de Médicis, llamado desde entonces y hasta ahora "Lorenzo el Magnífico".

Pero no siendo nuestro propósito hacer la historia de los primeros carnavales en el mundo, nos limitamos a lo anterior para llegar a una conclusión. Los carnavales de fama siempre fueron organizados y participaron en ellos gente de recursos económicos, que pudieran gastar en estos festejos de gran colorido y efectos impresionantes ante un numeroso público espectador, sin costo alguno para éste. Es decir, que los carnavales de éxito han sido los organizados por personas de dinero para solaz de las masas como espectadores. Cuando el pueblo toma parte activa en los festejos, al carecer de los medios necesarios para este tipo de fiestas, se produce la falta de lucimiento que hemos visto en nuestros carnavales de Mérida, a partir de 1915. Y no es cuestión de época. Basta cruzar el Golfo para ver en Nueva Orleáns los grandes desfiles de carros alegóricos para solaz del público callejero. Son catorce grandes desfiles, de catorce sociedades, que duran algo más de una semana todas las noches, y los sábados, domingos y Martes de Carnaval, un desfile al mediodía y otro por la noche. Rematan con bailes en el Auditorio para los miembros de cada sociedad.

Algunas veces se me ha preguntado cómo podrían organizarse actualmente carnavales como los de épocas anteriores, y siempre he respondido con lo dicho anteriormente. Hay que restringir la participación; pero con nuestro criterio "revolucionario" en todo, y este tiene como bandera: "ni un paso atrás", no hay que pensar en mejorar nuestros carnavales.

Y ahora algunas bromas de aquellos tiempos idos que no volverán.

D. Juan Rivas Suárez de quien nos hemos ocupado últimamente, era íntimo amigo de mi tío Fernando García. Durante un carnaval, D. Juan le propuso a mi tío asistir al baile de etiqueta del Martes de Carnaval en el Liceo de Mérida, dando la nota de presentarse portando disfraces en aquel ambiente de seriedad. D. Juan propuso los trajes, indicándole a mi tío Fernando que irían de MILITARES Y PAISANOS, debiendo mi tío ir de militar y D. Juan de paisano. Al preguntar mi tío como seria el traje de paisano, D. Juan le indico que era uno muy ingenioso y que no se preocupara, debiendo cada quien ocuparse del suyo. El propio martes hicieron cita para encontrarse en el Liceo a determinada hora. Puntual, hizo su entrada al baile mi tío Fernando portando un elegante traje militar. Los concurrentes vieron aquello raro, pero no tuvieron tiempo de hacer muchos comentarios, porque pocos momentos después hizo su entrada D. Juan Rivas, vestido de impecable frac, con su camisa de pechera dura y su bien amarrada corbata blanca. Al verlo mi tío se le presento para reclamarle, pero D. Juan le dijo: "Puchin, te he cumplido. He venido de paisano". Quienes estaban cerca se echaron a reír dándose cuenta de la broma.

D. Felipe Ibarra era muy afecto a las bromas y para un Bando de Carnaval, arreglo con D. Venancio Cervera el que lo acompañara a salir en un carro alegórico. Todos los arreglos estarían a cargo de D. Felipe. El carro representaría "El Sueño y la Soltura". Cerraron un trato de honor ante diversos amigos, y D. Venancio no volvió a ocuparse hasta el momento de salir de casa de D. Felipe para subir al carro. Y supo cumplir su palabra. Tomo parte en el Bando un carro que representaba una pequeña casa de campo con una hamaca en la que iba D. Felipe y al frente de la casita un pequeño jardín en el que estaba D. Venancio sentado en un bacín. D. Felipe representaba el SUEÑO Y D. Venancio la SOLTURA.

Terminaremos con algo que también paso entre D. Felipe y D. Venancio. Planearon que el domingo de carnaval D. Venancio saliera de su casa vestido como Cristo, con una gran cruz de madera a cuestas, y en la primera esquina estaría D. Felipe disfrazado de Cirineo, para preguntarle a D. Venancio a su paso: "¿Quo vadis, Dómine?".y luego ayudaría en la conducción de la cruz hasta la Plaza de Armas. Hablaron de que podría verse mal el acto por escrúpulos religiosos, y D. Felipe quedo en que consultaría el caso con D. Agustín Vales Castillo, entonces Jefe Político de Mérida. Fue D. Felipe a ver a D. Agustín y le dijo que D. Venancio insistía en llevar a cabo lo proyectado, a lo que D. Agustín, aunque no era católico, le dijo a D. Felipe que por respeto a los creyentes había que evitarlo y que si salía D. Venancio como indicaba, seria puesto preso el resto del carnaval. Después de esto, fue D. Felipe y le dijo a D. Venancio que D. Agustín no veía ningún inconveniente y que podría salir. Vuelta de D. Felipe a D. Agustín para indicarle que D. Venancio insistía…que siempre si saldría de su casa disfrazado de Cristo y a tal hora. El resultado fue que al salir D. Venancio con su cruz, fue detenido por la policía y con la cruz a cuestas fue conducido por la Jefatura Política. En la primera esquina ya estaba esperando las consecuencias de la broma D. Felipe Ibarra, vestido normalmente, pero al pasar D. Venancio conducido por la policía, le pregunto socarronamente: "¿Quo vadis, Dómine?", a lo que D. Venancio respondió con la ira reflejada en el rostro: "A casa de tu…madre".

El material se nos va agotando; pero trataremos de presentar a nuestros lectores alguna otra narración.

DICEN QUE PASO... HACE MAS DE CINCUENTA AÑOS XVIII

En mis mocedades, y de esto hace rato, escuchaba muchos sucedidos que le atribuían a D. Eduardo Bolio, conocido más bien por el mote de "El Burro Bolio"; pero si a los tontos se les dice "burros", en D. Eduardo resultaba un contrasentido, porque como podrán juzgar nuestros lectores, era persona muy inteligente. Como hace tiempo que no oímos mencionar a D. Eduardo, vamos a relatar algunas de las "hazañas" que le cuelgan.

Parece que era D. Eduardo bastante afecto al contrabando, y en una ocasión en que un jefe de la aduana de Progreso se propuso descubrir sus introducciones de mercancías en forma ilegal, Don Eduardo lo desafío amistosamente a descubrirlo. D. Eduardo mando preparar unas cajas conteniendo productos exportables, marcó las cajas con inscripciones y señales particulares y llego al puerto con su cargamento bastante tarde para manejarlo por el conducto ordinario y embarcarlo en el barco americano que ese día pasaba por Progreso. Aparentemente mortificado y violento D. Eduardo arrendó una lancha especial y salió para el barco a ver si lograba el envió de su carga. Naturalmente que todo estaba preparado. D. Eduardo llego al barco y cambio las cajas que llevaba por otras exactamente iguales, con las mismas marcas, el mismo tamaño, etc., conteniendo el contrabando deseado. Al retornar a Progreso, D. Eduardo estaba al parecer, de peor humor, y renegando contra los responsables de su retardo, porque no había podido embarcar su mercancía. El administrador de la aduana solo se reía y vio al Sr. Bolio retornar a Mérida con su mercancía sin enviarla a los EE. UU. Pasados unos días, D. Eduardo invito al jefe aduanal a cenar a su casa y en su presencia abrió las cajas conteniendo el contrabando. Claro que estas cosas se hacían antes… pero ahora no.

Se cuenta otra hazaña de D. Eduardo para burlar el pago de contribuciones por la introducción de aguardiente en el Estado. Parece que con alguna frecuencia burlaba la vigilancia policiaca para traer de Campeche barricas llenas de ron. En una ocasión –se dice- preparo un buen cargamento, pero en lugar de ron las barricas fueron cargadas con agua. Procuro que la policía se enterara de la introducción de este RON y, sorprendido el cargamento, fue a dar al patio de la policía. Don Eduardo se presento momentos después, haciendo gran escándalo, y al final de cuentas exigió que le otorgaran un recibo por determinado número de barricas LLENAS DE RON, y dijo que volvería para pagar los impuestos y la multa. Al día siguiente retorno, pago las cantidades correspondientes, y mostrando desconfianza probo el contenido de una de las barricas, y al resultar agua, las fue probando una a una. Sin entrar en detalles, diremos que exigió que, ya que había pagado todo lo que le habían indicado para la devolución del RON, tendrían que devolverle el aguardiente que le habían robado y cambiado por agua. Con el recibo que tenía en su poder logro el pago total del contenido de las barricas como si hubiese sido RON.

Cuentan que un sábado se entretuvo en su oficina poniendo junto a una moneda de UN CENTAVO, otra de UN PESO, de aquellos grandes de balanza, y al entrar algún pordiosero le decía: "Toma la moneda que quieras". Si el pobre tomaba el peso, lo reponía para el siguiente pedigüeño; pero si le daba preferencia al centavo, entonces se lo quitaba y le decía: "Estas pobre por bruto. Pudiendo coger un peso, le vas al centavo".

Se decía que fue D. Eduardo de los primeros que al tener agua corriente en su domicilio, puso una toma en la calle para regar el frente de su casa, según la costumbre de aquella época anterior a la pavimentación. Algunos empotraban la llave en la pared para ponerle una tapa con su candado, y otros, como D. Eduardo, se limitaban a la llave sin protección alguna. Una noche en que el Sr. Bolio salió para ir a jugar a la Lonja Meridana, lo que hacía con frecuencia, para retornar a dormir bien tarde, D. Alfonso Cámara y Cámara, a quien sus amigos le decían "El Box" Cámara, se hizo de una manguera vieja, la conecto en la toma de agua de la casa de D. Eduardo y coloco el otro extremo de la manguera dentro de la ventana del cuarto de D. Eduardo. Hecho esto, procedió a abrir la llave y el agua comenzó a fluir dentro de la casa. Nuestros lectores podrán pensar el efecto que esto hizo en D. Eduardo al llegar a su casa y encontrarse aquel desastre. Pero se las ingenio para descubrir quien había sido el autor. Entonces se fue a la casa del "Box", quien, sabiendo lo buscaba D. Eduardo, se había guardado y dicho a su señora madre que lo negara. Pero D. Eduardo se presento y le dijo en voz alta a la señora: "Doña Candelaria, dígale Ud. al "Box" que no se aguarde. Que le vine a dar las gracias porque me ha enseñado a no ser tan tonto como para tener mi llave de agua a disposición de cualquiera". D. Alfonso, que había escuchado, salió, y él y D. Eduardo se dieron un fuerte abrazo.

Otro caso fue el muy conocido con el mozo de la casa. Lo llamó D. Eduardo y al dilatarse en presentarse, le pregunto el motivo de su tardanza. El mozo le dijo que porque estaba terminando la limpieza de una lámpara. Entonces D. Eduardo le ordeno que, cuando él lo llamase, soltase todo lo que estuviese haciendo o tuviese en sus manos y presentase en el acto. Un día que el mozo estaba lavando la palangana de porcelana de D. Eduardo, escucho que éste lo llamaba.

Soltó la palangana para ocurrir en el acto y la fina pieza de porcelana se hizo añicos al caer al suelo. D. Eduardo le pregunto que era aquel ruido y el mozo le contesto: "cumpliendo sus ordenes, al oír que Ud. me llamaba, solté su palangana que estaba yo lavando, y al caerse rompió". D. Eduardo se sonrió, sin decir una palabra.

Una vez que hemos comenzado con las cosas y casos de D. Eduardo Bolio, algunos más han venido a mi memoria, por lo que dejaremos los pendientes para nuestra próxima narración.

DICEN QUE PASO... HACE MAS DE CINCUENTA AÑOS XIX

Vamos a continuar estas narraciones con algunos otros casos que se le atribuyen a D. Eduardo Bolio.

Dicen que D. Eduardo tuvo en una de sus haciendas a un mayordomo, del que al poco tiempo de trabajar con él, estaba ya descontento. El tal mayordomo contestaba siempre a sus preguntas en forma vaga, y por otros muchos detalles se daba cuenta D. Eduardo de que su empleado era un gran flojo. Uno de los días que D. Eduardo estuvo en la hacienda, le pregunto al mayordomo: "Dígame Ud., ¿Cuántas naranjas tiene una mata en la época de la cosecha?". A lo que el interpelado contesto que no había tenido tiempo de contarlas. Pero D. Eduardo, acto seguido le hizo la segunda pregunta: "Bueno, pero dígame usted, ¿Cuántas vigas tiene el techo del cuarto donde Ud. duerme? Y el mayordomo, sin titubear le contesto: "once". –"Ya sabía yo que eso si lo sabría bien, porque seguramente se pasa Ud. la mayor parte del tiempo acostado en su hamaca". Es de suponerse que este encargado de la finca no habrá hecho huesos viejos al servicio de D. Eduardo.

Se cuenta que D. Eduardo tuvo un empleado que le servía de cajero, llevaba las cuentas y se encargaba de las compras al comercio de lo que las haciendas necesitaban, y dicen que se las componía muy bien para sortear los caprichos de su patrón. Se cuenta, repetimos, que en una ocasión D. Eduardo al verlo en su escritorio mano sobre mano, le ordeno que desyerbase el jardín de la casa, lo que el empleado hizo sin objeción alguna, pero por el trabajo que posiblemente se hubiese pagado en aquellos tiempos un peso y medio o dos, el empleado de adjudicó CIEN PESOS, sin mediar palabra entre él y D. Eduardo, dándole salida al pago en el libro de caja. Cuando días después D. Eduardo revisaba sus cuentas, llego al pago de los CIEN PESOS, y le pregunto a su cajero a que se debía esa partida, dicen que el ladino cajero le respondió: "Don Eduardo, Ud. el otro día me ordeno desyerbar el jardín, y yo cobré por el trabajo de acuerdo con mi categoría". –"Esta bien", contesto D. Eduardo y también se refiere que agrego: "Me fregaste… muy bien".

Se contaba hace algunos años, que D. Eduardo Bolio,   D. Remigio Nicoli, D. Leandro León Ayala y otros destacados capitalistas de fines del siglo pasado, tenían por costumbre ir por las noches a la Lonja Meridana, donde jugaban grandes cantidades, hasta el grado de perder, y de ganar naturalmente, casas y haciendas. Los señores Nicoli y León Ayala dejaron gran parte de sus fortunas para obras benéficas. Mi padre me contaba que D. Leandro dijo al morir una finca henequenera de un valor estimable pero no muy elevado, para obras de beneficencia. Pero que al poco tiempo de fallecer, sobrevino la enorme alza en el precio del henequén con motivo de la guerra entre EE. UU. y España, extendiéndose el periodo de bonanza por la guerra ruso-japonesa de 1904. Las haciendas henequeneras subieron mucho de precio. Esto hizo que al venderse la hacienda de D. Leandro los fondos para obras benéficas fuesen mucho más de lo que el donante se había imaginado. Algo parecido paso con el legado de D. Remigio Nicoli, aunque la diferencia no fue tanta.

A este selecto grupo de la Lonja pertenecía un caballero, cuyo nombre no recuerdo, que con frecuencia se dormía jugando, hasta que lo despertaban para seguir, lo que no resultaba muy ameno a los compañeros. Siempre procuraban evitar tenerlo por compañero de mesa; pero era del grupo, muy amigo de todos, con harta plata para perder, y en fin, que no se le podía eliminar. Un buen día, parece que D. Eduardo Bolio planeo darle una broma para ver si lo escarmentaban. Todo fue preparado según indico D. Eduardo y arreglaron que al verlo dormido se apagasen todas las luces del salón, y los compañeros de mesa y mesas cercanas siguieran como jugando después de despertarlo. Al despertar y no ver por la carencia de luz y escuchar a los compañeros que le preguntaban con toda naturalidad si aceptaba la apuesta, y oír hablar a los demás del salón jugando con toda naturalidad, pregunto qué estaba pasando porque él no veía; que si estaban jugando a obscuras, a lo que le respondieron que NO, QUE HABIA LUZ Y LO QUE PASABA ERA QUE EL NO HABIA DESPERTADO BIEN. No vamos a narrar en detalle la escena que siguió pero podrá suponer el lector la desesperación de este jugador, que supuso que había perdido la vista inesperadamente. La broma fue llevada hasta cierto límite, para luego echarse todos a reír y explicarle el motivo de la broma. Desde luego la bromita no debió ser muy agradable para la víctima.

D. Eduardo Bolio llego a acumular una gran fortuna, y de entre sus bienes se destacan las muy conocidas haciendas TABI y SAN IGNACIO. Su hijo D. Eduardo Bolio Rendón, que debe estar cerca o ya tiene noventa años, entiendo que instalado en Cuernavaca vive aun. Hasta donde he oído, después de dilapidar la fortuna heredada, se sostiene comprando libros antiguos valiosos a precios ínfimos en determinados lugares de la ciudad de México, libros que luego vende a muy buenos precios a los turistas. Esto es posible por su gran cultura y conocimientos adquiridos viviendo en Europa largos años, más que debido a estudios académicos. El retoño de don Eduardo, es decir, su único hijo, Bolio Rendón, no se preocupo de cuidar la gran fortuna que le legaron; pero cuando he conversado con él, le he oído decir que de volver a vivir su dorada juventud, haría lo mismo que hizo: darse vida de príncipe en Europa mientras tuviese dinero. Se caso con una dama inglesa, viajaba en trenes especiales, a gran costo se fueron a Egipto para que la señora se diera baños de tina en leche de burra igual que lo hiciera Cleopatra. Dejo por olvido en un hotel de Londres un collar de perlas de alto precio, para irse a Paris sin que él ni su esposa se dieran cuanta del descuido, etc., etc. Respecto al collar, después de algunos días en Paris, en la "Casa Fourcade" (comisionistas y central de los yucatecos en el viejo Paris) le entregaron el collar de perlas que el hotel de Londres había remitido "para el señor Bolio". Y por toda reacción dijo: "Si… es verdad, lo dejamos en un cajón del tocador…"

Seguiremos otro día. Ya veremos que narramos.

DICEN QUE PASO... HACE MAS DE CINCUENTA AÑOS XX

Ahora vamos a dar a conocer nuestras impresiones y narrar hechos que escuchaba en los años 1912 a 1914. Se trata de un grupo de estudiantes de preparatoria en el Instituto Literario del Estado, estudiaban el tercero y cuarto año de preparatoria. Eran dos o tres años mayores que yo, que entonces cursaba 1° y 2° año de prepa en el Colegio Católico de San Ildefonso. Pero jugábamos beisbol juntos, y esto hacia que yo estuviese en contacto con ellos en las reuniones del Parque Cepeda Peraza y otros lugares, lo suficiente para saber y darme cuenta de lo que era este grupo.

Se trataba de Humberto Canto Echeverría, Emilio Casellas, Florencio Palomo Valencia, Alberto Rendón Peón, Álvaro Vallado García, Romeo Rosado, uno de los Peniche Vallado y otros más cuyos nombres no recuerdo. El grupo era ameno y divertido. Había en él toda la gama del estudiantado. Alberto Rendón era el prototipo del estudiante serio, inteligente y dedicado a beber a conciencia el contenido de los libros, como lo fue luego como médico sobresaliente y de éxito.

Había en el grupo dos tartamudos: el "Pich" Canto y Palomo. Pero eran totalmente distintos entre sí. Palomo era serio, muy buen estudiante, pero lento en el habla y en sus reacciones. El "Pich" Canto era también tartamudo, pero esto no era obstáculo para su gran rapidez de imaginación y expresión. Como estudiante se limitaba a salir del paso. Siempre ocurrente y con la broma a flor de labio. Era el "Pich" el jefe del grupo para toda clase de bromas, sin librarse de esto el profesorado, que fue víctima de las que vamos a narrar, hasta donde nos lo permitan nuestros recuerdos. El grupo intimo era de unos quince, y todavía viven algunos que podrían dar mejores y más detallados datos de lo que vamos a relatar, pero intentaremos salir del paso lo mejor posible. Y con la venta de los supervivientes del "team", nos iniciamos.

Entre los profesores del Instituto estaba el Dr. Antonio Patrón Correa, que concurría a dar sus clases en un automóvil de aquellos tiempos. Muy liviano, con llantas como las que ahora usan las motocicletas y una palanca en lugar de la actual guía de rueda. Pues bien, en más de una ocasión, al salir el Dr. Patrón se encontraba su auto sobre la alta acera del Teatro Peón Contreras. El director de la "maniobra" era el "Pich".

Otro profesor del Instituto era el Dr. Alberto Correa Aloy, que andaba en un tílburi tirado por un caballo flacón. Nuestro amigo el "Pich", con alguna frecuencia se acercaba al tílburi ya que el doctor subía para irse, y simulando el mugido del toro le gritaba al médico: "Doctor, para que se arranque, acordándose de cuando estuvo (el jamelgo) en la plaza de toros". Otras veces obtenía un gajo de ramón o zacate, y al salir el doctor se adelantaba Canto al caballo, para que lo siguiese para comerse la pastura.

D. Nicolás Miguel fue por muchos años el profesor de Historia Universal en el Instituto. Siempre fue cumplido maestro y dignísimo caballero. Pero fue a quien una jugarreta del "Pich" se le transformo en una broma pesada, contribuyendo a esto el remate del estudioso Palomo. El caso fue que Canto, siempre de broma y no muy buen estudiante, se propuso entretener al buen D. Nico, precisamente un día que se hablaba en la clase de Napoleón Bonaparte. Canto comenzó a decirle al maestro que siempre le gustaba investigar en otros libros los temas tratados en clase, y que había descubierto que Napoleón tenía una perrita a la que quería mucho, y como era muy supersticioso, creía que si antes de entrar en combate no acariciaba a su perrita que se llamaba "Fidi", llevaba el peligro de perder la batalla, lo que lo hacía quedar muy nervioso si a tiempo no lograba acariciar a "fidi". Y aquí termino la participación de Canto. Ese día se paso la hora y no hubo toma de lección (que era el propósito del "Pich" al entretener a Dn. Nicolás). Pero llegan los exámenes de fin de curso en presencia de sinodales del Colegio Católico y otros profesores. Le tocó a Palomo hablar sobre Napoleón Bonaparte. Buen estudiante como era y conocedor a conciencia del tema, se sintió seguro cuando D. Nico le dijo, ante el sínodo, que si no recordaba algo que trataron en la clase, ya que en sus cursos no se limitaban a lo dicho en los libros de texto oficiales, sino que siempre buscaban ampliar sus conocimientos. Palomo dijo que no recordaba, y D. Nico, ingenuamente, fue recordando al animalito predilecto de Napoleón... aquella perrita... se llamaba "fidi"... Bonaparte era supersticioso... acariciaba a la perrita antes de entrar en combate... hasta que Palomo, agotados los datos del profesor, le dijo: "pero D. Nico, nada de eso es verdad. Fueron pendejadas de Canto". Palomo se expreso con toda naturalidad y sonriente. Estos dos condiscípulos llegaron a ser ambos Gobernadores del Estado de Yucatán; pero terminemos nuestro relato, diciendo que los sinodales ajenos al Instituto, no pudieron aguantarse y se echaron a reír a carcajadas.

Para terminar, voy a dar a conocer una impresión mía muy personal, que me permitió pronosticar algo que resulto cierto. Ya hemos dicho que tanto Canto como Palomo eran tartamudos, el primero rápido de mente y palabra, y el segundo lento, cuando menos al expresarse. Llegue a tener la impresión en aquel entonces, de que posiblemente Palomo culpaba a su tartamudez de su lentitud, y admiraba la agilidad tan grande en el otro tartamudo. Pero no había nada de envidia. Era simplemente admiración. Palomo era de poco hablar, y siempre estuvo pendiente de Canto para ser el primero en gozar y reírse de sus ocurrencias.

Pasan los años, y para entonces, por designación del Congreso del Estado para terminar un periodo, ya el Sr. Ing. Florencio Palomo Valencia, llega ser Gobernador del Estado, y entonces el Ing. D. Humberto Canto Echeverría, que entiendo vivía y trabajaba en Cuba, es designado para ser jefe del Departamento de Obras Publicas de su gobierno. Recordé los tiempos pasados, y a uno del grupo de estudiantes a quien vi por casualidad, le dije: "Creo que Palomo sigue admirando y apreciando a Canto. Ya lo hizo hombre de confianza en su gobierno, y te aseguro que lo hará su sucesor en el gobierno". Y el Ing. Canto Echeverría, siguió al Ing. Palomo como Gobernador del Estado, sin tener antecedentes políticos, y creo que sin otro nexo oficial que el de su condiscípulo, amigo y admirador desde el Instituto Literario del Estado.

Y no sabría decir si estas narraciones han llegado a su fin.

COMENTARIO

Comentando brevemente la serie DICEN QUE PASO... HACE MAS DE CINCUENTA AÑOS, diré que con su publicación he venido teniendo muchas satisfacciones y ninguna reclamación o rectificación. Siendo que hasta cierto grado me ha hecho popular en nuestro medio, muy especialmente entre la gente humilde. A medida que se fue publicando y aun ahora, después de dos años de haber terminado su publicación, siguen deteniéndome por la calle: vendedores de periódicos, limpiabotas, choferes de sitio, personas desconocidas para mí con quienes me cruzo por la calle, etc. Me detienen diciéndome: -"D. Beto, siga Ud. publicando aquello que paso hace cincuenta años"; -"D. Beto, ¿Por qué no sigue las cosas de D. Enrique Cámara y el "Burro" Bolio? Yo conocí a D. Enrique", y frases similares. Hace unos días (1-73), una persona sencilla y como de mi edad, me detuvo y me pregunto si yo era D. Alberto García, y al decirle que sí, me dijo: -"Que gusto me daba leer lo que Ud. escribía de hace cincuenta años. Me recordaba aquellos tiempos tan bonitos. No como ahora, que vivimos entre Hippies sucios y estudiantes groseros". Ahora en 1973, al ir a revalidar mi licencia para conducir automóvil, al leer mi nombre, un modesto policía que trabaja en el departamento, me mira y me dice: -¿"Ud. es el que escribía lo de hace cincuenta años?". Al decirle que sí, me indico que ojala ya continuase mis publicaciones del pasado.

Pero mientras la serie se publicaba, muchas personas amigas y no amigas, se me presentaban con casos para que yo los publicase. Siempre les contesté: -"Publico lo que he sabido de primera mano o me contaba mi padre; pero no escribo por indicaciones. Yo no soy escritor. Usted escriba (o escribe tú), pues cada quien debe ser responsable de lo que dice o escribe".

Algunos sucesos recordé posteriormente, pero al no tener continuidad los relatos, me ha dado la impresión de que pierden mucho de su interés. Sin embargo, al escribir estas líneas recuerdo un caso simpático de un tío político mío y procedo a narrarlo.

Era la época del triunfo de la revolución y caída del Gral. Díaz como Presidente de México. Primeras elecciones para Gobernador de Yucatán después de 1910, y primer desengaño en el país del lema "Sufragio Efectivo...", que hasta hoy y desde 1911 se emplea en México. Los que quieran mas detalles del momento político, pueden leer el párrafo quinto del Capítulo VI de las "Memorias de un ex hacendado henequenero", que se publican en este mismo libro.

Pues bien, el gobierno local, para desorganizar la fuerte oposición MORENISTA, ponía presos a los morenistas D. Carlos R. Menéndez, periodista; D. Arturo Ponce Cámara, industrial; D. Alfonso Cámara y Cámara, profesionista; D. José Vales Castillo, comerciante; ...D. José Vales Castillo era bajo, delgado, pasaba de los sesenta años, MUY BUEN CATOLICO, de un carácter nervioso y muy viril. Una vez que lo detuvieron, el Jefe de la Policía le pregunto que si tenía armas, a lo que D. Pepe Vales le dijo que sí. Entonces el Jefe de Policía le ordeno que pusiera las armas sobre su mesa. El señor Vales, metiéndose una mano a una bolsa de su saco, tomo su rosario y con energía lo puso sobre la mesa indicada. El Jefe de Policía, disgustado le dijo: -"Señor Vales, hablo enserio. No estoy jugando. Esto no es un arma". A lo que D. Pepe respondió: -"Yo tampoco estoy jugando. Lo que le he entregado si son armas. SON ARMAS CONTRA EL DEMONIO".

(Del Diario de Yucatán del 16 de noviembre de 1970)

CHARLES DE GAULLE

Creo que Charles de Gaulle ha sido el más grande de los gobernadores franceses. Eliminemos toda comparación con Napoleón. Bonaparte era italiano, nacido en una isla italiana, políticamente francesa.

Estoy muy lejos de ser historiador. Soy lector de los titulares de la prensa, y cuando me interesan procedo a leer todo o en parte el texto de la información. De Gaulle, vencida Francia durante la Segunda Guerra Mundial, se instalo con base en Inglaterra para lanzar toda clase de improperios contra el Gral. Petain. No es que yo aplaudiese la conducta de Petain; pero pienso que sacrifico su nombre y sabiéndolo acepto pasar a la posteridad como traidor a su patria, por librar materialmente a Francia de una destrucción que no sabemos a dónde hubiese llegado, uniendo el odio al enemigo de siempre, la envidia a Paris y el militarismo impecable del pueblo alemán. Yo simplemente pensaba: Es muy fácil gritar desde lejos y en lugar seguro. De Gaulle no me resultaba simpático, y en esto no he cambiado mucho. Termina la guerra y De Gaulle juega un papel brillante del que no tengo presente los detalles; pero los franceses lo eliminan.

Un movimiento de derecha lo lleva nuevamente al poder, e inicia su gobierno con su falta de gratitud para quienes lo elevaron nuevamente; pero comienza a verse que todo su propósito va siendo restaurar Francia; volverle su prestigio, organizarle su economía y situarla nuevamente en el sitio que mundialmente había ocupado siempre. Naturalmente, que antes esta Francia que quienes lo elevaron al poder. Tampoco ahora se hace simpático, pero comienzo a interesarme por éste gran personaje y personaje grande al mismo tiempo, con más de dos metros de estatura.

Y así comienzo a leer cuanto de nuestro gran francés va diciendo la prensa diaria. Así me entero de un libro que escribió antes de la guerra, diciendo que las grandes obras de defensa de la Línea Maginot eran un trabajo inútil, porque con la guerra moderna Alemania podría fácilmente sobrepasarla. Lo trataron de equivocado y mal soldado, continuando las obras. Pro el tiempo le dio toda la razón. Poco a poco voy poniendo a De Gaulle en el sitio que le corresponde. Si tanto gritó desde Inglaterra, fue porque quizás debería situarlo en la categoría de los grandes genios, que compenetrados de que están por encima de la mayoría de los hombres, dicen bien alto lo que piensan, sin importarle lo que de ellos se piense. En Quebec De Gaulle no "metió la pata". Sabía muy bien lo que hacía sin importarle lo que luego le harían en Ottawa. Ruego a mis lectores que piensen y analicen el proceder de todo aquel de ellos conocido, y que pueda ser considerado como un genio, y encontraran confirmado lo antes dicho. Es mejor no decir nombres, pero yo pienso en dos genios producto de Yucatán, que más de una vez se les ha considerado locos. Naturalmente que no por eso pasaba a De Gaulle a la categoría de un hombre simpático. Quienes hemos visitado Francia (la edad y la suerte me ha permitido visitarla cuatro veces), podemos darnos cuenta de que los franceses con los que el turista tiene contacto, tampoco conquistan a los visitantes por su simpatía. Hasta en esto era francés De Gaulle.

Desde el instante en que De Gaulle subió al poder por segunda vez, se hablo de la intranquilidad de Inglaterra y los Estados Unidos, diciéndose que no esperaban de él amistad ni cooperación. Ahora bien: Claro, los ingleses sabían muy bien quién era. Lo de los americanos no tenía importancia. Les tocaba de carambola por ser eternos aliados de Inglaterra y nada más. Todavía no veía yo muy claro. Luego leí un libro donde se habla de lo que los británicos y sus siempre aliados le hicieron para darle toda clase de disgustos a De Gaulle mientras se luchaba en la guerra. Ahora pienso que si a nuestro hombre le hubiese resultado beneficioso para Francia olvidar todo aquello, y pagar bien por mal, sin ningún escrúpulo lo hubiese hecho. Pero no fue así.

¿Qué base tengo para pensar como ahora lo hago? Es muy sencillo. Durante los años escolares de 1915 a 1917 estudie en los Estados Unidos con Hugo Donadieu, no recuerdo si nacido en México o en Francia. Todavía no alcanzaba la edad del servicio militar. Su padre era de los principales accionistas de establecimiento "El Puerto de Veracruz", en la Ciudad de México; pero en todo y por todo era y actuaba como francés. Ni un momento lo consideramos mexicano. Pero un día Hugo me dijo con ese acento característico de los franceses, especialmente sus erres para hablar el castellano: -"A ti te llamara la atención y pensaras que soy antipatriota por manifestar alegría cada que los alemanes envían al fondo de los mares a un barco de guerra ingles, pero muy al contrario. Precisamente como francés, me alegro de todo daño que le puedan hacer a los ingleses. La guerra actual es momentánea y terminara pronto, mientras que los males de Inglaterra a Francia vienen de siglos y no podemos vislumbrar su fin. Inglaterra es la dueña de los mares y del mundo, porque no permite que Francia y Alemania sean amigas. Si algún día logramos ser amigos, se acabara el predominio del Imperio Británico. Nuestro enemigo es Inglaterra y no Alemania. Nos pone siempre de punta por aquello de Alsacia y Lorena, el hierro y el carbón para la industria del acero. En fin, procura nuestra enemistad y lo ha logrado hasta ahora. Sabe que unida a nosotros aplastamos a Alemania y unida a Alemania nos domina a nosotros, para así seguir siendo la dueña del mundo. Recuerda esto que te digo. Si algún día nos entendemos Francia y Alemania, terminara el poderío del Gran Imperio Británico. Recuérdalo bien y no lo olvides. Como todo francés, soy patriota y por Francia hacemos cualquier cosa".

Han transcurrido prácticamente cincuenta y cinco años. ¿Qué ha pasado? Surge como Ministro de Finanzas de Francia Robert Schumann, apellido genuinamente alemán. ¿De Alsacia o Lorena? Lo ignoro. Logra un primer entendimiento entre Francia y Alemania estableciendo el consorcio del acero. Uno le da al otro todo el hierro que necesita y éste le da a aquél todo el carbón necesario para que ambos produzcan todo el acero de que sean capaces. Este entendimiento sirve de base para el Mercado Común Europeo. Inglaterra queda al margen. Organiza la Unión de los siete países. Pero parece que el resultado no ha sido igualmente satisfactorio, porque comienza a tratar de entrar al mercado común de los seis. Entonces el gigante; el gigante de cuerpo, capacidad, patriotismo y hombría, el gran Charles de Gaulle, sin importarle ser o no simpático y despreciando el qué dirán, se limita a humillar y despreciar a Inglaterra. Actúa en su segundo periodo de gobierno, como mi condiscípulo Hugo Donadieu hubiese querido ver a todo gobernante francés. Pero se necesito más de medio siglo para que surgiera este francés que tuviese los tamaños para enfrentarse a Inglaterra como por siglos han deseado los franceses. Los ingleses derrotaron y acabaron con el Gran Corso, Napoleón Bonaparte; pero nunca doblegaron a De Gaulle.

No ha sido precisamente De Gaulle quien ha desmembrado el Imperio Británico; pero existe la casual circunstancia de que mientras De Gaulle hacia volver a Francia al sitio de honor que siempre le ha correspondido y en franco entendimiento con Alemania, el Imperio Británico se ha venido desmembrando hasta llegar hasta donde está ahora.

Quiero terminar declarando que no guardo ninguna mala voluntad contra Inglaterra ni contra los ingleses. Muy al contrario. Después de conocer algo de ese país, no puedo menos que repetirlo que dije al salir de Londres en 1957:"Le bajo el sombrero y me inclino ante este gran pueblo, vestido de levita cerrada, guantes, bastón y sombrero de pelo. Son los ingleses quienes mejor saben vivir y viven en el mundo entero". Pero no he querido dejar de rendir un homenaje al que para mí ha sido el más grande gobernante francés de todos los tiempos: CHARLES DE GAULLE.

(Diario de Yucatán, 12 de febrero de 1917)

EL PLAN CHAC

Desde hace algunos años escuchamos y leemos opiniones diversas respecto a lo que se ha venido llamando el PLAN DE CHAC. Predominantemente, los elementos oficiales han presentado aspectos satisfactorios, con millones de pesos gastados, mas millones por gastar, rectificaciones, abandonos y reanudaciones. Los elementos que poco simpatizan con los acostumbrados despilfarros del gobierno, se han manifestado categóricamente creyentes de una más de las usuales formas de distribuir dinero entre favoritos, con un fracaso completo respecto a sus propósitos. Que lo hecho por un gobierno se abandona y se comienza por otro lado, que llegaron las bombas y no hay pozos, que ya hay pozos y las bombas de agua no son las apropiadas y hay que pedir otras, etc., etc.

Poco he leído de lo publicado, porque escéptico de éxitos en tierras yucatecas para logros comerciales a base de riegos, por una parte, y por la otra, convencido de que muchos de los que escriben en contra de las obras oficiales incurren en exageraciones, me había conservado poco interesado en el PLAN CHAC. Algo puedo saber de nuestras tierras en la zona considerada mala para el henequén ACTUALMENTE, porque de 1917 a 1935 tuve contacto directo administrando haciendas henequeneras en los municipios de Maxcanú y Halachó, y desde 1935 indirectamente, como propietario ya poco interesado.

Pero hace algunos días, sin proponérmelo ni buscarlo, tuve algún contacto con el PLAN CHAC, y deseo ahora escribir estos párrafos, por si pudieran ser de alguna utilidad para mi querido Estado de Yucatán. Comenzaremos por decir como pasaron las cosas: en enero último asistí a una pequeña fiesta familiar, y entre los concurrentes estaba uno de los ingenieros conectados con el Banco Agrario, el PLAN CHAC y todo el engranaje anexo. Como suele suceder, creo que fuimos simpatizando mutuamente, cuando menos él me pareció interesante y simpático, y este sentimiento es generalmente reciproco. Sin darnos cuenta nos fuimos aislando y concentrando nuestra conversación en agro yucateco. Henequén… rendimientos… así supe que aquella nuestra hacienda Sihó, que a base de cuidados en el trabajo por la pobreza del suelo llego a rendir hasta un promedio anual de VEINTISIETE KILOS POR MILLAR DE HOJAS en los veintes, bajando al ir perdiendo el control de calidad en los trabajos hasta veintitrés y fracción, actualmente solo rinde el promedio anual de TRECE KILOS POR MILLAR por los malos trabajos de los ejidatarios, actuales propietarios. Supe que en los planes actuales, ante estos resultados, esta zona que antes daba trabajo durante cuarenta semanas del año para que los trabajadores emplearan las restantes doce (no necesitan más) en su cosecha de maíz para su propio consumo, será de las designadas únicamente para maíz y ganado, suprimiendo las siembras de henequén.

Hablo de esto, porque según parece, todo aspecto agrícola de Yucatán tiene ahora alguna relación con el PLAN CHAC, o cuando menos con los estudios de su cuerpo de ingenieros. Fui sabiendo en la conversación de despilfarros, aviadores, trabajos pagados sin hacerse, altos empleados sin pisar las oficinas correspondientes, etc., etc. Y así me fui dando cuenta de que solo un profesional honesto (rara avis en el medio), podría conversar con tanta naturalidad sobre cosas "non santas" con un extraño como yo lo era para él. Lo deje un momento, pregunté, y así supe que mi nuevo amigo era el que había tenido un serio problema que casi le cuesta la vida, víctima de un grupo de ejidatarios a los que se negó a pagar TRABAJOS NO HECHOS, como había sido costumbre y luego también la siguió siendo. Conocía yo bien el caso sin conocer a la víctima.

Entonces creí mas en que mi contacto era con un profesional honesto que había venido trabajando en un medio podrido. Poco creíble, pero cierto. Supe de los planes, que parece ha comenzado a implantar el Ing. Tinajero apoyado por el gobierno del Centro, para moralizar los pagos y trabajos en el campo. Diré algo que posiblemente sea una indiscreción, pero ahí va. Me dice el ingeniero: "por qué cree Ud. que vino como Jefe de la Zona Militar un general yucateco y de Jefe de Estado Mayor otro general también yucateco? El Ing. Tinajero está respaldado por el Centro, y aunque no se espera, podría haber algunas "dificultades" y se quiere evitar lo que hace años paso en Opichén (al principio de los treinta)…".

Sigue la conversación y le pregunto al ingeniero: "Con franqueza, ingeniero, ¿Qué es eso del PLAN CHAC que tanto cuesta y tanto se dice que es un fracaso?".

Me respondió con otra pregunta: "¿Cuándo podría Ud. acompañarme al campo sin urgencia de tiempo para el regreso?". El próximo jueves, a las 9 de la mañana, le conteste. Y así tuve contacto con el PLAN CHAC.

Nos fuimos rumbo a Muna. Pasamos esta población y al acercarnos a Uxmal, nos detuvimos en el campo experimental que está a la vista de quien pase por la carretera. Existe un edificio con oficinas y laboratorios completos donde ha venido trabajando un cuerpo de ingenieros. El lugar fue seleccionado por representar un promedio en las condiciones de las tierras de Yucatán (me parece muy atinado). Son tierras mejores que las de Halachó e inferiores a las de Santa Rosa o regiones similares. Mucho, mucho, se ha realizado en estudios técnicos y experimentos prácticos. Existe un folleto de Octubre de 1970 titulado: Cultivos Importantes para la Diversificación Agrícola de la Península de Yucatán. Muy interesante y lo recomiendo a los escépticos. Yo pensaba que el PLAN CHAC era algo muy lejos, sin caminos, buscando tierras arables y de inundación en la época de lluvias, abarcando en interior de la "Y" donde se juntan los Estados de Campeche y Yucatán, y el Territorio de Quintana Roo. Pregunto, y resulta que estoy en un error. El PLAN CHAC comienza en este campo experimental, para seguir paralelo a la serranía, por Ticul, Oxkutzcab, Tekax, Tzucacab, etc. Zona comunicada y apropiada. Es decir, que en cuanto a la parte técnica, se ha hecho ya un trabajo completo y satisfactorio. El trabajo de estudio está completo. ¿Cuánto costó? Mejor es no averiguarlo, pero ahí está. ¡Ahí esta! Ahora el gran problema es poner en práctica y aprovechar lo ya estudiado.

Terminando el campo experimental, avanzamos hasta los primeros cinco lotes de ejidatarios, donde comienza la cadena de lotes para cultivos. Primer lote: totalmente abandonado. El segundo: algo cultivado. Tercero: todo cultivado perfectamente con frijol, con su casita y su vaca lechera en su corralito. El cuarto: descuidado con algo de cultivo. El quinto: atendido en un 50%. Resumen: Un rendimiento de un 20% o poco mas de las posibilidades, con toda la ayuda técnica gratuita. Poco interés. Hábitos de vivir sin trabajar, mantenidos por la bondad del Gobierno Federal, aunque pasando hambres y miserias con la poca ayuda que les llega. Un medio ya totalmente maleado. Podemos decir que el PLAN CHAC es ya una realidad técnica para dar frutos; pero los beneficiados se resisten a su aprovechamiento. Me informan que lo que vemos en los primeros cinco lotes, es casi general. Como muestra entre varios otros casos similares vemos en el campo experimental muchos miles de matas de limón ya para sembrarse, pero los indicados a recibirlos en forma gratuita, no se interesan y hasta la rechazan. ¿Qué hacer? Este es ahora el serio y gran problema del PLAN CHAC. Todo lo que ha venido diciendo el Gobernador del Estado sobre el agro yucateco, se ajusta a los estudios realizados; pero dudo mucho que en sus seis años de gobierno, pueda lograr un cambio, siquiera en un 50% de nuestros trabajadores de campo. Estamos lejos, pero muy lejos, del aprovechamiento en la práctica de lo que en la técnica se ha realizado.

(Diario de Yucatán, 11 de enero de 1972)

OPINION SOBRE EL TAJ MAHAL

El domingo 9 del actual el Diario de Yucatán, con un artículo sobre el TAJ MAHAL, publica una fotografía de tan bello monumento, y al pie del grabado la frase: "La belleza del Taj Mahal, se ha dicho, se debe a que fue erigido en honor de una mujer hermosa". Y el articulo que motiva la publicación de la fotografía termina: "Se ha dicho que lo que hizo que Taj Mahal fuese tan bello se debió a que fue erigido en honor de una mujer hermosa".

Estas dos frases, prácticamente idénticas, me alientan para escribir estas líneas, conteniendo lo que he dicho verbalmente a mis amigos cuando ante mí se habla o me preguntan del TAJ MAHAL. Siempre observo que mis oyentes no están de acuerdo conmigo, por tanto que se ha escrito respecto a considerar al TAJ MAHAL hasta como la "Octava Maravilla del Mundo". Yo sostengo que hay en España, y mucho más en Italia, obras de arte que en su construcción superan al famosísimo TAJ MAHAL. Estoy de acuerdo en que así como al visitar algunos lugares, como el museo del Vaticano, bajan a la primera impresión, de lo que se espera previamente, al llegar al TAJ MAHAL sobre todo en noche de luna llena antes de visitar su interior al día siguiente, todo lo que se esperaba resulta poco y es fácil extasiarse dejando volar la imaginación. La primera impresión es tremendamente favorable.

Al TAJ MAHAL se llega después de varios días de estar en la India, donde se observa que todo está sucio, la gente casi desnuda y harapienta, las calles atiborradas de personas, bicicletas, automóviles viejos y vacas sagradas. El hotel de lujo y mejor que Calcuta primero en el que aloje en la India, estuvo bien clasificado como de lujo hace cincuenta años. Sus grandes alfombras y cortinajes ya están gastados, el servicio esta uniformado con trajes arrugados y van descalzos, los baños tienen sanitarios de aquellos con cajas altas y sus cadenas para la circulación del agua, etc., etc.

Después de visitar unas tres ciudades se llega a Agra, a un hotel nuevo, para visitar el TAJ MAHAL. Los edificios –porque hay un pórtico y otras mezquitas circundando la mezquita- tumba de mármol-, los jardines con sus espejos de agua, todo, materialmente todo, está perfectamente limpio, aislado, fuera de la ciudad y cuidado. En el centro del conjunto está la mezquita-tumba de impecable mármol blanco, con sus guirnaldas de una planta trepadora y sus flores de colores, como cenefa y como friso en todo el edificio. Iluminado y visto todo a distancia con una límpida luna llena, circundando el gran espacio una quietud tranquilizante por estar aislado de todo ser viviente. Incuestionablemente que la edificación de la mezquita-tumba es bella, y en las circunstancias anteriores, es fácil dejar volar la imaginación sobre aquel monumento que un rico Príncipe Indú mando edificar como postrer homenaje a su bella amante. Muy bien, es la más grande obra de arte del mundo construida POR EL AMOR A UNA MUJER... pero si materializamos, como hicimos al día siguiente, la cosa cambia.

Aquella obra se convierte en una mezquita que parece proyectada por un arquitecto francés, porque su perspectiva, proporciones y distancias, solo son comparables a lo que únicamente se contempla en Paris. El edificio de tanto renombre es una mezquita de tamaño regular, toda en mármol blanco, lo que significa costo y trabajo de cincel. Su única ornamentación es la cenefa y el friso de incrustaciones en el mármol con piedras duras o semipreciosas a colores, sin llegar al trabajo que tanto se ve en Florencia en los llamados mosaicos florentinos y en una de las capillas de los Médecis, anexa al templo de San Lorenzo. Ya en el interior vemos repetidos la misma cenefa y el mismo friso. Se puede bajar al sótano como a la tumba de Napoleón en Paris, para ver las sencillas tumbas de la bella Muntal Mahal y la de su consorte, siempre en mármol blanco y acabadas con la repetición de las incrustaciones a colores en el mármol. Pero no hay que bajar. Para los que no pueden o no quieran bajar, en el piso principal hay unas copias exactas a las dos tumbas que en la parte baja contienen lo que pueda quedar de los dos amantes.

El autor del artículo que me dio confianza para escribir estas líneas es el conocido, ameno y buen articulista W. K. Mayo, de la American Literary Agency, a quien siempre leo con mucho gusto.

Lo único que me llama la atención es que W. K. Mayo diga que le sorprende que el monumento más hermoso de la India sea una creación de los musulmanes. Cabe recordar que la India fue gobernada por musulmanes desde el siglo VIII y hasta el Siglo XVIII, antes de la dominación británica, llegando a ser controlada por más de quinientos príncipes musulmanes. Aunque los musulmanes estuvieron siempre en minoría, por su actividad, grandes ambiciones y espíritu de lucha, dominaron fácilmente a los hindúes, siempre pacíficos, así como muy poco ambiciosos por la influencia de su religión. Los príncipes musulmanes eran los únicos ricos y constructores de gran parte de lo que hay en la India. De diez construcciones de importancia nueve son musulmanas y una hindú. La minoría musulmana se adueño de las zonas ricas de los ríos Indo y Ganges, lo que en 1947 sirvió de pretexto para la creación de Paquistán, que bien caro está pagando la forzada creación de una nación, ya dividida en dos.

Con que, el TAJ MAHAL es la obra de arte más bella construida por el amor a una mujer y de toda la India, pero muy lejos de ser "La Octava Maravilla del Mundo".

(Diario de Yucatán del 15 de febrero de 1972)

INDIA Y PAQUISTAN

Parece que la pelea entre India y Paquistán se va tranquilizando, cuando menos se ha paralizado, y el nuevo país de Bengala, antes Paquistán Oriental, se va consolidando y cada día son más las naciones que le otorgan su reconocimiento oficial. Intencionalmente he guardado esta situación para escribir estas líneas, ya que en los momentos de la lucha, cuando los ánimos estaban exaltados, hubiese quizás mortificado a algún amigo, que sin conocer el problema desde su origen, tuviese un concepto equivocado de lo que es la India, y muy especialmente la religión hindú, profesada por la casi totalidad de lo que actualmente es la India.

Los hindúes son pacíficos en toda la extensión de la palabra. Su creencia en la reencarnación les hace pensar que el paso por este mundo es sumamente leve, y a mayor ignorancia es mayor su falta de ambición y mayor su negligencia por el temor de incurrir en algo que le perjudique para ascender a planos superiores en su siguiente reencarnación. Hay sectas que para no ingerir algo que tenga vida, aun tratándose de microbios, se cubren la boca con un velo para mayor seguridad de pureza. Cuando alguno de tantos millones de hindúes que andan por las calles de las grandes ciudades sin hogar ni perro que les ladre, sintiendo hambre se acerca a una casa de familia acomodada pidiendo de comer, es el dueño de la casa quien después de que la solicitud ha sido satisfecha, da las gracias al solicitante, por la oportunidad que le ha dado para hacer una buena obra.

Cuando se visita la India y se van conociendo sus costumbres, no se pueden comprender y se piensa que se está en otro planeta. Después de un día en la Sagrada Ciudad de Benarés y ver las escenas en el Sagrado Padre Ganges, me pasé una noche en vela. A las dos de la madrugada había resuelto suspender lo que me faltaba de la vuelta al mundo, quedarme con algún dinero para un viaje directo a casa y la mayor parte del dinero convertirlo en moneda fraccionaria para repartir entre los miserables que llenan las calles de Benarés. Pero a las cinco de la mañana cambie de opinión, pensando que al recibir aquel dinero tan fácilmente, los beneficiados lo tirarían al Sagrado Ganges, y así seguí el viaje como estaba proyectado. Saliendo de Benarés tuve de compañero de viaje a un hindú de raza y ciudadanía, pero era un sacerdote católico de la orden de los jesuitas. ¿Quién mejor para orientarse? Conversamos largo y comencé a conocer a aquella parte del mundo, ampliando mis conocimientos con lecturas, como "La India Secreta" del inglés Paul Brunton. Pero en aquel viaje tuve también compañeros de viaje paquistanos, que siempre aceptaron lo ilógico del origen de su país, como me explicaron en la India.

Después de lo anterior, hablaremos ahora sobre algo de historia. Entre nueve y diez siglos y hasta la llegada de los ingleses, fueron los inmigrantes mahometanos quienes fueron dominando y gobernando a los pacíficos y negligentes hindúes, hasta lograr su control, organizados en más de quinientos principados. Todo este tiempo, una minoría mahometana domino y exploto en su propia casa a los tolerantes hindúes. Por otra parte, los mahometanos han sido siempre los más intolerantes del mundo, no solo en materia religiosa sino en general. De los mahometanos que dominaron ocho siglos España les viene lo intolerante a los españoles, y por extensión a nosotros. Pero aun más. Las partes fértiles de la India son las regiones de los ríos Indo al noroeste   y el Ganges al noreste. En esta última región, el nuevo Bengala, esta la gran producción mundial de yute, que se industrializaba en la cercana Calcuta, la ciudad más grande de la India, hasta la creación de Paquistán. En estas zonas de los ríos, las mejores de la India, aumentaron a tal grado los ambiciosos mahometanos, que han llegado a ser mayoría. Así las cosas, llegan los ingleses y van con su calma sustituyendo a los príncipes mahometanos, hasta reducir a los príncipes a menos de cincuenta.

Surge Gandhi. Estudia leyes en Inglaterra, hace comparaciones, piensa, medita y retorna a su país para tirar los zapatos, el saco y la corbata, cubriéndose con una sábana como la mayoría de sus paisanos; pero inicia, hasta triunfar, la revolución para la independencia de su pueblo. No hace la revolución como Francia, México, Rusia o Irlanda. La hace con brazos caídos, tendiendo gente pacífica sobre las líneas de F.C. para detener los trenes, dejando de comer en las prisiones, y en 1947 llega la hora de la independencia. Pero los mahometanos, minoría que por diez siglos gobernó la India, ponen el grito en el cielo clamando: ¡Que va a ser de nosotros, en marcada minoría, gobernados por los hindúes, de religión distinta a la nuestra! Entonces Inglaterra segrega a la India su mejor parte, creando Paquistán con las zonas de los dos grandes ríos, separadas por más de mil seiscientos kilómetros. Zonas ambas con mayorías mahometanas, pero distintas razas.

Pero demos un salto, para llegar al momento que todos conocemos. En diciembre de 1970 hay elecciones y triunfa en Paquistán Oriental (Bengala) el partido de oposición. No se respeta el triunfo, en marzo de 1971 comienza una revuelta, y los gobernantes desde Paquistán Occidental, para dominar la revuelta, cometen actos solo comparables a lo que

Hitler hiciera con los judíos. La población hambrienta huyendo de la guerra, se refugia en la India, aumentando a unos diez millones de gentes a los ya muchos millones de hambrientos de la India. Esta tranquila nación, jefaturada por una mujer de pelo en pecho, lanza un desesperado S.O.S. al mundo entero pidiendo ayuda para sobrellevar tan pesada carga. Los pocos que dijeron SI, lo hicieron miserablemente. Olvidemos todo antecedente para situarnos en este momento. ¿Qué era lo único que podía hacer Indira Gandhi para resolver el problema? Hacer que los bengalíes retornaran a sus hogares. Y fue lo único que hizo. Naturalmente que no podía hacerlo con brazos caídos ni tendiendo gente sobre las línea férreas. Tenía que actuar como actuamos en todas partes del mundo que no se llame la India. Indira lanzo balas y muy bien lanzadas. ¿Qué el procedimiento es inhumano? A ver quien tira la primera piedra. De las grandes potencias, Francia, que alguien escribiera hace poco que es la culpable de la guerra de Vietnam, e Inglaterra, creadora de Paquistán, se lavaron las manos. Menos mal. Pero otras que mejor no citamos, juzgaron mal a la India. Solo Rusia le dio el apoyo necesario, y fue suficiente para Indira. ¿Qué pasara después? Creo que Bengala se consolidará, y auguro que ni pasara a ser parte nuevamente de la India, ni ésta una incondicional de Rusia, COMO ME HA VENIDO DICIENDO PARA JUSTIFICAR EL APOYO A PAQUISTAN OCCIDENTAL, con toda su bárbara carnicería.

Y personalmente termino diciendo que por primera vez desde 1917, sin reserva alguna, aplaudo a Rusia en su política exterior.

(Del Diario de Yucatán del 9 de marzo de 1972)

NIXON EN CHINA Y SU REELECCION – LOGRA LO QUE QUERIA

Una semana estuvimos pendientes de los resultados del viaje de Nixon a China. El último día la televisión nos informo que por un comunicado conjunto se sabía que Nixon había dejado de la mano a Formosa. No nos causo sorpresa. Luego, la prensa nos informo de lo mismo, pero ya no en forma tan categórica. Entonces le dimos lectura a lo publicado por el Diario de Yucatán, como: Partes medulares del comunicado conjunto. Procedimos a leerlo; lo leímos más despacio, y aun le dimos una tercera lectura. No estamos de acuerdo con lo que de Nixon se ha dicho. Nixon logro lo que quería: Asegurar su reelección. ¿Cómo? ¿Por qué? Esto lo veremos al término de estas líneas, ya que es indispensable dar a conocer las bases para esta afirmación.

Lo primero que llama la atención es que el comunicado tiene poco de conjunto, como los que generalmente dan a conocer dos jefes de estado, después de llegar a ciertos acuerdos, cualquiera que sea la importancia de éstos. En el caso Nixon-China, primero dio Nixon (posiblemente por cortesía de visitante) a conocer sus puntos de vista con los que no transige China (habla Nixon solo); luego China dice lo que quiere sin que interfiera Nixon, y terminan los dos a dúo sin decir cosa de importancia.

Ahora busquemos la parte en la que Nixon abandona a Formosa. No la encontramos. Veamos las partes relativas a esta bella isla, pasando por alto lo relativo a Indochina, Corea y Japón. Primeramente China presenta sus puntos de vista respecto a Formosa. Muy bien; son los puntos de vista de China. Dice así: "El gobierno chino se opone firmemente a cualquier actividad cuyo propósito sea la creación de una China y un Taiwán, una China y dos gobiernos, dos Chinas y Taiwán independiente, y no aboga porque la situación quede para ser determinada en el futuro". Aunque no abogue para que el asunto se determine en el futuro, tendrá China que aguantarse, aunque no quiera, porque esto lo dice China solamente, y ya antes declaran los dos que no llegaron a ponerse de acuerdo. Entonces no hay compromiso por parte de Nixon.

Luego leemos lo siguiente: "El Gobierno de los Estados Unidos no desafía esa posición (no necesita hacerlo), reafirma su interés en un arreglo PACIFICO (esta última palabra es el OPIO A SU PUEBLO)". "De la cuestión de Taiwán, afirma el OBJETIVO último de la retirada de todas las fuerzas norteamericanas y las instalaciones militares de Taiwán". Puro objetivo, pero para ¿Cuándo? No lo dice. Siguen las palabras: "Entre tanto reducirá PROGRESIVAMENTE sus fuerzas y sus instalaciones militares en Taiwán A MEDIDA QUE DISMINUYA LA TENSION EN LA ZONA". Quiere decir, que todo retiro queda determinado a la disminución de la tensión, naturalmente que disminución de tensión a juicio de Nixon y no de Mao. Se sabe y se ha dicho últimamente que la fuerza militar de EE.UU. en Formosa es muy poca. Lo que cuenta es la Séptima Flota Naval Norteamericana, que se pasea por el canal entre el continente y la isla. Mientras China no pueda acabar con esta escuadra, y las que puedan apuntalarla, no cabe pensar en la invasión de Formosa por los continentales. Los chinos son muy agudos y saben reír, y es por esto que Chiang-Chek no hace declaración alguna ni le reclama a Nixon.

Ahora bien, Nixon ha logrado su objetivo. Asegurar su reelección. El pueblo norteamericano es eminentemente pacifista. Me refiero al verdadero pueblo, no a los fabricantes de armas ni a los que manejan los negocios del acero, del hierro, del carbón, etc., etc., que son unos pocos. A partir de la primera guerra mundial, los electores norteamericanos que hacen la gran mayoría, cuando se trata de elecciones presidenciales, se fija más en la persona de los candidatos que en el partido que los postula. Si tienen las mismas características, votan por su partido, que ha sido en de su padre y su abuelo; pero si uno de ellos, por sus contactos, piensa que tiene mayores posibilidades que cualquier otro para evitar al país una nueva guerra, sin pensarlo más favorecen con el voto al que pueda evitarle otra guerra. No importa partido que lo postule. No importa poca contra mucha simpatía, como en caso de Truman contra en popular y simpático ex gobernador del Estado de Nueva York Mr. Thomas Dewey. Ya no creo que Ed Kennedy las pueda contra Nixon, salvo que le falle el viaje a Rusia; pero también sabrá sonreír.

Ya Nixon sabe tratar con los chinos; demostrara que también sabrá tratar a los rusos, aunque no obtenga ventaja alguna para su país y aunque en el exterior se piense que ha hecho un mal papel.

Ya recordamos el caso de Truman, que por haber terminado la guerra (sin importar como) y porque tenía los contactos exteriores, gano su elección, aun contra la opinión de sus propios partidarios la noche anterior a las elecciones. No olvidemos que Wilson, en 1916, obtuvo su reelección con la insistencia de un solo lema que decía: VOTE POR WILSON PORQUE CON HONOR NOS HA CONSERVADO FUERA DE LA GUERRA. El honor se había perdido hacía rato con el hundimiento de barcos americanos por parte de los alemanes.

Pocos meses después, en abril de 1917, por el hundimiento de un barco que no era norteamericano, Estados Unidos entraba en la guerra. Pero Wilson ya había ganado su reelección e iniciaba su segundo periodo.

No pasará mucho tiempo para ver si me he equivocado o mis cálculos no fallaron.

(Diario de Yucatán del 12 de marzo de 1972)

MUY BIEN, SEÑOR PRESIDENTE

MUY BIEN, SEÑOR PRESIDENTE don Luis Echeverría Álvarez. Debemos ser muchos los que sin ser políticos ni vivir del presupuesto, aplaudamos sin reserva su viaje al Japón. Más que un viaje político, puede resultar un viaje que cambie la raquítica economía de nuestro México. Las características del Japón nos son poco conocidas, debido a la distancia, aislamiento y poco interés con que hemos mirado hacia la izquierda. Desgraciadamente sólo vemos y pedimos al norte, con un poco de vista hacia la derecha.

Afortunadamente usted, con sus deseos de buscar y encontrar todo lo mejor para nuestro país, ha procedido en debida forma, después de estudiar las circunstancias del caso y características del Japón, pues desde su primer discurso en Tokio demuestra usted amplio conocimiento de la nación visitada.

Sirvan para justificar estas líneas, cuatro visitas al Japón; la primera para las olimpiadas en 1964 y la última en 1970. País admirable, no por su suelo ni por sus construcciones, sino por sus habitantes. Siempre fue pobre, hasta estos últimos años posteriores a su primera derrota. Sus paisajes, de suave belleza en verdes durante la primavera y el verano, e inigualable colorido en rojos, cafés y verdes en el otoño, con sus construcciones en madera, bambú y papel de arroz, no atraen en la primera impresión. Ahora, con sus grandes edificios de tipo occidental, deja de ser lo que del lejano oriente se espera. Pero a medida que se va entrando en contacto con el pueblo japonés, mas se deja uno conquistar por este gran pueblo, el más notable de la tierra.

Su historia es muy breve. Cerrada en una vida interior, inicia sus contactos con el mundo exterior en 1867, más nuevo que México independiente. Piensa, estudia y selecciona como maestros para sus contactos con el mundo occidental, a los ingleses. Después de estudiar y aprovechar treinta y siete años para establecer sus sistemas de copiar y mejorar, presentan su examen de grado en 1904, derrotando esta pequeña nación al gran Oso Ruso. Obtuvieron mención honorífica y toda clase de títulos profesionales. Pero el triunfo los hizo engreídos y vanidosos, pensando que serian invencibles, contribuyendo a esto sus ideas religiosas e imperiales. La segunda guerra mundial, con su derrota, los situó en el verdadero sitio que les corresponde. El Emperador dejo de ser descendiente de dioses para convertirse en hombre. No creo que la historia de esta pequeña Gran Nación pueda contarse con menos palabras. Carece de recursos naturales para ser un país rico; pero por lo que vemos ahora, ya es un país marcadamente rico y con posibilidades de dar la mano a cualquiera. Este es el país al que nuestro señor Presidente nos está acercando. Aprovechemos, pues es nuestra oportunidad.

EL SEÑOR PRESIDENTE, en su primer discurso dice con grande y verídica precisión: "La celeridad con que Japón ha logrado su espectacular desarrollo supone un altísimo grado de TALENTO, de COHESION y de DISCIPLINA social. La austeridad personal, la RENUNCIA INDIVIDUAL a favor del bien colectivo (JAPON), la lucidez para elegir metas y la energía para alcanzarlas, dan testimonio de una comunidad que se realiza en la historia merced al ejercito del PATRIOTISMO". Recuerdo que cuando alguna vez me preguntaron cómo comparaba al Japón con Europa, me permití decir: Creo que el Japón tiene un pueblo más inteligente como el italiano, trabaja con más cohesión que los alemanes y dejan chiquitos en refinamiento y cortesía a sus maestros los ingleses.

Antes de la guerra, el patriotismo (o fanatismo) japonés podía servir para matar y saber morir. Ahora, después de su derrota, su patriotismo consiste en pagarle a su país, el que le hubiese dado vida y le permita tener techo, salud, alimentos y bienestar. Para pagar estos beneficios, trabaja honestamente para hacer una patria grande. No hay que cuidarlos en su trabajo. No trabajan para el señor X o la industria XX. Trabajan para el Japón y son tremendamente honestos. En 1970, hablando en el hotel con un inglés sobre estas cosas lo felicite por los buenos discípulos que habían tenido. Y el inglés me contesto: "Muchas gracias; pero ahora somos nosotros los ingleses los que debemos venir para aprender de ellos.

Luego el SEÑOR PRESIDENTE dice: "Que nuestras diferencias sirvan para enriquecernos y que nuestras semejanzas fortalezcan una amistad perdurable en beneficio de nuestros compatriotas…" Materializando nuestras diferencias y semejanzas personales, yo creo que nuestras semejanzas pueden ser INTELIGENCIA, GRAN SENTIDO ARTISTICO y afición al juego; nosotros a la lotería y ellos a las maquinas traga-niqueles que llaman "pachinco". En cuanto a diferencias está nuestro individualismo contra su gran cohesión, y nuestra falta de escrúpulo en nuestros compromisos comerciales, contra la, hasta molesta a veces, precisión de los japoneses en todo. De nuestro incumplimiento basta citar lo que el Presidente del Banco de Tokio dijo en días pasados en la Convención de Banqueros en la Ciudad de México. No hay que repetir detalles. El japonés planea y una vez resuelto los detalles, ya no cambia. CARECE

TOTALMENTE DEL DON DE IMPROVISAR, en el que nosotros somos maestros. Recuerdo que un día, desayunándonos, una acompañante de viaje pidió un vaso de leche caliente, que no estaba en el menú. Comenzó a moverse la mesera, fue al contador, se movieron en el contador, querían servir y complacer; pero la leche caliente no estaba en la lista. Más movimientos, consultas, personal del comedor que sale posiblemente a la gerencia del hotel. Realmente no sabría si el caso llego al Emperador; pero paso el tiempo, terminamos, pedimos la cuenta, pagamos, salimos del comedor, muchas escusas; pero el vaso de leche caliente nunca pudo llegar a nuestra mesa. No estaba previsto.

EL CONTACTO CON EL JAPON es la oportunidad que se presenta a México. Sepamos aprovecharla. Si tenemos suficiente capital, aceptemos toda la dirección posible; si necesitamos capital, invitemos al japonés para asociarse a nosotros; pero si en nuestros compromisos con el Japón no sabemos cumplir, perderemos miserablemente el tiempo y no culpemos luego al SEÑOR PRESIDENTE.

Pero falta un punto importante mencionado por el SEÑOR PRESIDENTE: evitar a los intermediarios para tener tratos directos. Cuando en 1964 me llamo la atención la importancia de las oficinas de nuestra embajada en Tokio, supe que anualmente Japón nos compraba más de cien millones de dólares en algodón de segunda, para con él hacer telas de primera, por lo moderno de su maquinaria. Últimamente se ha dicho que ya son unos doscientos millones de dólares lo que Japón compra de algodón. Son nuestros segundos compradores; pero si los intermediarios son organismos que nos obligan a cumplir o tienen existencias para cubrir nuestro incumplimiento, debemos tener mucho cuidado. Parece que tenemos en la mano a la gallina de los huevos de oro. Cuidado, mucho cuidado para no matarla.

EL SEÑOR PRESIDENTE está haciendo bien su papel; sin embargo, si nosotros no cumplimos bien por nuestra parte, desgraciadamente estamos perdidos y tendremos que hacer un cuarto de conversión y aceptar lo que el Norte nos quiera otorgar.

(El Diario de Yucatán publicó entre el 14 y el 30 de marzo de 1972 los diez siguientes artículos)

MEXICO Y EL LEJANO ORIENTE – PINCELADAS JAPONESAS I

El domingo 12 del actual publicó el Diario de Yucatán lo que escribí sobre México y el Japón, titulado: "Muy bien, señor Presidente".

Ahora pienso que, después de la hábil labor de acercamiento realizada por el Sr. Presidente, y si correspondemos los mexicanos debidamente para obtener el buen resultado que es de esperarse, es sumamente conveniente conocer mejor a nuestros posibles instructores técnicos y quizás hasta socios capitalistas, para lograr el debido y necesario desarrollo de nuestro país.

Con estas intenciones, me propongo ir dando a conocer con datos aislados, que he querido llamar pinceladas, lo que del gran pueblo japonés he logrado captar en cuatro viajes y algunas lecturas complementarias. Las notas se irán produciendo conforme me venga a la memoria.

Desde luego, tanto para nosotros como para los japoneses, ya será más fácil conocer el otro país amigo sin el trámite y costo del visado en los pasaportes. Nuestros aviones llegaran al Japón y los aviones japoneses, con la inigualable atención del personal a bordo, llegaran hasta la Ciudad de México.

Ahora, aquí comienzan las recomendaciones. Para ir al Japón, después de haber estado nosotros en el otoño, el verano, la primavera y nuevamente en el otoño, recomiendo sin vacilaciones el otoño, comprendiendo cuando menos la primera decena de noviembre. Hay en la vegetación una combinación de colores cafés, rojos y verdes en diversos tonos de cada color. Si lo que en natural es bello, más hermoso es lo plantado por el hombre, sin poderlo distinguir fácilmente, porque en el Japón se copia y mejora hasta a la propia naturaleza. El otoño es también la época de los crisantemos, las buenas frutas, como las mandarinas, las uvas y otras. No hay frio y un ligero abrigo es suficiente.

El verano no es caliente, pero sí lo son Hong Kong y Bangkok, extensiones normales y recomendables en un viaje a Oriente. No tiene el verano ningún atractivo especial en el Japón, y se podría presentar la temporada de lluvias algo retardada, cuya época es el tercer mes de la primavera o comienzos del verano. La temporada de lluvias, llamada así, pues puede llover algo cualquier época del año, es cuando por dos o tres semanas llueve sin interrupción y es tremendamente desagradable para nosotros. El japonés es indiferente a la lluvia constante de estas semanas, porque es el tiempo del trasplante del arroz de los semilleros a los campos. Es lo que le da de comer al japonés, y estas lluvias son su sustento. Recuerdo que una madrugada en Tokio, después de cinco días de lluvia constante, y nos faltaban doce mas, le dije ya nervioso y perdiendo la paciencia a mi esposa: ¡Cuando dejara de llover en esta BENDITA ciudad! Pero a las nueve de la mañana caminábamos por las calles de Tokio con nuestras botas y paraguas, como cualquier otro filosofo japonés, que abre el paraguas y sigue con monótono y rítmico andar por las calles de su país, ignorando los fenómenos de la naturaleza.

Se piensa en la primavera por los cerezos en flor. Deben ser muy bellos; pero nosotros llegamos tarde, pues huyendo del frio esperamos hasta mediados de abril y fueron pocos los cerezos que alcanzamos en flor. Donde a nuestro paso vimos a la ida los cerezos en flor, en toda su belleza, fue en Vancouver. Y sin embargo nos toco nieve y frio una mañana en Tokio, en 19 de abril. No podemos hablar del invierno, pero por lo general no es época para viajes turísticos. Viajan los que habitan en lugares muy fríos, buscando lugares de climas más benignos.

Algo que es encantador y único en el Japón es el servicio, la atención, la cortesía. Nunca se observa a un japonés nervioso o disgustado. El hombre es por lo general serio y sumamente cortes, pero sabe sonreír en el momento oportuno. La japonesa no es bella para nuestro gusto, pero siempre y en toda ocasión sonríe, con una sonrisa tan dulce y tan agraciada, que la transforma en el instante en una mujer muy atractiva, y con mucha frecuencia se escucha a los compañeros de viaje, de uno y otro sexo, su sorpresa por la belleza de algunas japonesas. Pero estas mismas, si dejan de sonreír, nuevamente pierden para nosotros su atractivo antes notorio. Afortunadamente, las japonesas casi siempre están sonrientes.

El servicio en trenes, autobuses, taxis, establecimientos comerciales, toda clase de lugares públicos y muy especialmente en los hoteles, es de una finura y delicadeza que a veces nos hace sentirnos como si hubiésemos nacido para ser servidos. En los hoteles no hay un solo ruido. El servicio calza zapatos con suelas de hule y caminan sobre alfombras. Estando en el Hotel Imperial de Tokio, mi esposa y yo quisimos traer a un joven japonés y a una japonesita, que nos servían el desayuno. Cambiamos impresiones, hablamos con ellos y estaban dispuestos a hacer el viaje; pero resolvimos no realizar el proyecto. Pensamos en que antes de tres meses, alguien que pudiese ofrecer sueldos más elevados que nosotros, resultarían los beneficiados, después de hacer nosotros los tramites y gastos de traslado. No los hubiésemos obligado a servirnos un tiempo fijo, pudiendo ganar más que lo pagado por nosotros.

Hasta aquí el día de hoy; pero nos proponemos continuar estas Pinceladas Japonesas.

MEXICO Y EL LEJANO ORIENTE – PINCELADAS JAPONESAS II

Las Pinceladas anteriores las terminamos hablando de la atención y delicadeza del servicio japonés en todos los casos y lugares. Hoy vamos a continuar el mismo tema con algunos ejemplos determinados.

Generalmente, en todas partes del mundo las personas se encuentran poco satisfechas del servicio que se presta en los establecimientos comerciales. Hay poca atención, quizás por falta de personal, o se siente uno acosado por los dependientes, sin que le permitan examinar la mercancía el tiempo que se desea. En las grandes tiendas del Japón sucede algo inexplicable. Parece que no hay atención. Se examina la mercancía todo lo que se quiere, cambia uno de sección sin sentirse vigilado y hasta se puede salir del establecimiento sin que alguien se acerque o pregunte. Pero en el instante en que se selecciona o separa algo para ver con quien se puede tratar, en ese preciso momento se acerca la persona apropiada aprestar toda la asistencia necesaria, hasta terminar con el pago y la entrega de la mercancía. No es fácil comprender esta organización, pero así es.

Los grandes almacenes tienen de todo, con mercancía clasificada y marcada como en los EE.UU. Pero con un ambiente acogedor y artístico; como plantas, flores y arreglos refinados, como uno que vimos en el centro de una tienda, espacio que abarcaba todos los pisos, consistente en innumerables sombrillas en blanco, rosa y azul, girando y haciendo ingeniosas evoluciones. Pero hay más. Abundan las escaleras automáticas y son pocos los ascensores. A medida que se sube por las escaleras se van dominando los pisos y se tiene idea de la mercancía. Al comienzo y al final de cada tramo de escalera eléctrica, hay dos japonesitas uniformadas para ayudar en el inicio y término a las personas que puedan requerir ayuda. Pero si al cliente no hay necesidad de darle la mano, entonces le hacen una reverencia de cortesía (saludo japonés). ¿En donde se recibe esta atención?

La primera vez que mi espósame acompaño al Japón, en mi segundo viaje, y después de veinte días después de ser servidos por japoneses, tomamos para Hong Kong un avión de Air France. Tan pronto salimos, mi esposa se levanto para dar su abrigo a colgar, y segundos después retornaba contrariada, diciéndome que habíamos tenido mala suerte, porque nos habían tocado tres aeromozas muy poco amables. Consideraba que las tres la habían tratado en forma ruda. Yo sonreí. El servicio de las francesas, como el de las norteamericanas y las aeromozas en general, distan mucho del servicio japonés en general. Cabe decir que las aeromozas hindúes también sirven con gran delicadeza al igual que las japonesas; pero en lugar de la sonrisa, tienen un par de ojos negros, muy penetrantes y de gran belleza. Recuerdan la canción que dice: "como dos puñales de hoja damasquina".

Cuando se visita el Japón, lo primero que se quiere ver en el comercio son las perlas. Pero se comienza con una gran desorientación. La mayor parte no entendemos de perlas y observamos que, aunque parecen iguales, hay una gran diferencia en los precios entre un establecimiento y otro. ¿Por qué pagar precios altos si podemos comprar barato? Pero entonces, ¿Cómo es que se puede vender lo caro si también hay barato? Luego vamos preguntando y sabiendo qué base hay para los precios. Afortunadamente el comerciante japonés es muy honesto y se puede confiar en él.

Visitando varios negocios de perlas de cultivo, se llega a entender lo de la escala de precios. La perla natural, anterior a las cultivadas, comienza su formación por un grano de arena que penetra a la vulva de la ostra y para evitar su molestia comienza a segregar una baba que va formando la perla; pero el grano de arena constituye el NUCLEO. Mikimoto, inventor de la perla cultivada y que logro una patente por veinticinco años, utilizo y sigue utilizando el grano de arena para NUCLEOS de sus perlas y son las más caras. Vencida la patente, comenzaron otros a establecer cultivos; sin embargo, fueron utilizando núcleos de mayor tamaño, lo que permite el mismo tamaño de perla en menor tiempo, con la baja de precio consiguiente.

La perla promedio en tamaño, que es la de siete milímetros y regula cada año los precios según la producción disponible, tarda unos ocho años en lograrse con un grano de arena como núcleo; cinco años con un núcleo de cerca de dos milímetros, y tres años si el núcleo es una pequeña canica de unos tres y medio milímetros. El tiempo significa inversión de dinero y gastos en cuidados, atenciones y limpieza periódica de ostras con perlas en proceso. Son estos detalles los que establecen la calidad y precios de las perlas cultivadas.

Las industrias de cultivos permiten ver los procedimientos en sus centros de demostración en Tokio y no guardan el tamaño de sus núcleos, cuyo tamaño es uniforme en toda perla de cada negociación. Los conocedores toman una perla e inmediatamente pueden determinar su calidad y de acuerdo con sus características sus precios. Repito: el japonés es muy honesto y se puede pagar la calidad que se desee. Hay algo más: en todas las calidades hay perlas blancas pero las perlas de núcleo grande con pocas capas, todas son blancas porque no llegan a tener el número suficiente de capas para lograr un colorido amarillo o rosa, que significa calidad y precio por ser perlas de mas capas y más tiempo por un núcleo menor. La llamada perla gris o perla negra, es perla de desecho para los cultivadores, pues no es lo que se proponen cultivar, y no las exhiben en los aparadores, pero como los clientes las pide, las tienen y las venden. Como la producción es muy limitada, en vista de la demanda sus precios se igualan a los de las perlas normales.

En próxima ocasión continuaremos con nuestras Pinceladas Japonesas.

MEXICO Y EL LEJANO ORIENTE – PINCELADAS JAPONESAS III

Continuamos estas Pinceladas, como un grano de arena que contribuya al éxito necesario en las nuevas relaciones que el Sr. Presidente de la República ha iniciado entre nuestro país y el Japón, ya que ha mayor conocimiento se logran mejores contactos.

Tratemos ahora sobre el control que sobre sus propias personas tienen los japoneses. En una ocasión nos decía uno de nuestros guías: "Para ustedes los occidentales, nosotros los japoneses tenemos siempre todos, rostros sin expresión alguna y solo sabemos sonreír; nunca tenemos demostraciones de penas o mortificaciones. Hasta cierto punto, lo que piensan de nosotros es cierto; pero es que sonreímos tanto en nuestras alegrías como en nuestras penas. Pero ustedes no pueden distinguir la diferencia en las sonrisas y nosotros sí. Nos damos cuenta de cuándo sonreímos de alegría y cuándo por alguna pena".

Luego nuestro guía paso a decirnos que el japonés no nace con el rostro inexpresivo, cosa que logra con una larga preparación. Y el guía nos fue explicando el procedimiento de los japoneses para lograr un perfecto autocontrol. Todo lo que para nosotros constituye la serie de distracciones que llamamos deportes, para los japoneses son prácticas indispensables que complementan su educación y preparación para la vida. La lucha, el boxeo, la esgrima, el beisbol, etc., etc., en los que los japoneses no parecían muy diestros y día a día van calificando más alto, dejan de ser para ellos una simple distracción y se convierten en prácticas necesarias, variadas y entretenidas, para completar su educación. Este renglón tiene el propósito de prepararlos para saber ser insensibles a las impresiones. Consideran haber logrado sus propósitos cuando pueden dejar de manifestar satisfacción en sus triunfos y de lamentarse por sus derrotas. Ellos estiman que no deben mostrar alegría en sus triunfos, porque no deben mortificar al perdedor; ni deben mostrar pena cuando pierden, porque esta manifestación seria un motivo más de satisfacción para quien ha ganado. Un pueblo así es un gran pueblo.

Conocido lo anterior, nos explicamos porque lo que para nosotros son simples deportes, practicas para distraernos y si acaso para hacer ejercicio, es para los japoneses algo muy serio, y aunque de otra índole y otros propósitos, tan serio como las ocupaciones que les proporcionan los medios para poder subsistir. De ahí su camino a la perfección en cualquiera de los deportes occidentales que se practiquen en el Japón. Tenemos dos ejemplos muy notorios para comprender mejor las prácticas japonesas. Hace algunos años eran todavía malos en beisbol. Las primeras veces que fueron de México equipos triple A, los japoneses perdieron todos los juegos. La última vez que fueron los nuestros, entonces los japoneses los ganaron todos. Van los mejores equipos de los EE.UU. y a los japoneses no les importa perder, es decir, no demuestran pesar alguno, y así aprenden y copian. Ahora ya ganan algunos partidos los japoneses y tiempo vendrá en que ellos ganan más juegos que los norteamericanos, o los ganen todos como le hicieron a los mexicanos.

¿Y que decimos de la guerra que perdieron? No se logra escuchar una palabra contra Norteamérica, y sus enemigos de ayer, los que quebraron el orgullo japonés, son ahora sus mejores amigos. Y saben ser amigos, porque dentro de su honestidad saben ser caballeros y cumplidores de su palabra. En cierta ocasión traté de sondear a un guía. No logre una palabra. Siempre una sonrisa por respuesta. Mostré resentimiento por nuestra guerra del 47 para inspirar confianza, pero hice el ridículo. No logre reacción alguna.

En cambio, si se nombra al Gral. McArthur, el que los derroto. Puede notarse que todo japonés tiene por él respeto y hasta agradecimiento. Pero esto tiene una explicación. Dicen que gracias a McArthur el Emperador dejo de ser un dios para pasar a ser un ser humano como otro cualquiera. También le deben al General su constitución, que tiene algo de la organización oficial inglesa, acabando con el gobierno feudal que antes imperaba en Japón. También las tierras pasaron de los muy pocos propietarios, tipo medioeval, a los cultivadores directos del arroz, cuya producción se ha duplicado con sistemas y aprovechamientos de tierras al máximo. También les dio su moderno sistema de enseñanza escolar.

Es fácil preguntarse. ¿Y cómo pudo un norteamericano tener éxito en el Japón, cuando los americanos que actúan fuera de su país siempre cometen errores y logran más resentimientos que agradecimiento? La respuesta que dan es muy sencilla. Nos contaron que todo fue posible porque el entonces Primer Ministro japonés, con su gran inteligencia, supo lograr la confianza del Gral. McArthur, pues cumplió las ordenes que tuviera pero escuchando al Primer Ministro. Dicen que este Primer Ministro invariablemente, a las diez y media de la mañana, salía de su despacho diciendo: "Voy a pelearme con mi mejor amigo", y se dirigía a la oficina de McArthur. Entonces, el General supo actuar de acuerdo con el Primer Ministro para hacer los cambios en una forma que pudiesen ser realizados, y comprendidos por los japoneses. McArthur supo escuchar para lograr con éxito sus propósitos.

Como ejemplo: Antes el Emperador salía poco de Palacio, y cuando lo hacía, se anunciaba su proximidad y había que arrodillarse y pegar la frente al suelo para que el Emperador-Dios no pudiese ser visto. Nosotros estuvimos siete filas detrás de él en la clausura de las olimpiadas de1964, y hace pocos días lo hemos visto por TV, recibir y despedir en el aeropuerto de Tokio, y con toda naturalidad, a nuestro Presidente.

Y hasta las próximas Pinceladas Japonesas.

MEXICO Y EL LEJANO ORIENTE – PINCELADAS JAPONESAS IV

En nuestras últimas Pinceladas hicimos referencia a algunas de las consecuencias que en el Japón tuvo su derrota en la última guerra. Ahora trataremos de relatar, lo mejor posible, una síntesis muy lógica, que un guía culto y preparado nos hiciera de la actitud y papel del Japón en la guerra mundial 1939-1945. Nosotros hemos conocido siempre la otra cara de la medalla. Únicamente el ataque a Pearl Harbor, sin la previa declaración de guerra.

Comenzó nuestro guía confesando que el gran error de su país fue el haber suscrito la alianza con Alemania e Italia; pero que en la misma, tanto Italia como el Japón tenían cierta libertad para elegir el momento de estar obligados a participar en una guerra. El Japón siempre ha tenido y seguirá teniendo dos serios problemas: falta de alimentos para su subsistencia y materias primas, especialmente minerales, para su industria, importaciones que necesariamente tienen que llegarles de lejos. Así las cosas, el país se fue preparando al estallar la guerra de 1939, hasta donde les fue posible, pero siempre con el propósito de evitar su ingreso en la guerra.

Los países enemigos de Alemania comenzaron a crearle dificultades al Japón para sus importaciones de alimentos y minerales. Lo segundo lo encontraban natural y explicable, pero tenían esperanzas de poder lograr el que se les permitiese obtener los alimentos indispensables para evitarle problemas a su pueblo. La situación se fue haciendo difícil, Italia ya había entrado en la guerra y Alemania hacia cierta presión sobre el Japón, sin embargo, este país tenía el firme propósito de no participar en la lucha, mientras pudiese evitarlo. Con este propósito, sus últimos intentos fueron cuando su ministro de más alta representación hizo viaje a Washington para hacer las últimas gestiones, ofreciendo y asegurando una entera sinceridad que, mientras les permitieran obtener alimentos para el pueblo japonés, no pensarían en participar en la lucha. Toda gestión y oferta resulto inútil y podemos recordar que tan pronto el ministro japonés abandono EE.UU., vino el ataque de Pearl Harbor. El ministro salió de Washington con una firme negativa y sin esperanza alguna.

Su preparación militar era buena por seis meses, según nos siguió informando nuestro guía, pero carecían de materias para una guerra larga. Esto era bastante sabido. Su guerra comenzó y fueron extendiéndose por el Pacifico hasta ocupar mas allá de Singapur antes de que pasasen seis meses. Anteriormente y en su guerra con China desde 1937, habían ocupado buena parte de la China Continental y Formosa. Según nuestro informante, era el momento de ofrecer la paz, aceptando hasta la devolución de casi todo lo ocupado y conformándose con algún territorio continental, tan necesario para su numerosa población. Creen que esto lo pudieron haber logrado con facilidad.

Pero hubo una reunión de altas dignidades y el más lato jefe militar, engreído por los triunfos obtenidos, hizo presión en el Emperador para no ofrecer la paz todavía, y la guerra continuo. Todo japonés siguió cumpliendo por disciplina y patriotismo hasta el final, pero la mayor parte de los japoneses con alguna preparación, sabían ya, desde el día siguiente al acuerdo de continuar la lucha, que su guerra ya estaba perdida por falta de materias primas indispensables. Pocos días después comenzaron a retroceder y terminaron sin municiones para poderse sostener más tiempo. Las bombas atómicas fueron una gran sorpresa por inexplicables, pero llegaron oportunamente. No tienen de que quejarse.

"Ahora estamos dedicados a trabajar y ano pensar más en guerras". Así termino nuestro informante. Todo esto nos parece muy lógico, y por lo que conocemos de los japoneses, lo dicho anteriormente es cuando menos la verdad de nuestro informador.

Hagamos algunas pocas consideraciones sobre lo relatado. Los japoneses atacaron a los EE.UU. sin previa declaración de guerra, como establecen los tratados internacionales. El Conde Ciano, en sus memorias, asegura que Washington supo anticipadamente del ataque, y prueba que los norteamericanos conocían las claves de sus enemigos y descifraron con tiempo el mensaje que el Japón envió antes del ataque a Hitler y a Mussolini. El gobierno americano se deja siempre atacar primero, para justificar ante su pacifico pueblo el tener que participar en una guerra. Que Japón falto a los pactos internacionales, correcto; pero estaba en juego el salir en busca de alimento para su pueblo, alimento que le había sido negado, y esta parte es perfectamente creíble. No hubiese logrado el golpe certero sin recurrir a la sorpresa, que ya vimos que no lo fue mucho. De fracasar su primer ataque, no hubiesen nunca logrado el avance espectacular que hicieron por el Pacifico. En fin, que con conocimiento de esta mayor información, que cada quien piense como guste.

Como nota complementaria, queremos decir que cuando visitamos Hiroshima nos encontramos con una ciudad totalmente nueva, perfectamente planeada. La bomba atómica esta recordada por dos monumentos en el centro de la ciudad. Uno es el único edificio antiguo que existe, consistente en una cúpula de concreto, de la que solo quedan las partes de acero totalmente retorcidas. Frente a esto hay un pequeño monumento muy significativo, con una única inscripción en japonés y en ingles que dice: "Sirva este monumento de ejemplo a las generaciones futuras, para evitar que lo que aquí aconteció tenga lugar otra vez".

Ofrecemos que en nuestras futuras Pinceladas los temas serán más amenos.

MEXICO Y EL LEJANO ORIENTE – PINCELADAS JAPONESAS V

Una vez más vamos a ocuparnos de los aspectos que en el Japón actual tienen conexión con su participación y derrota en la Segunda Guerra Mundial. Ahora relataremos las informaciones que obtuvimos en relación con la industria del país.

Indicamos que deseábamos tener una explicación para comprender porque antes de la guerra sus productos, aunque sumamente baratos, también eran de muy mala calidad; mientras que actualmente sus precios siguen siendo muy atractivos y, en cambio, la calidad ha mejorado notablemente. No hubo que esperar la respuesta largo tiempo.

Nos indicaron que el Japón ha sido siempre un país pobre por falta de materias primas para su industria, y que, naturalmente, como consecuencia, es un pueblo sumamente conservador, al grado de resistirse a dejar fuera de uso lo que aun pueda seguir sirviendo. Por otra parte, como pueblo progresista, tenia proyectos, planos y pruebas para poner en servicio maquinaria moderna para producir artículos de calidad, que no dejaban de desear; pero siempre, por su espíritu conservador, seguían empleando su maquinaria vieja y anticuada, que no les permitía fabricar artículos de buena calidad.

En cuanto a costos, los jornales eran muy bajos y existían otros factores que contribuían a los precios muy bajos.

Pero vino la guerra, y todas, materialmente todas las ciudades con fabricas fueron destruidas, acabando los bombardeos con toda la maquinaria de sus industrias. Únicamente fue respetada la ciudad de Kioto, su ciudad museo, artística y religiosa por excelencia, que al mismo tiempo es la ciudad de la artesanía. Aquí no han cambiado su maquinaria, y aun puede verse como trabajan los brocados de seda, oro y plata, así como las incrustaciones de oro en acero y otras artesanías muy delicadas, como lo hacían antes de la guerra. Naturalmente que estos artículos son ahora bastante caros.

Ya con toda su maquinaria destruida por los bombardeos aéreos, al terminar la guerra pusieron en servicio toda su maquinaria proyectada, al grado de poder decir que su industria tiene actualmente la mejor maquinaria del mundo, porque toda es nueva. Así nos indicaron que le compraban a México algodón de segunda a buen precio y con su moderna maquinaria podían hacer telas de primerísima calidad.

Los jornales han subido, y aunque sin alcanzar los de EE.UU. e Inglaterra, son los amas altos de toda el Asia. Las facilidades de trabajo son muy grandes, y los obreros son como familiares de los dueños de las empresas. La maquinaria moderna trae economía de personal y, sin embargo, actualmente en Japón no hay desempleo. Al contrario, faltan brazos. Estando en uno de nuestros viajes al Japón, fue inaugurada la refinería más grande del país, comparable con las grandes del mundo, y hacían alarde de que toda la instalación era atendida únicamente por diez hombres. Toda la planta funciona con controles automáticos. Hasta aquí lo que puedo recordar de lo que me dijeron los japoneses.

Pero hay algo que nos contaron unos industriales mexicanos a quienes encontramos en Tokio en 1967. Estando cenando, en la mesa contigua había dos caballeros que hablaban en español. Nos conectamos y estuvimos juntos de sobremesa. Se trataba de dos hermanos, dueños de una fábrica de telas de algodón en el Estado de México. Estaban de viaje para ver, y si era posible, comprar maquinaria japonesa para su fábrica. Recuerdo que uno de ellos nos dijo: "¿Les parece a Uds. que este comedor está limpio?". Si en el Japón todo está muy limpio, con mayor razón un comedor. Pero a nuestra respuesta afirmativa, nos dijo nuestro interlocutor: "Pues bien, hoy visitamos una fábrica de hilados y esta más limpia que este comedor". Y nos fueron comunicando sus sorprendentes impresiones. Los obreros y los materiales se mueven por anchas bandas, sin necesidad de caminar. Todo perfecto. "Nos encontramos unos telares con aplicación electrónica, que permite que en lugar de utilizar chicotes para impulsar las lanzaderas, se emplea una gota de agua para hacerlas funcionar, y aun mas, esas gotas son elevadas y nuevamente utilizadas funcionando el agua en circuito. Con este procedimiento logran velocidades sorprendentes. Estamos tratando de comprar algo de esta maquinaria tan moderna". Con estas frases terminaron los industriales mexicanos.

Creo que cuando nos informaron de su industria los japoneses es verdad, porque es un pueblo que no practica ni comprende la ironía ni las bromas, como relatare en futuras Pinceladas. En cuanto a la información que nos proporcionaron nuestros paisanos, no sabría decir si en sus palabras hubo algo de guasa, aunque nos inclinamos a creer en su veracidad.

MEXICO Y EL LEJANO ORIENTE – PINCELADAS JAPONESAS VI

En nuestras últimas Pinceladas ofrecimos ocuparnos de la seriedad del pueblo japonés, que no sabe practicar ni comprender la ironía ni la broma. Si cuando el Japón abrió sus puertas al mundo, hace muy poco mas de un siglo, se fijo en los ingleses como maestros para sus contactos con el mundo occidental, no se interesaron por el conocido "HUMOR" ingles, y se inclinaron, posiblemente por ser innato en ellos, por la gran seriedad que en todos los aspectos de la vida los caracteriza. Los japoneses son totalmente diferentes a los chinos, con los que hemos tenido contacto en Formosa y en Hong Kong. Los chinos son amigos de las bromas, de tomarse confianzas con los turistas, y es muy poca la seriedad en sus comercios, como acontece especialmente en Hong Kong.

Para pensar así de los japoneses, no nos bastan nuestros contactos con ellos, siempre en idioma inglés, que por falta de un conocimiento perfecto, tanto de nuestra parte como por la de ellos quizás no nos han permitido emplear la broma o la ironía.

Lo que en la práctica hemos observado personalmente, nos lo confirma el R.P. Pedro Arrupe, actual General de la Compañía de Jesús, que muchos años vivió en el Japón y escribió su impresionante libro "YO VIVI LA BOMBA ATOMICA ". El R. P. Arrupe dedicaba buena parte de su libro a la honestidad de todos los órdenes, exactitud y cumplimiento, así como la seriedad del pueblo japonés, puntualizando toda falta de ironía, bromas y frases con alguna intención oculta. Como ejemplo, nos cuenta en su citado libro lo siguiente: Una anciana católica, que acostumbraba concurrir a misa y a comulgar diariamente, se enfermo y falto algunos días a su costumbre. Al sanar y retornar a sus misas y comuniones, le indico al R. P. Arrupe, que había estado muy preocupada por no haberse confesado esos días. El R. P. Arrupe, pensando que la anciana no podía realmente tener pecados, se permitió decirle en broma: "Verdaderamente debe Ud. de estar muy preocupada, porque es Ud. una gran pecadora". El resultado fue que la viejita dejo de ir al templo y el padre, preocupado investigo y hasta que fue a visitar a su feligresa, y a sus preguntas por su alejamiento la interpelada contesto: "Padre, como usted. Me dijo que soy una gran pecadora, he tenido vergüenza de volver a presentarme antes usted. Y concurrir como antes lo hacía, a la casa de Dios". No creemos necesario dar otros ejemplos.

Pero al tratar estos temas, relatamos lo que nos aconteció en relación con la honestidad y puntualidad japonesa. En nuestro primer viaje, aunque no en grupo, contratamos todos los servicios de transportación, recepción, hoteles y guías con una agencia de viajes. Después de una parte de nuestro recorrido, cuyos paseos eran principalmente visitar templos, castillos, parques y lugares similares, llegamos a una ciudad y a nuestra llegada nos aguardaba el guía. A la mañana siguiente tendríamos un recorrido de tres horas por la ciudad, a partir de las nueve de la mañana deseando descansar un poco del reloj, al despedirnos del guía le indique que a la mañana siguiente podíamos hacer la cita para comenzar entre nueve y media y diez, ya que podríamos hacer el recorrido un poco más de prisa. A esto me dijo el guía: "Agradecería yo que la cita fuese para las nueve en punto, como dice el programa, porque me pagan para trabajar desde las nueve y no sería honesto comenzar más tarde". No discutimos y a las ocho cuarenta esperaba ya el guía, que llego cinco minutos más tarde. Nos saludamos, y cuando

.

faltaban diez minutos para las nueve le indique: "Si le parece, cuando llegue el auto podemos salir". Y su respuesta fue: "Yo vine en el auto, pues paso por mi; pero yo le suplicaría guardar hasta las nueve, que es la hora pactada". Esperamos hasta las nueve en punto.

Vamos a terminar hoy en otro ejemplo de precisión. La llegada de los trenes a las estaciones. Los boletos se venden con el coche y asientos numerados. Pues bien, en todos los andenes de las estaciones hay unos grandes números que van en orden y comienzan con el uno. Cuando llega un tren, con precisión matemática, la salida del coche numero 1 coincide con el numero 1 con el numero del andén, e igual cada uno de los coches del convoy. Cuando un viajero desea ser recibido a su llegada, comunica el número de su coche y lo esperaran precisamente a la salida del tren. Es así como las guías esperan a los turistas que llevan un botón de color en la solapa o en el vestido. El turista no interviene. Es el J. T. B. (Japan Travel Bureau) organismo del gobierno que atiende todo el turismo de la empresa del viaje de todo el mundo. El turista recibe su boleto de F.C., el conductor del tren avisa antes de llegar a la estación correspondiente, el conductor o un auxiliar suyo se hace cargo del equipaje, y el guía espera ya al pisar el andén de la estación. Todo provisto, todo arreglado; pero si por culpa del viajero hay algún cambio, no sabríamos decir lo que pasaría, porque nunca los han visto resolver situaciones imprevistas. Quizás lo indicado para ellos, seria devolver al turista a su punto de partida para comenzar de nuevo. Afortunadamente nosotros no hemos ocasionado ningún problema al J.T.B. y… hasta las próximas Pinceladas.

MEXICO Y EL LEJANO ORIENTE – PINCELADAS JAPONESAS VII

Comencemos ahora por otro atributo grande de los japoneses, que es la limpieza. No es necesario decirles:"Ponga la basura en su lugar", porque hace mucho, posiblemente siglos que lo saben. Da pena y admiración al mismo tiempo ver a las ancianas con sus largos kimonos, pequeñas escobas y otros utensilios, inclinadas o de rodillas limpiando las aceras de sus pequeños comercios, aceras que a nosotros nos parece que nada hay que limpiarles.

Pero el aseo es tan impresionante, que hasta quienes no están acostumbrados a vivir en un medio igual, copian y se contagian. Y esto fue lo que me pasó a mí.

En el primer viaje al Japón tuve una excursión al Monte Aso, volcán con cinco cráteres, de los cuales dos lanzan ráfagas de humo. Se trata de una elevación que es un verdadero páramo, sin vegetación ni vida animal alguna. Subimos en automóvil hasta la estación de un funicular que conduce hasta el borde del cráter. Pues bien, ya bajando de regreso en el auto, metí la mano en uno de mis bolsillos y encontré un pequeño papel con notas que ya no me servían. Rompí el papel en varios pedazos, y ya para tirarlos a la carretera desértica, me abstuve de hacerlo por vergüenza de tirarlos a la vista de mi guía, y nuevamente fueron al bolsillo, en espera de llegar al cuarto de hotel. No conforme aún, le dije a mi guía:"Si no estuviese en Japón, donde tan cuidadosos son con la limpieza en todos los órdenes, hubiese tirado estos papelitos a la carretera". Su respuesta fue: "No crea ud. tanto de todos los japoneses; algunos habrá que en su lugar, hubiesen tirado los papeles a la carretera". No pregunté por el porcentaje de japoneses que a su juicio hubiesen hecho lo que yo no me atreví a hacer.

Y ya que hablamos de porcentaje, diremos de paso, que el Japón es el país que tiene el más bajo porcentaje de analfabetismo en el mundo. Únicamente el 0.02 por ciento, repetimos, el CERO PUNTO CERO DOS POR CIENTO.

Y proporcionemos un dato más sobre la limpieza de este pueblo. En todos los lugares visitados por turistas, siempre se encuentran grupos de estudiantes uniformados, de uno y otro sexo y todas las edades, bien organizados y conducidos por profesores con sus banderitas de algún color para ser identificados a distancia. Camiones y camiones con estudiantes, trenes, barcos; en fin grupos de estudiantes por todas partes y todos los días de la semana. Es una labor conjunta del gobierno central, gobiernos de las ciudades y padres de familia, para que desde niños conozcan su país. Pero en diversas ocasiones nos pusimos a observar, y nunca vimos a ningún estudiante tirar algo al piso. Recuerdo que en unión de mi esposa nos pusimos a observarlos a orillas del Lago Hakone, comiendo golosinas, y en el Parque Nacional de Nara, dándole a los venados galletas que se venden en envolturas de papel. Siempre alisaban las envolturas, las doblaban y terminaban en sus bolsillos.

Vamos a terminar hoy con algunos datos respecto a la organización escolar actual, puesta en vigor después de la guerra, pero en tiempos de la ocupación norteamericana. Se comienza por seis años de instrucción primaria; luego viene otro periodo de seis años, llamado de enseñanza superior, dividido en tres inferiores y tres preparatorios para profesiones. Pero no basta aprobar todos estos estudios para el ingreso a la Universidad. Tienen las Universidades unos exámenes especiales para probar la capacidad y la preparación para la carrera que se desee seguir. Si el pretendiente falla, existen escuelas especiales para preparar a los estudiantes para un segundo examen de prueba universitaria. Si en el segundo examen de prueba se fracasa, lo que cabe es pensar en otra cosa.

En el Japón los estudios obligatorios no van de acuerdo con la edad, sino con los conocimientos que se obtengan. Son obligatorios los seis años de primaria y los primeros tres de estudios secundarios, de manera que es obligatorio el cursar y aprobar nueve años escolares. En los primeros tres años de estudios superiores, es decir, los últimos tres obligatorios, el estudio del idioma inglés es indispensable.

Nuestras próximas pinceladas estarán dedicadas a los precios y otros detalles relacionados con el comercio y otras informaciones.

MEXICO Y EL LEJANO ORIENTE - PINCELADAS JAPONESAS VIII

Para su comercio, el Japón aprendió y copió perfectamente a sus maestros los ingleses. Realmente, es uno de los pocos casos en que los japoneses no pudieron mejorar lo que copiaban, porque no había donde mejorar las practicas del comercio inglés. Comenzamos por decir que los precios son fijos en todas partes y en todos los ramos. Sin embargo, hay en Japón algo bueno para el turista que creo que no existe en Inglaterra. Hay determinados artículos como perlas, cámaras fotográficas, radios y similares, en los que el gobierno reduce considerablemente las contribuciones en beneficio de la exportación, variando entre el diez y el veinte por ciento del valor de la mercancía, según el artículo y el importe de la operación. El comerciante hace el descuento y extiende una nota que anexa al pasaporte. Al salir del país se muestra la mercancía que sale y el oficial de la aduana desprende las notas del pasaporte.

Pero el aspecto más similar al de los ingleses es lo que en Europa solamente hemos visto en la Gran Bretaña. Iguales precios de acuerdo con las calidades, en cualquier parte de la ciudad. En Paris, Roma, Madrid, etc, acontece, y muy especialmente en París, lo que observamos en Mérida. Que el mismo artículo tiene un precio más alto en las cercanías de los hoteles, del que guarda en los mercados de la ciudad. Por esto ahora vemos tantos turistas en nuestros mercados. En Londres, el mismo artículo cuesta igual en Picadilly Circle, Trafalgar Square, Oxford Road, que en los extremos de Bedford Road.

En el Japón, recomendamos a los viajeros comprar en las galerías que con numerosas tiendas hay en los sótanos de los hoteles. Se habla más inglés y la mercancía tiene el mismo precio que en cualquier otra parte de la ciudad. Después de observar en los hoteles y los grandes almacenes de departamentos del centro, sin notar el abuso al turista en los hoteles, resolvimos hacer otra comparación, y averiguamos de algún barrio en Tokio al que fuesen muy pocos turistas y nos indicaron el sector de Akasuka. Pasamos toda una mañana en este barrio, en el que mi esposa vio, registró y comprobó precios de telas de seda, paraguas, suéteres, zapatos y otros artículos, llegando a la conclusión de que las mejores compras pueden hacerse en los mismos hoteles y en las grandes tiendas, sin necesidad de recorrer distancias buscando lugares alejados de los sitios visitados por los turistas. Claro, que en los barrios pobres, hay mercancías más baratas, pero en calidades inferiores, como acontece con el calzado.

En términos generales, el Japón es un buen lugar para comprar. Los hoteles tienen precios muy aceptables, bastante más bajos que en Norteamérica. Las cedas tienen precios muy bajos. Cámaras fotográficas, grabadoras, radios de transistores y otros muchos artículos pueden obtenerse a muy buenos precios. De perlas ya hablamos, dependiendo el precio de la calidad. La comida tiene mucha variación en los precios, dependiendo del lugar y lo que se coma. La carne es muy cara y es explicable. Vimos el precio de la carne en un mercado, y su precio era de diez dólares el kilo. También supimos, estando nosotros en Japón, que todo un barco completo con carne de Argentina había sido tirada al mar por haber llegado descompuesta.

Pero no todo es satisfactorio en el Japón. Existe para muchos el problema del idioma, aunque es fácil adaptarse a las circunstancias como nosotros hacíamos. Existe el inglés como idioma auxiliar pero son muy pocos los que lo hablan bien. Por lo general es un inglés muy deficiente, y casi podríamos decir que aprenden de memoria, hasta un disco completo para repetirlo, o aprenden lo que pueda serles útil en determinadas circunstancias. Pero si hay un cambio, ya nada se puede hacer. En las tiendas hay que ver limitándose a la gran variedad que se tiene a la vista para escoger, y no hay problema alguno, pero si hay ocho corbatas del mismo dibujo en ocho colores distintos y se desea un color que no está a la vista se pierde el tiempo porque difícilmente pueda uno hacerse entender. Fuimos testigos de un caso insólito. En un paseo, nuestra guía nos fue haciendo todas las explicaciones en perfecto inglés, hasta que una profesora norteamericana, al ver un entierro, preguntó que hacían con sus muertos porque no había visto ningún cementerio. La guía no entendió la pregunta. Todos fuimos interviniendo, explicando cada quien a su manera lo que la profesora insistía en querer saber. No hubo forma de que la guía pudiese entender la pregunta, ni supo improvisar una respuesta como nosotros hubiésemos hecho.

Averiguando para poder pedir y ser entendidos en sitios para turistas, supimos que al té japonés, te verde, se le llama OCHA, y al té de Ceilán o té negro, que es el que conocemos le dicen KOCHA. Cuando fuimos al barrio de Akasuka, después de caminar un buen rato, entramos en un pequeño puesto donde únicamente vendían bebidas con agua y pastelitos. Mostramos dos dedos y pedimos OCHA. Nos sirvieron dos tazas de su té verde, que se toma sin azúcar. Después de tomarlo, mostramos dinero para que tomaran su importe; pero con señas y sonrisas nos indicaron que no nos cobrarían cosa alguna. Era una cortesía, seguramente por haber pedido de su té y haberlo hecho en idioma japonés. Cuando se pide té verde o arroz en lugar de pan, que es un arroz pastoso y sin sal, se hace uno sumamente simpático y se reciben numerosas demostraciones de cortesía y amables sonrisas.

Las próximas pinceladas, que ya van tocando a su fin, estarán dedicadas a narrar la gran aceptación que en el Japón tiene la música mexicana

MEXICO Y EL LEJANO ORIENTE – PINCELADAS JAPONESAS IX

Y a estas Pinceladas van tocando a su fin, pero no queremos dejar de narrar la gran aceptación que la música mexicana tiene en Japón. Narraremos primero el aspecto más convincente, para luego dar a conocer nuestros contactos y experiencias con conjuntos mexicanos en nuestros viajes en tierras japonesas.

El ejército norteamericano tiene en Tokio una poderosa estación de radio que transmite todos sus programas en ingles, y es la estación que escuchan los turistas para estar al tanto de las noticias mundiales al minuto, además de la prensa diaria que se edita también en ingles. En cierta ocasión, escuchamos una entrevista a un destacado japonés, y entre las preguntas que le hicieron escuchamos la siguiente: "Hemos podido observar que a Uds. Los japoneses les agradan mucho la música mexicana y le dan preferencia entre las músicas populares de Occidente. ¿Nos podría decir por qué?". La respuesta nos dejo duda alguna; "Es que la música mexicana es la más sentimental de todas las músicas populares occidentales, y aunque no se quiera creer, nosotros los japoneses somos sumamente sentimentales". Ya después de esto no tenemos que agregar. No intervino ningún mexicano en el dialogo. Todo fue proyectado y realizado por una estación de radio norteamericana y todo en idioma inglés.

Y ahora diremos otras satisfacciones que en el Japón hemos tenido con relación a la música mexicana. En otras Pinceladas he dicho que mi primer viaje al Japón en 1964 lo hice solo, para concurrir a las olimpiadas. Pues bien, en la Embajada de México tuve contacto con Los Panchos y Los Tres Diamantes, que por esos días estaban en Japón. Los Panchos en su séptimo u octavo viaje y Los Tres Diamantes en el primero. Son tan conocidos Los Panchos en todo el Japón, que en diversos lugares pregunte si conocían a Los Panchos. En todas las ciudades invariablemente tuve la siguiente respuesta: "Oh, Panchos, Very good". Cuando últimamente celebraron sus veinticinco años de estar actuando, nos pareció haber escuchado por TV que sus viajes al Japón ya llegan a doce o catorce.

La simpatía que hay por Los Panchos es muy explicable. Al estar en contacto con ellos en 1964, pude darme cuenta de su habilidad para conquistarse al pueblo japonés. Todas sus canciones son traducidas al japonés, idioma cuya pronunciación no tiene problema para nosotros. Entonces, Los Panchos cantan con la letra en español y luego repiten con letra en japonés. Aun más; uno de ellos ha compuesto una canción con una bella melodía y toda la letra únicamente en japonés, canción dedicada al famoso volcán del Japón y se llama "Fujiyama".

Cómo pude darme cuenta de estos detalles? Muy sencillo. Los Panchos actuaban en un teatro y luego en un cabaret. Los Tres Diamantes en otro teatro y en otro cabaret. Todos terminaban a las once de la noche, pues los japoneses no se retiran tarde en las noches y los dos conjuntos y este servidor de Uds. nos reuníamos a las once y media de la noche en uno o en el otro centro nocturno, donde cenábamos juntos como huéspedes de honor del centro respectivo. Yo era presentado como representante de Los Panchos, pues como el teatro donde ellos actuaban estaba muy cerca de mi hotel, desde el inicio de sus actuaciones yo estaba entre bastidores con ellos.

La noche que Los Panchos se despidieron del teatro donde actuaban me pidieron que hablara al público despidiéndome por ellos en ingles y haciendo una invitación para asistir a las Olimpiadas de 1968 en México. Fui grandemente aplaudido por representar a Los Panchos. No los he vuelto a ver.

Pero Los Tres Diamantes aprendieron el camino. Cuando en 1966, acompañado entonces de mi esposa, hicimos el viaje al Lejano Oriente en un grupo que partió de la Ciudad de México, nos encontramos nuevamente con Los Tres Diamantes. Fuimos con otra pareja de los compañeros de viaje a uno de los mejores centros nocturnos de Tokio, nos dieron una mesa cerca del escenario. Yo siempre llevo cuando viajo una pequeña bandera mexicana para poner en las mesas en determinadas ocasiones, y esa noche teníamos la banderita en nuestra mesa. Cuando Los Tres Diamantes actuaron, vieron la bandera, se acercaron a saludarnos y entonces nos reconocimos como amigos de 1964. Estos detalles se recuerdan siempre y mientras más lejos tienen lugar, más grato es recordarlos.

Terminamos hoy repitiendo que la vida nocturna en el Japón termina a hora temprana. A los clubes nocturnos se va a cenar entre las siete y las ocho de la noche, se presentan espectáculos que en sus números occidentales no tienen que envidiar a Paris y numero de corte japonés pero occidentalizados, porque todo los ciento por ciento resulta sumamente lento y aburrido para nosotros. A las once de la noche termina el espectáculo, la gente va saliendo y a las once y media los locales están ya por cerrar.

Con las próximas Pinceladas daremos fin a todas estas cosas que tan gratas nos son recordarlas.

MEXICO Y EL LEJANO ORIENTE – PINCELADAS JAPONESAS X

En un primer artículo titulado: Muy bien, Sr. Presidente, y luego en nueve Pinceladas, hemos venido hablando de las cualidades del pueblo japonés, que son: inteligencia, cohesión, disciplina, verdadero patriotismo, honestidad y seriedad en los negocios en todos los aspectos, precisión en grado exagerado y gran cortesía. Por otro lado, desconoce y le son incompresibles la ironía y la broma, así como carece de la facultad de la improvisación, en la que nosotros somos maestros, como vimos en los ejemplos de no poderse obtener un vaso de leche caliente para un desayuno en un restaurante de primera, por no estar en el menú, y cuando una guía perfectamente preparada y que en muy buen inglés informaba de cuanto se veía en una excursión, no pudo comprender, yo diría improvisar una respuesta, cuando le preguntaron qué hacían con sus muertos porque no se había visto un solo cementerio.

A un pueblo así, ¿podemos venderles nuestros productos exportables? Ojala y me equivoque. Pero creo que DIRECTAMENTE NO PODREMOS ENTENDERNOS Y PERDEREMOS EL TIEMPO Y DINERO. En nuestra venta de algodón al Japón, debe haber intermediarios que ganan muy buen dinero, a base de cumplir ellos, aun cuando México no cumpla, posiblemente teniendo existencias suficientes para suplir nuestros fallos y luego nivelarse.

No nos queda más remedio que decir algunas verdades amargas para justificar nuestros pensamientos negativos con respecto a un entendimiento directo para poder negociar con los japoneses.

Durante de última guerra mundial visitando Guatemala vimos complacidos que en un comercio todas las telas de algodón eran mexicanas. Felicitamos al propietario, y su respuesta fue: "Desgraciadamente no podemos obtener telas en otro país; pero terminando la guerra, no volveremos a comprarle a México. Vienen los agentes con muestras y precios, hacemos los pedidos, y luego viene la mercancía con una carta diciendo que agotada la existencia de lo pedido, nos envían otras telas con otros precios. ¿Puede hacerse negocio así?". No dijimos palabra alguna.

Después de la guerra en el Canadá. Entramos en una zapatería y vendían guaraches de Cuernavaca. Los felicitamos, y nos dijeron: "Desgraciadamente el público pide mucho este calzado y lo tenemos que vender; pero, miren Uds., vienen todos mal marcados en sus medidas, y aquí tienen dos pares del No. 5, y en ambos el pie derecho es más grande que el izquierdo. Todo viene mal y tenemos grandes problemas". No he vuelto a presumir de mexicano donde veo artículos mexicanos de venta.

¿Qué nos paso en Alemania con la miel de Yucatán? No vamos a repetir detalles desagradables conocidos. Ya vendimos a muy buen precio miel en Japón. Veremos qué pasa; pero ya Monterrey, según el Diario de Yucatán del 24 de marzo último, ofrece miel que dice la está vendiendo a la mitad del precio del que logró Yucatán en el Japón, y no me sorprendería que nos hagan un mal tercio abaratándole la miel al Japón.

En 1963, cuando ya la casa Bacardi nada tenía que ver en Santiago de Cuba, vimos en Italia botellas de Ron Bacardi con etiquetas antiguas que en letras grandes decían: Santiago de Cuba, y con letras muy pequeñas, casi ilegibles, traían muy bajo y al final: "Hecho en México – Envasado en Génova". Suprimimos los comentarios.

Estando el Sr. Presidente en el Japón, habló en la Convención de Banqueros de México el presidente del Banco de Tokio, y tampoco vamos a repetir lo que manifestó. Luego lo entrevisto la prensa y dijo que México puede exportar todos sus productos exportables al Japón, que está necesitando todos los minerales posibles; pero claro, A BASE DE SERIEDAD Y CUMPLIMIENTO. (TEXTUAL).

Para terminar cuanto he venido diciendo sobre Japón, quiero decir que lo conveniente seria, como dijo el Sr. Presidente, gestionar todo el asesoramiento técnico del Japón para lograr un buen producto y poder hacer negocios. Esto requiere tiempo y no hay que precipitarse queriendo ya venderle al Japón. Yo pienso que el asesoramiento debe cubrir desde donde se estime necesario, punto que ignoro porque no soy industrial; pero debe cubrir hasta clasificación, empaque, oficina, relaciones públicas, compromisos que se adquieran, cumplimiento de lo anterior y todos los detalles de exportación. Entonces ¿Qué nos queda por hacer a los mexicanos? Mucho trabajo para nuestros obreros, que son inteligentes, artistas natos y sumamente competentes bajo una buena dirección. Nuestros empleados y ejecutivos irían aprendiendo. No faltaría la inversión de capitales para los negocios, y yo sería el primero en tener confianza en las Sociedades Anónimas así establecidas, comprando algo de acciones para cooperar en la tan necesaria tarea de solucionar los grandes problemas de nuestro querido México.

Y perdón por la franqueza; pero ya es tiempo de hablar claro. Hagamos patria, par no nulificar el viaje que el Sr. Presidente hizo al Japón.

(Del Diario de Yucatán del 5 de septiembre de 1972)

UN BUEN LIBRO, UN BUEN COMPAÑERO

En los viajes se tiene con frecuencia muy gratas sorpresas, fuera de lo que se espera ver, conocer y disfrutar. Un viejo amigo a quien nos sorprende ver en lugares lejanos a nuestros respectivos hogares; nuevos y eventuales amigos con los que en poco tiempo se estrecha una sincera amistad, que con el tiempo se va acrecentando, un platillo de comida que sorprende por su ricura, etc., etc. No todo debe ser materialismo en los viajes. Hay que buscar y saber encontrar el aspecto sentimental y cultural en los periplos, y entonces el disfrute es mucho mayor.

En nuestra estancia de un mes en Mallorca, en 1971, nació una amistad desde los primeros días, con un matrimonio que vive en Madrid, que habitaban el departamento contiguo al nuestro. El es aragonés y ella andaluza. El trato frecuente nos fue uniendo y ahora los contamos entre nuestros mejores amigos. Tenemos correspondencia frecuente, hemos intercambiado grabaciones de música con canciones yucatecas y de México en general, con música aragonesa y de toda España. Este año nos vimos nuevamente y les llevamos algunas cosas típicas nuestras y entre las atenciones que para con nosotros tuvieron ellos, nos hicieron el obsequio de un magnífico libro. Nada menos que uniendo bajo una misma pasta, al eminentísimo sabio Dr. D. Gregorio Marañón, como autor; al gran pintor greco-español, más conocido por El Greco que por su difícil nombre, y el ambiente del Toledo de aquella época, y que podríamos decir de todos los tiempos, porque Toledo ha cambiado poco en su físico y hasta en lo espiritual desde los tiempos del Greco. El libro se titula: El Greco y Toledo.

Mucho se ha escrito sobre el mismo tema, pero todo lo escrito por el Dr. Marañón puede ser catalogado como único en su género. Sabe tratar sus tópicos y escribir sobre ellos, en forma que parece que nada se ha dicho antes al respecto. El libro es más grande que uno normal, y tiene más de trescientas páginas, pero si por una parte no es de aquellas lecturas que intrigan para no dejarla, se llaga al final sin darse cuenta y se desearía que las líneas del Dr. Marañón continuasen y continuasen sin terminar. ¡qué gran compañero es un buen libro! Cuando no hay algo pendiente, cuando se tiene una preocupación que se desea olvidar, cuando se quiere lograr un sueño tranquilo, en fin, en todo momento se puede y se debe recurrir a un buen libro.

Los libros de calidad, así como las enciclopedias y los diccionarios, resultan grandes reservas de datos y conocimientos que – no se sabe cuando, en qué momento, pero siempre- resultan libros de consulta cuando se desea recordar o saber algo. Lo mismo fechas que sucesos, situaciones, resultados, y en fin, toda clase de datos.

Creo contar con bastantes amigos y amigos-lectores de las cosas que suelo escribir, y me permito recomendarles el tener siempre a mano un buen libro para su lectura, y una enciclopedia como base de consultas. Sorprende ver que al abrir una enciclopedia en cualquier parte, pasa lo que con la Biblia y el Quijote, pues siempre se encuentra algo interesante, que enseña y resulta ameno a la vez. (10)

(Diario de Yucatán del 4 de noviembre de 1972)

SEGURO SOCIAL – COMIENZA EL SERVICIO EN LA ZONA HENEQUENERA Y ¿QUIEREN COMENZAR TAMBIEN CON LAS FILTRACIONES?

Parece que tan pronto se pone en movimiento la atención medica del Seguro Social en la zona henequenera de Yucatán, y ya se vislumbran los primeros problemas para los médicos que prestan sus servicios en la benéfica institución, por la conducta de las personas beneficiadas, creando dificultades precisamente quienes deberían poner empeño en colaborar y prestar toda clase de ayuda. Pero… parece que ya no están queriendo de los médicos, por dolencias sin importancia y que en forma alguna lo amerite, que les libren certificados para acreditar que no están en condiciones de trabajar, para recibir todos los beneficios correspondientes, y dejar de laborar como si su estado así los justificase. Esto sería el comienzo de lo que puede venir después, como medicamentos en abundancia para lucrar con ellos o para el pozo de la casa, etc., etc.

¿Qué base tengo para pensar en esta forma? Personalmente dejé de tener contacto directo con los trabajadores del campo henequenero el año de 1935. Y fue durante la campaña presidencial en Yucatán del Lic. D. Adolfo López Mateos, cuando inesperadamente me di cuenta de algo que me sorprendió de momento. Acompañando al Arq. Guillermo Rossell, organizador de los Consejos de Planeación, hicimos una visita al Diario de Yucatán, donde fuimos recibidos por mi viejo e inolvidable amigo D. Rubén

Méndez Romero (Q.E.P.D.). Cambiamos impresiones y el Arq. Russell hablo de proyectos de honestidad, cambios en los sistemas en el campo henequenero para evitar las combinaciones para los pagos y gastos indebidos, y muchas otras cosas más. El caso fue que D. Rubén, llegado el momento, le dijo lo siguiente: "Arquitecto, usted es todavía muy joven y un profesional lleno de buenas intenciones y propósitos; pero desgraciadamente ya es tarde para lo que usted indica. Ya se acordara usted de lo que le estoy diciendo. Todas sus buenas intenciones están llamadas al más grande de los fracasos. Desde que el gobierno comenzó a manejar los trabajos del campo henequenero, al campesino yucateco, antes honrado y trabajador, le han enseñado a dejar de ser tanto lo uno como lo otro. Los que han manejado fondos y han estado en contacto con los trabajadores, para poder hacer sus combinaciones han tenido que valerse de éstos y así han hecho de ellos lo que antes no eran. De todos son conocidos los trafiques que se hacen para el enriquecimiento rápido de muchos empleados y jefes".

Para mí lo anterior fue una sorpresa, pero pensándolo bien, desde luego llegue a la conclusión de que lo dicho por mi amigo era una gran verdad. Cuando salimos del Diario de Yucatán, el Arq. Rossell me pregunto: "¿Qué opina usted de lo que nos dijo el señor Menéndez?" y yo le respondí: "Que nos dijo una gran verdad, de la que yo mismo no me había dado cuenta".

¿Qué le paso al Ing. Pizarro en su caminata descalzo de la hacienda Granada a Maxcanù, por negarse a pagar TRABAJOS NO REALIZADOS? ¿Qué le paso hace muy pocos días en Izamal al Sr. Gordillo por no acceder a lo que los trabajadores querían? Por imprudencia o no, pero perdió la vida.

O el Seguro Social evita desde un principio toda "movida chueca", o cuando la cosa tenga mayor importancia y el volumen de gastos por filtraciones sea grande, ya entonces será tarde y le pensara lo que acontece al Banco Agrario en los trabajos del campo.

Afortunadamente nuestros médicos son honestos; pero no hay que dejar de pensar que las fuertes presiones, la inseguridad en los puestos, los temores que pueden hacer llegar a pensar en asesinatos, hagan que los médicos con más firmeza y deseos de cumplir comiencen a pensar, los pensamientos traer dudas y en esta forma se puede llegar hasta donde nunca se hubiese pensado.

Creo que todos debemos colaborar para el mayor y mejor éxito del Seguro Social en el campo henequenero, máxime que se ha dicho que servirá de experiencia para todo el país. Deseo que estas líneas se tomen como una ayuda para lograr todos los resultados favorables que merece el Seguro Social para los trabajadores de la zona henequenera.

(Diario de Yucatán del 4 de diciembre de 1972)

EL DOCTOR SALVADOR ALLENDE – CHILE

Quiero referirme a lo dicho por el Dr. Salvador Allende, Presidente de Chile, en el Congreso Nacional el viernes pasado. Ahora me explico la elección del Dr. Allende como Presidente de su país. Su inteligencia y sus dotes de tributo están muy por sobre las de la gran mayoría de los mortales. Aun cuando declaro que no participo en sus ideas políticas y sociales, confieso que disfrute su claro y preciso discurso, máxime que de octubre de 1939 a febrero de 1940, durante cuatro meses, estuve en Chile y recorrí desde la frontera con Perú, hasta el extremo sur en el Estrecho de Magallanes. Esto me ayudo a comprenderlo mejor.

La base de su brillante pieza oratoria fue establecer el paralelo entre nuestro pueblo y el suyo; paralelo que por la distancia no es difícil comprender; y que yo he venido sosteniendo desde que estuve en Chile. México y Chile son los dos países de América que más parecido tienen entre sí. El extremo norte y el extremo sur de los países de origen ibero, son los territorios en los que sus pueblos tiene más puntos de contacto. En realidad, con la gran parte de México que podríamos llamar el Altiplano Azteca.

¿A qué se debe esta similitud? La única explicación que encontré desde 1939, es la misma que indica el Dr. Allende en su discurso, y en la que se basa todo el tiempo al hablar del paralelo a que ambos hacemos referencia: El pueblo indígena de Chile, el ARAUCANO, base del mestizaje chileno, es un pueblo con las mismas características del pueblo AZTECA. Bravo, indomable, valiente, sufrido, con poco aprecio a la vida que se le juega fácilmente, inclinado al alcohol para que allá y aquí origen el "San Lunes", y aun mas: En Chile dicen que los ROTOS CHILENOS y en México que los PELADOS MEXICANOS, pueden quitarnos los calcetines sin quitarnos los zapatos.

Los descendientes de los incas, los quechuas, los aimaras y otras tribus que conocí en América del Sur, podrán tener algún parecido con nuestros mayas; pero nunca con los aztecas. La mezcla con sangre hispana en Cuba y otros lugares, es con pueblos de color, de origen africano, por lo que tampoco hay parecido.

Todo el andamiaje sobre el que construyo su brillante discurso el Dr. Allende, tuvo por base la similitud entre Chile y México. Yo diría que el parecido es en el nombre de la calle y el pueblo; pero que existe bastante diferencia en las clases directrices de nuestros respectivos países. Chile tiene una mezcla de vascos franceses en su zona vinícola; alemanes en los propietarios de las CHACRAS, propiedades agrícolas de producción variada; ingleses en Magallanes, en la industria de la lana y carnes de cordero, así como yugoeslavos en la cría de ganado lanar en la isla de Tierra del Fuego. Luego, nosotros nos hemos considerado mucho tiempo como ricos, y por lo tanto, hemos trabajado relativamente poco y en forma desordenada. En cambio Chile, siempre limitado en sus productos de exportación, y casi acomplejado por la riqueza de su vecina Argentina, es en mi concepto el país más y mejor organizado de nuestro continente, pues por su condición de república central, su organización es mucho más uniforme que en los EE.UU. y Canadá. Nunca se ha considerado rico, y esto le ha ayudado mucho. Sus problemas de población indígena y analfabetismo son mínimos al estar los pocos araucanos que quedan analfabetos, concentrados en forma apropiada y legal en el centro del país y en la frontera con Argentina. Su desarrollo ha llegado en mi concepto al máximo desde hace algún tiempo.

Confirmando lo anterior, y para mayor claridad, nos vamos a referir a dos observaciones durante mi viaje 1939-1940. Los ferrocarriles en Argentina, Perú y Bolivia que conocimos, eran de empresas inglesas, con material antiguo y cuidado, de carros de madera y alumbrado de petróleo en gran parte del equipo. En Chile eran o son del gobierno, con equipo de acero, moderno, y un sistema de turnos en el coche-comedor, que no hemos visto ni en los EE.UU. ni en Europa. Pero el gobierno NO ERA O ES EL ADMINISTRADOR. Cada diez años se nombra o nombraba, con carácter de irrevocable, un Consejo de Administración compuesto por personas capacitadas y APOLITICAS, con todas las facultades y sin privilegio alguno para el gobierno, que se limita o limitaba a recibir sus utilidades. El nombramiento del Consejo no concordaba o concuerda con los cambios políticos. Cuando en Talca fui a tomar el tren, el amigo que me acompañaba me dijo: "El que está en su turno delante de usted, es el DIRECTOR GENERAL DE LOS FERROCARRILES. Sígalo y observe". Compro él su boleto e hice igual cosa; ocupe el asiento posterior al suyo, y cuando el conductor del tren se acerco, se toco la gorra en señal de saludo, le pico el boleto e hizo lo mismo con los otros pasajeros que habían subido en Talca, menos el saludo que solo fue para el Director. Ya este buen señor se ocuparía de cobrar su pasaje en la cuenta de gastos de viaje. ¿Puede de esta manera haber quien pida algún privilegio? ¿Es así como nuestro gobierno administra todos o alguno siquiera de los tantos negocios en los que está metido?

El norte de Chile producirá salitre y cobre como productos básicos de exportación, siguiéndoles en segundo término el vino, la lana y la carne de carnero. La Primera Guerra Mundial prácticamente acabo con el salitre, como paso en México con el Palo de Campeche. Solo quedo el cobre como producto básico de exportación. Estuve en el mineral de cobre mas grande, que es el de Chiquicamata, quizás el más grande del mundo, pues me informaron que Chuqui sólo producía mas cobre que EE.UU. y México juntos. ¿Qué beneficio reportaba a Chile? Únicamente trabajo para unos diez mil trabajadores chilenos. Pregunte de impuestos, y me informaron que la empresa NORTEAMERICANA no paga un solo centavo, pues cuantas veces se había tratado de establecer algún gravamen, comenzando con centavo y medio por kilo, amenazaba la empresa con abandonar el negocio, porque como era una mina que sólo rendía el cuatro y medio por ciento de cobre, su pobreza haría incosteable su explotación. Esto significaría falta de trabajo para diez mil hombres en una zona desértica e improductiva para otra cosa. Francamente, yo, respetuoso como el que mas, de toda propiedad privada, me permití opinar que parecía una burla y que el gobierno debería correr el riesgo y hasta expropiar. Chuqui llegado el caso. Ignoro qué ha pasado desde 1940; pero son las minas que el Presidente Allende ha nacionalizado con la aprobación unánime de los chilenos. ¿Es un caso igual al de nuestro petróleo del que la mayor parte (70%) era propiedad de la empresa anglo-holandesa, y que los EE.UU. pudieron hasta haber visto con simpatía el alejar a sus competidores europeos del Golfo de México, de acuerdo con su Doctrina Monroe? De todas maneras, hay puntos de contacto y paralelismo en esto.

Siempre recordare a Chile con cariño; a mis muchos amigos chilenos con gratitud, y para el Dr. Allende, mi respeto.

PALABRAS FINALES

¿Escribiremos algo más? Con la más sincera franqueza manifestamos que no son nuestros deseos.

Siempre que algo tiene lugar, es natural que como todos, nos pongamos a pensar, y por las informaciones y conocimientos que tengamos, nos formemos una idea y lleguemos a conclusiones al respecto. Siempre han sido nuestros deseos el que una o más plumas mucho mejor preparadas que la nuestra, escriban lo que consideramos la verdad y lo que deba decirse, y es lo que generalmente acontece. Pero hay algunas ocasiones, aunque pocas, en las que algo de lo que se publica nos parece que no está completo, y es cuando no podemos dejar de escribir alguna cosa. De ahí los intervalos irregulares y la diversidad de temas y aspectos.

Y... el no haber cansado a nuestros lectores y amigos, son nuestros últimos deseos.

Mérida, México, mayo de 1973

CITAS

1)   Ya existe el Puerto Yucalpetén de acuerdo con lo soñado por Alvarado y con calado de nueve pies. Lo difícil es aumentar el calado por la laja del fondo del mar desde muy lejos. Pero algo es algo.

2)   En 1969 el escritor Roque Armando Sosa Ferreyro publicó un libro titulado "EL CRIMEN DEL MIEDO", que con detalles y documentos, sostiene al igual que yo, que los hacendados henequeneros no intervinieron en el asesinato de Carrillo Puerto. Al pie del retrato del Gral. Juan Ricárdez Broca dice: "General Juan Ricárdez Broca, responsable junto con Hermenegildo Rodriguez, del asesinato de los hermanos Felipe, Wilfrido, Benjamín y Edesio Carrillo Puerto". Esta nota y el título resumen de la obra.

3)   Al imprimirse este trabajo en septiembre del año de 1965, se presenta ya el problema. El precio de las fibras baja en el mercado internacional a un grado que con el salario mínimo en vigor resulta ya incosteable la explotación henequenera. Situaciones insostenibles hace al Gobierno Federal tomar medidas urgentes y provisionales, ayudando con cantidades diferenciales de precios a los ejidatarios y parcelarios, dejando a los pequeños propietarios (viejos hacendados) sin ayuda alguna, cuya producción pasa de las 300,000 pacas. No pueden bajar salarios y el precio de la fibra no les basta para cubrir los gastos de producción:¿Qué pasará?

4)   Haciendo esta cuenta y sin el aumento que recomiendo por notorio desnivel en la pequeña propiedad, se obtiene un resultado de unos $280,000.00 que anualmente como promedio debieran recibir los ejidatarios de esta unidad, como utilidad, a más de lo que recibieron los jornales.

5)   En 1972 se calcula y se dice que para los ejidatarios henequeneros, el gobierno federal envió unos trescientos millones de pesos. Diez años después de mi invitación al Ing. Mendoza Vargas. Anduve corto.

6)   Con posterioridad al cierre de estas memorias, el Gobierno Federal compró la totalidad de las cordelerías existentes en Yucatán y que en su último año, como propiedad privada, produjeron al consorcio encargado de la venta de sus productos más de $30, 000,000.00 de utilidad en un ejercicio social. Los obreros no trataron de evitar la operación, como erróneamente pensé, seguramente teniendo en cuenta que el Gobierno es un patrono menos exigente y más considerado; pero olvidaron tener en cuenta lo que a los ejidatarios les ha sucedido con la baja de producción y su aumento en número con resultados desastrosos para su economía personal. Ojalá y yo me equivoque; pero pienso que las cordelerías irán por mal camino y en lugar de aumentar su producción como posiblemente aumente la henequenera, causas y pretextos habrá para que comiencen los

problemas y el trabajo faltarle a los obreros. Ya que la compra que el Gobierno hizo de las cordelerías, dizque para entregarlas a los ejidatarios cuando se recupere la inversión, liquida al último núcleo de capitalistas de importancia en Yucatán, podemos decir que salvo algunas industrias aisladas de importancia, en Yucatán van quedando solamente pequeños capitales. ¿Llegará este a ser el primer Estado socialista del País?

7)   Hasta hoy, febrero de 1973, ninguna denuncia se ha hecho a este respecto. Siguen nuestros flamantes políticos "más papistas que el papa".

8)   De 1937 a 1942 hubo varios cambios en la forma de trabajo, como puede verse en las memorias cerradas en 1962 y se publican antes que estos artículos.

9)   Aun cuanto se dice anteriormente es perfectamente conocido por Ed Kennedy y miles de personas se lo habrán repetido, nunca un consejo para salvar una vida sale sobrando. Pensando en esto, me permití enviarle al senador Kennedy un recorte del artículo anterior, recomendándole su traducción. Entre lo que el señor Kennedy me dice en su respuesta, está lo siguiente: "I know that this information will be of real assistance to me in the days ahead.- Ed Kennedy estuvo varias veces en la orilla para aceptar su candidatura en las últimas elecciones, pero siempre retrocedió a pesar de sus deseos de ser Presidente, según creo pensando en lo que le aconteció a sus hermanos. Ya veremos si puede resistir la tentación en 1976. De aceptar, insisto en que será víctima del Son of a Bitch club, como designara su hermano John al grupo de unos trescientos multimillonarios.

10)   Un amigo y pariente, que promovía la venta de una enciclopedia, me pidió algo por la prensa para ayudarlo en su promoción. Nunca he escrito por encargo ni he podido hacerlo cuando se me indica un tema; pero esos días terminaba el libro del Dr. Marañon , y esto me hizo aceptarle al amigo, al mismo tiempo que mostraba mi gratitud a quienes me habían hecho el obsequio del libro a que hago referencia, enviándoles un recorte de esta publicación

ARTICULOS EN EL PERIODICO

10,000 toneladas de henequén en rama venderán a los EE. UU. los productores de Tamaulipas

TELEGRAMA DE AGRADECIMIENTO AL PRESIDENTE DE LA REPUBLICA.— EN YUCATAN SE SIGUE UNA POLITICA DISTINTA.— PRECIOS

MEXICO, 22 de enero (Especial).— De acuerdo con un "Telegrama Abierto" al Presidente de la República que el periódico "Excelsior" publica hoy, la Secretaría de Industria y Comercio, "interpretando fielmente la política económica" del Lic. Luis Echeverría Alvarez, acaba de autorizar a los productores de Tamaulipas vender diez mil toneladas de henequén en rama a compañías de los Estados Unidos.

No se dice a qué precio fueron contratadas las ventas, pero en fuentes relacionadas con la industria de las fibras duras se aseguró que el kilo de henequén clase A ha subido este mes, en los mercados internacionales, a $3.92, sin incluir los fletes.

(En Yucatán se paga a $2.00 el kilo de clase A).

La noticia ha causado extrañeza en los mismos círculos, porque Cordemex, la empresa que gobierna la industria henequenera mexicana, sigue una política opuesta en Yucatán. En efecto, se sabe que desde los últimos meses de 1972 anunció a los productores yucatecos que no les daría permiso para exportar ninguna paca de henequén.

Cordemex dispuso esa medida, según se informa, alegando que toda la producción yucateca era insuficiente para abastecer las cordelerías y fábricas de la empresa. Sin embargo, a pesar de esa insuficiencia, a los productores tamaulipecos si se les permite exportar y a los yucatecos se les impide beneficiarse con los altos precios que la fibra tiene hoy en el mercado internacional.

El desplegado que publica hoy "Excelsior" dice lo siguiente:

"Telegrama abierto al Sr. Lic. Luis Echeverría Alvarez, Presidente Constitucional de los Estados Unidos Mexicanos.

"La Secretaría de Industria y Comercio, interpretando fielmente la política económica dirigida por usted, nos concedió permiso número T-5-1592 para exportar diez mil toneladas de fibra de henequén en rama, procediendo de inmediato a la celebración de contratos con firmas norteamericanas, con lo que consideramos se resuelva el problema socioeconómico del henequén en Tamaulipas.

"Por tan acertada medida, con todo respeto le expresamos nuestro significado reconocimiento.

"Atentamente.

Ciudad Victoria, Tamps., 22 de enero de 1973.— Asociación Agrícola Local de Productores de Henequén de Tamaulipas.— Presidente, Ing. Enrique Benítez Garza.— Tesorero, Antonio Pedraza Herrera.— Secretario, Fernando Salinas Malo.— Gerente, Plutarco González Sozaya".

"Diario de Yucatán", del 23 de Enero de 1973.

SUSPENDIDO EL PERMISO OTORGADO A TAMAULIPAS PARA EXPORTAR EL HENEQUEN EN RAMA —DR. RIOSECO

Cordemex —agrega— aumentará sus compras en ese Estado y Campeche.— Acuerdos que podría concertar con Tanzania.— Reunión

El permiso que la Secretaría de Industria y Comercio otorgó a los productores de Tamaulipas para que exporten 10,000 toneladas de henequén en rama a los EE. UU. fue suspendido anteayer debido a las protestas de Cordemex ante la SIC, según se informó anoche en el Aeropuerto, al regresar de Brasil, vía México, el Dr. Federico Rioseco Gutiérrez, director general de la empresa cordelera.

—La exportación del henequén en rama —añadió— es contraria a la política del Presidente Echeverría de exportar productos elaborados.

—El permiso que se había otorgado a los productores tamaulipecos —continuó— era condicional, y la exportación se hubiera llevado al cabo sólo si Cordemex no expresaba su inconformidad.

El Dr. Rioseco anunció que Tanzania está dispuesta a venderle a México una cantidad considerable de henequén en rama y, en el caso de que nuestro país no se interese en la compra, a que el agave tanzani sea maquilado en México.

El funcionario cordelero indicó que quizá Cordemex y Tanzania formen una sociedad para industrializar la fibra africana en ese país, mediante una inversión mixta.

Con tal objeto, en marzo próximo un grupo de técnicos de Cordemex se trasladará a Tanzania, a fin de ayudar a la integración de la industria cordelera de allá.

—En cuanto a su viaje al Brasil, el Dr. Rioseco dijo que sostuvo, con los productores de henequén en ese país una entrevista tendiente a que la VI Reunión sobre Fibras Duras de la FAO, que se celebrará en abril en Roma resulte más provechosa.

—La junta en Brasil —señaló— también sirvió para confirmar algunos importantes acuerdos de la pasada reunión de la FAO en Mérida.

Insistió luego en que el cultivo del henequén debe ser remunerativo y autosuficiente en todos los países productores, ya que en el propio Brasil, Kenia y Haití los productores no reciben subsidio alguno.

Durante la reunión —observó— constató que, de todos los países productores del agave, México paga los más altos salarios en la industria.

Por último, manifestó que Cordemex aumentará sus compras en Tamaulipas y en Campeche, que enviará la fibra tamaulipeca a las factorías de Ciudad Victoria y Culiacán, y que trasladará la campechana a Mérida.

Con el Dr. Rioseco viajó su esposa Sra. Blanca Orihuela.

"Diario de Yucatán" del 24 de Enero de 1973: Sobran los comentarios.

NOVEDADES DE YUCATÁN

Mérida, Yuc., Jueves 29 de Marzo de 1973

Se busca la verdad del problema henequenero por caminos no trillados

—— LUIS A. RAMIREZ AZNAR ——

Algo nos hace presentir que a partir de mayo, habrá en Yucatán acontecimientos importantes, que a pesar de estar esperándose desde hace años no dejarán de hacer impacto. Es muy factible que para esas fechas se tenga un informe técnico obtenido en el mismo lugar de los hechos, sobre la realidad —angustiosa en algunas zonas— del problema henequenero.

Cierto que lo anunció recientemente un funcionario bancario, pero no especificó que hay un numeroso personal de jóvenes o experimentados agrónomos, sociólogos y técnicos, laborando con gran discreción en toda el área henequenera.

De ser verídicos mis informes y acertadas mis observaciones, estaremos ante un caso de elocuente significado. El señor Presidente con el caudal de quejas y las violentas paletadas de fango que un agitadonúcleo campesino lanzó en contra de ciertos funcionarios o elementos, tanto locales como "foráneos", tuvo la primera prueba inequívoca de que todo lo informado anteriormente, todos los panoramas expuestos en ocasiones pasadas, estaban más adulterados que cierto líquido perlino de la consorte del toro.

La única fórmula capaz de aportar una diáfana realidad es erradicar el anacrónico sistema de usar los trillados caminos del elemento oficial o seudo oficial que miente por profesión y falsea la verdad por conveniencia.

Salvo excepciones, como en todas las cosas. Pero realmente muy raras excepciones....

En lo personal, pienso que el licenciado Echeverría después de reunir todo un caudal de datos de todo tipo, incluyendo la identificación de las "sectas" que siguen creyendo que la confusión en el campo es el método ideal para ir sembrándolo de tipos afines y vividores, sabrá de verdad qué es lo que está sucediendo que se ha llegado al extremo de convencer al campesino marginado y necesitado de todo, para ser indiferente a nuevas fuentes de trabajo y actividad que podrán transformarles su precaria situación.

Y ojalá que al retornar a Yucatán —pudiera hacerlo en ese próximo mayo o junio—, se hubieran tomado todos los caminos necesarios para extirpar del campo, de las comunidades, de los municipios, esos pólipos que impiden respirar libremente a la ciudadanía, y siguen obligando a pensar que aún pasamos por un capítulo de camarillas nefastas para la armonía y la unidad de los yucatecos.

Sin duda que de ser ciertos los rumores que tenemos, que sólo robustecería lo anunciado por el gerente del Bangrario sobre la recopilación de datos que se hacen para entregar al Presidente a su retorno de Europa, estaríamos ante una contundente respuesta al erróneo significado que se ha querido dar al "cuatismo" desenfrenado que sólo arrastra al líder a una interminable cadena de problemas, incómodas posiciones y nada agradables situaciones.

Confundir ese "cuatismo" ambicioso e implacable, con la amistad positiva y sincera es una de las grandes fallas. El "cuatismo" que observamos, miente, intriga y agita con tal de seguir cobrando las mejores presas. La amistad que trata de orientar y decir la verdad, no produce dividendos. Por eso toma fuerza el "cuatismo" y por eso hay que hallar la verdad dándole un gran rodeo a los "cuates".... como parece que se está haciendo en el campo henequenero.

Querido lector y amigo:

Como dijéramos en el volumen anterior, perdón por las erratas que hubiese encontrado en este libro. Cualquier falta es mía. La imprenta no se hizo responsable y fui yo el corrector de pruebas, y francamente, nunca he trabajado en estos menesteres y he resultado un mal corrector. Sirva esto de aclaración y disculpa.

Printed in Poland
by Amazon Fulfillment
Poland Sp. z o.o., Wrocław

89375209R00233